中国社会科学院工业经济研究所

学科前沿报告 2016

主　编／黄群慧　史　丹
副主编／黄速建　李维民　崔民选

经济管理出版社
ECONOMY & MANAGEMENT PUBLISHING HOUSE

图书在版编目（CIP）数据

中国社会科学院工业经济研究所学科前沿报告（2016）/黄群慧，史丹主编. —北京：经济管理出版社，2016.12
ISBN 978-7-5096-4831-5

Ⅰ.①中… Ⅱ.①黄…②史… Ⅲ.①工业发展—研究报告—中国—2016 Ⅳ.①F424

中国版本图书馆CIP数据核字（2016）第315106号

组稿编辑：杨雅琳
责任编辑：杨雅琳 许 艳
责任印制：黄章平
责任校对：王淑卿

出版发行：经济管理出版社
（北京市海淀区北蜂窝8号中雅大厦A座11层 100038）
网　　址：www.E-mp.com.cn
电　　话：(010) 51915602
印　　刷：三河市延风印装有限公司
经　　销：新华书店
开　　本：787mm×1092mm/16
印　　张：19.5
字　　数：330千字
版　　次：2016年12月第1版　2016年12月第1次印刷
书　　号：ISBN 978-7-5096-4831-5
定　　价：88.00元

·版权所有　翻印必究·

凡购本社图书，如有印装错误，由本社读者服务部负责调换。
联系地址：北京阜外月坛北小街2号
电话：(010) 68022974　邮编：100836

中国社会科学院工业经济研究所学科前沿报告（2016）

主　编： 黄群慧　史　丹

副主编： 黄速建　李维民　崔民选

编　委：（以姓氏笔画为序）

　　　　　王　钦　石碧华　叶振宇　江飞涛　吕　铁
　　　　　朱　彤　刘　勇　刘戒骄　李　钢　李春瑜
　　　　　李晓华　李海舰　李鹏飞　肖红军　杨丹辉
　　　　　余　菁　张世贤　张其仔　张金昌　陈　耀
　　　　　周文斌　贺　俊　郭朝先　原　磊

前　言

《中国社会科学院工业经济研究所学科前沿报告（2016）》是中国社会科学院工业经济研究所推出的第六本学科前沿年度报告。工业经济研究所现设有工业发展研究室、工业运行研究室、产业组织研究室、市场与投资研究室、资源与环境研究室、能源经济研究室、区域经济研究室、产业布局研究室、企业管理研究室、企业制度研究室、中小企业与创新创业研究室和财务会计研究室，其研究领域包括应用经济学和工商管理学中的产业经济学、区域经济学、企业管理学和会计学四个分支学科。因此，工业经济研究所的学科前沿报告主要涵盖这四个学科的热点和学术前沿问题。本报告延续了学科前沿报告系列反映"重大问题、前沿成果、权威研究"，体现"演进脉络、最新进展、未来方向"的一贯宗旨。工业经济研究所历来有直面现实经济发展中的最主要矛盾和最紧迫问题的传统。本报告继续秉承了这一传统，虽然也有一些理论前沿综述，但重点放在了与经济现实密切相关的热点专题前沿综述上，这是本学科前沿报告与一般理论学科前沿报告的显著区别。

全书分为三篇，共十二章，第一篇是产业经济学科前沿报告篇，由第一章到第五章共五章构成；第二篇是企业管理学科前沿报告篇，由第六章到第十章共五章构成；第三篇是区域经济学科前沿报告篇，由第十一章到第十二章共两章构成。

第一章"全球价值链治理与发展中国家产业升级问题研究综述"介绍了全球价值链理论的产生，随后阐述了全球价值链治理和产业升级理论，并从产业集群的视角探讨了全球价值链上的"水平"治理——产业集群的视角，提出了全球价值链治理背景下发展中国家产业升级问题的争论。

第二章"工业运行学科前沿综述"关注了学科发展的总体状况、国内外学科前沿动态、工业经济运行学科前沿的主要代表人物及代表作、本所学科发展水平及国内外相关领域的地位和作用、本学科的发展方向与发展规划五个方面的内容。

第三章"产业组织研究前沿综述"从产业竞争及其理论问题研究、经济发展方式转变与供给侧结构性改革研究、经济结构失衡和产能过剩问题研究、全球价值链研究、资源环境管制问题研究、战略性新兴产业发展问题研究、双边市场与平台竞争问题研究、国际产能合作问题研究八个方面，全面、系统地介绍了产业组织学科近年的发展状况。

第四章"资源类大宗商品基本属性、市场特征及其影响：文献综述"介绍了资源类大宗商品属性金融特征明显，资源类大宗商品市场的主要特征、运行机制以及对宏观经济的影响，并对国内的研究现状进行了评述。

第五章"居民能源消费行为研究综述"首先对居民能源消费行为进行了界定，提出了研究理论基础与主要模型，并进行了实证研究。

第六章"企业管理学科前沿研究报告"围绕组织惯性研究、并购管理研究、人力资源研究、绩效管理研究、社会责任研究五个方面，系统梳理了企业管理研究前沿问题。

第七章"国资国企改革前沿报告"着力对这一时期国有企业改革的最新实践进行综述，其中包括国家层面出台的重要改革政策文件与地方国资国企改革的最新进展情况，同时，还会结合2015年以来的理论文献的主要观点，从界定国有企业功能、中央企业改组国有资本投资公司、发展混合所有制经济、市场化选聘和管理经营管理者四个方面的改革对有关的企业改革实践进行了综述。

第八章"供给侧结构性改革与需求政策相互配合研究综述"介绍了当前对于供给侧结构性改革的研究和供给政策与需求政策协调配合的研究的相关成果及学科发展现状。

第九章"新工业革命背景下的制度创业问题研究：前沿进展"从新工业革命研究的理论进展、制度创业的理论发展两个方面对有关新工业革命的技术经济范式和制度性创业最新研究成果进行梳理。

第十章"加速的改革进程与有待扩展的研究视野——近年来我国政府会计改革研究综述"首先介绍了先于财政改革的政府会计改革的研究背景，然后介绍了国内外政府会计改革的最新研究成果，以及对研究成果的述评和未来的研究方向。

第十一章"区域经济学学科前沿报告"首先总结了新经济地理学、空间计量经济学、演化经济地理学、集聚经济和新经济地理学等目前国际上区域经济研究的一些新进展,然后对近年我国区域经济研究的诸如三大战略+四大板块、城镇化和城市群、扶贫开发和自贸区等热点问题进行了综述。

第十二章"新工业革命对产业布局影响研究综述"从国内外城市产业园区转型升级、众创空间、新工业革命对产业空间布局的影响、智能制造的发展与企业组织模式的重构四个方面介绍了产业布局学科的发展现状。

学科前沿综述虽然是学术研究的一项基础工作,但真正做好该项工作并不容易。尤其是能够将该项有价值的工作连续地进行下去,还需要付出很多艰辛的努力。本报告是中国社会科学院工业经济研究所研究人员不懈努力的结果,是集体智慧的结晶。希望本报告能为提升产业经济、企业管理、区域经济、会计等学科领域的学术研究水平提供有益的借鉴。受时间和水平的限制,本书难免存在一些问题与不足,敬请各位读者批评指正。

编者

2016 年 11 月 8 日

目 录

产业经济学科前沿报告篇

第一章 全球价值链治理与发展中国家产业升级问题研究综述 ………… 3

 一、全球价值链理论的产生 ……………………………………………… 3
 二、全球价值链治理和产业升级理论 …………………………………… 6
 三、全球价值链上的"水平"治理——产业集群的视角 ……………… 11
 四、全球价值链治理背景下发展中国家产业升级问题的争论 ………… 13
 五、评述与展望 …………………………………………………………… 16

第二章 工业运行学科前沿综述 ……………………………………………… 23

 一、学科发展的总体状况 ………………………………………………… 23
 二、国内外学科前沿动态 ………………………………………………… 24
 三、工业经济运行学科前沿的主要代表人物及代表作 ………………… 29
 四、工业经济研究所学科发展水平及国内外相关领域的地位和作用 … 31
 五、本学科的发展方向与发展规划 ……………………………………… 33

第三章 产业组织研究前沿综述 ……………………………………………… 39

 一、产业竞争及其理论问题研究 ………………………………………… 39
 二、经济发展方式转变与供给侧结构性改革研究 ……………………… 42
 三、经济结构失衡和产能过剩问题研究 ………………………………… 46

四、全球价值链研究 …………………………………………… 48

五、资源环境管制问题研究 …………………………………… 55

六、战略性新兴产业发展问题研究 …………………………… 61

七、双边市场与平台竞争问题研究 …………………………… 65

八、国际产能合作问题研究 …………………………………… 69

九、产业组织研究方法 ………………………………………… 72

第四章 资源类大宗商品基本属性、市场特征及其影响：文献综述 …… 87

一、资源类大宗商品属性：金融特征明显 …………………… 88

二、资源类大宗商品市场的主要特征 ………………………… 89

三、资源类大宗商品市场运行机制 …………………………… 92

四、资源类大宗商品市场对宏观经济的影响 ………………… 93

五、国内研究现状评述 ………………………………………… 98

第五章 居民能源消费行为研究综述 ……………………………… 105

一、居民能源消费行为的界定 ………………………………… 106

二、研究理论基础与主要模型 ………………………………… 107

三、居民能源消费行为的实证研究 …………………………… 112

四、小结 ………………………………………………………… 117

企业管理学科前沿报告篇

第六章 企业管理学科前沿研究报告 ……………………………… 127

一、组织惯性研究前沿问题 …………………………………… 128

二、并购管理研究前沿问题 …………………………………… 135

三、人力资源管理研究前沿问题 ……………………………… 143

四、绩效管理研究前沿问题 …………………………………… 148

五、社会责任研究前沿问题 …………………………………… 154

第七章　国资国企改革前沿报告 177

一、准确界定国有企业功能与分类改革、分类监管 177

二、深化国资管理体制改革以及组建和改组国有资本投资
运营公司 181

三、发展混合所有制经济以及推进混合所有制企业员工持股试点 187

四、完善现代企业制度以及推进市场化选聘和管理经营管理者 192

第八章　供给侧结构性改革与需求政策相互配合研究综述 199

一、供给侧结构性改革的研究 199

二、供给政策与需求政策协调配合的研究 207

第九章　新工业革命背景下的制度创业问题研究：前沿进展 213

一、新工业革命研究的理论进展 213

二、制度创业的理论发展 218

第十章　加速的改革进程与有待扩展的研究视野
——近年来我国政府会计改革研究综述 227

一、研究背景：先于财政改革的政府会计改革 227

二、国外政府会计改革的研究综述：国际经验与模式选择 231

三、我国政府会计改革研究综述：共识与分歧 239

四、国内外政府会计改革研究成果述评与未来研究方向 244

区域经济学科前沿报告篇

第十一章　区域经济学学科前沿报告 249

一、区域经济理论的研究进展 249

二、中国区域经济问题的研究 261

第十二章　新工业革命对产业布局影响研究综述 …… 269

一、国内外城市产业园区转型升级研究进展 …… 269
二、众创空间的研究进展 …… 277
三、新工业革命对产业空间布局的影响研究 …… 280
四、智能制造的发展与企业组织模式的重构 …… 284

后记 …… 297

产业经济学科前沿报告篇

第一章 全球价值链治理与发展中国家产业升级问题研究综述

随着产品内分工逐步替代产业间分工成为新一轮国际分工的主要模式，以生产组织方式垂直分解和跨区域生产环节间功能整合为特征的"全球化"（Dicken，1992）进程日益将全球范围的生产活动整合为各环节间紧密关联的全球性生产组织网络。在此背景下，以 Gereffi 为代表的相关学者创立的全球价值链及其治理理论，为我们研究发展中国家企业嵌入全球性生产网络背景下国际分工和产业升级提供了一套视角完备的分析框架。

一、全球价值链理论的产生

全球价值链（Global Value Chains，GVC）是指"在全球范围内，连接某产品生产、销售、服务等不同价值增值环节的跨企业、跨区域网络组织"，其内容包含产品的概念设计、研发、制造、营销、售后服务以及最终消费和回收处理的整个过程（UNIDO，2002）。全球价值链的直接理论基础源自 Gereffi 和 Korzeniewicz（1994）两位学者早些时候提出的全球商品链（Global Commodity Chains，GCC）的分析框架。全球商品链的内容包含"从产品设计、生产制造到市场营销等一系列的跨区域价值创造活动"，表现为"全球范围内，基于某产品的生产和服务建立起来的组织间生产网络和关联集群"。

1. 与全球价值链理论产生有关的几个概念

除全球商品链之外，与全球价值链概念紧密相关的几个概念还包括价值链（Value Chain）、商品链（Commodity Chains）和增值链（Value – added Chain）等概念。价值链的概念由迈克尔·波特（Porter，1985）提出，其定义是"企业进行设计、生产、营销、交货以及对产品起辅助作用的各种活动的集合"。波特将企业内部的价值创造活动具体化为不同的价值增值环节，并据此分析了企业竞争优势的来源问题，但由于其研究视角主要集中于企业内部，因此没有考虑跨企业和跨空间价值链的治理问题。Hopkins 和 Wallerstein（1986）提出的商品链概念主要是为了描述"最终产品生产过程中所形成的劳动和产品加工网络"，虽然其研究的重点主要集中于不同生产环节的跨国劳动分工问题，但却成为 Gereffi 和 Korzeniewicz 确立"全球商品链"这一概念名称的直接依据。增值链（Kogut，1985）是指"技术与原材料、劳动相结合形成最终产品，以及营销和配送的全过程"。Kogut 认为，在全球化背景下，企业的经营行为同时受限于国家"比较优势"和自身"竞争优势"的影响，其中，前者决定增值链的空间布局，后者决定企业具体承担的增值链分工环节。与前述两个概念相比，增值链的研究视角偏重于全球化背景下生产过程的垂直专业化和跨国布局，因此从内容衔接的角度来看，它与全球价值链理论的联系更为紧密。

2. "二分法"的全球商品链治理理论

前已述及，创立于 20 世纪 90 年代中期的全球商品链理论是全球价值链的直接理论基础。起初全球商品链的理论框架包括投入产出（按生产和服务的价值增加顺序连接的一系列经济活动）、空间布局（由不同规模和不同类型企业组成的生产和分销网络的空间分散或集中）和治理结构（决定资金、原材料和人力资本在生产链条内流动和配置的权利关系）3 个分析维度，其中，治理结构维度是该理论研究的核心和重点。

全球商品链治理理论强调日益崛起的国际购买商（Global Buyers）在全球化生产布局和贸易往来中的驱动作用。根据国际购买商的不同性质，Gereffi 和 Korzeniewicz（1994）将全球商品链划分为生产者驱动（Producer – driven）和购买者驱动（Buyer – driven）两种类型（见表 1 – 1）。

生产者驱动型商品链通常由产业资本推动，其领导企业是拥有技术优势的跨国公司或垂直一体化工业企业，价值链不同环节的供应商拥有不同程度的所有权，并通过垂直管理方式来协调整个生产过程。该类型的全球商品链主要存在于汽车、通信、电子、航空航天等资本和技术密集型产业。

购买者驱动型商品链主要由商业资本推动，价值链的领导企业是拥有渠道和品牌优势的大型零售商（沃尔玛、J. C. Penny 等）和品牌经营商（耐克、Liz Claiborne 等），它们自身并不从事生产活动，主要通过跨国生产网络从海外供应商那里采购商品；由于它们与供应商之间不存在所属关系，因此其治理手段主要是依靠对产品规格、数量和交货时间的严格把控。该类型的全球商品链主要存在于服装、鞋帽、玩具等劳动密集型产业。

表 1-1　生产者驱动型和购买者驱动型的主要特征

	生产者驱动型商品链	购买者驱动型商品链
驱动因素	产业资本	商业资本
核心竞争力环节	R&D、产品	设计、营销
进入障碍	规模经济	范围经济
所属经济门类	耐用消费品、生产资料	非耐用消费品
典型产业	汽车、计算机、航空航天业	衣服、鞋帽、玩具
制造企业的所有者	跨国企业	发展中国家当地企业
主要网络联结	以投资为基础	以贸易为基础
主导型网络结构	垂直型	水平型

资料来源：Gereffi G.. International Trade and Industrial Upgrading in the Apparel Commodity Chain [J]. Journal of International Economics, 1999, 48（1）：31-70.

3. 全球价值链概念的确立及超越

随着全球商品链理论应用范围的日益广泛，许多学者对全球商品链这一名称提出了质疑。因为在经济学中，"商品"（Commodity）的概念更多地指代原油、农产品等可标准化的同质性交易品，这一称谓在研究服装、鞋帽等以最终产品为交易标的的供应链时并无不妥，但在研究以零部件和中间产品为交易对象的供应链时则很难反映出生产链条上各环节的价值创造行为。针对这一问题，以 Gereffi、Humphrey 和 Kaplinsky 等为代表的一干学者，在 2000 年 9 月的意大利 Bellagio 学术研讨会上，正式将"全球商品链"的概念更名为"全球价值链",至此全球价值链理论正式确立。

此后,Henderson(2002)等学者试图通过"全球生产网络"(Global Production Network,GPN)的概念来修正全球价值链理论的线性分析视角。Henderson强调,当前全球性的生产组织体系内不但存在着价值链上下游间的"垂直"关联,而且也普遍存在着横跨多条价值链的"水平"(Horizonal)关联,甚至"对角"(Diagonal)关联,因此,全球生产网络的概念更有助于我们理解全球化的生产组织模式。针对这一质疑,Sturgeon(2007)做出了正面回应,他强调,在实际分析过程中全球价值链理论一直强调全球生产过程的"网络型"特征,而并非局限于价值链上下游的简单线性关联;而且对于分析全球化的生产过程,全球价值链的概念既提供了足够宽阔的分析视野,同时又不至于因为考虑的变量太多而变得难以推演,因此,全球价值链的概念在实际运用过程中得到了学术界的更多认可。

近些年来,伴随着模块化生产方式的发展,全球价值链的生产组织模式呈现出一些新的特征。Sturgeon和Kawakami(2010)通过对电子产业全球价值链的研究,提出了模块价值链(Value Chain Modularity)的概念,并指出,在该类型的全球价值链中,平台领导(Platform Leaders)企业正扮演着日益突出的作用。平台领导企业是指那些通过提供软件、硬件和核心组件的方式,将其自身的技术成功"植入"其他企业产品中的一类企业,其典型代表包括英特尔、微软、苹果、联发科技等企业。虽然从数量上来看,该类企业的个数还相对稀少,但其在全球价值链中拥有的市场力量和获取的利润规模甚至超过了传统的价值链领导企业,因此,该类企业的特征和作用需要在全球价值链理论的研究中引起更多的重视。

二、全球价值链治理和产业升级理论

1. 全球商品链治理理论的局限

全球商品链的理论框架为学术界研究全球化生产网络内的治理关系和企业行为提供了全新的分析视角,并形成了数量众多的研究成果。例如,Dolan和Humphrey(2000)研究了撒哈拉以南非洲国家的鲜菜产业在全球商品链治理框架约束下的发展问题；Schmitz 和 Knorringa（2000）研究了中国、印度和巴西制鞋产业嵌入全球商品链生产网络后的产业升级问题。但是随着研究的深入，越来越多的学者发现基于生产者驱动和购买者驱动的全球商品链治理的"二分法"分类框架过于简单，许多行业的组织特征很难在该框架内得到恰当的匹配。Clancy（1998）通过对国际旅游业两个子产业——旅店业和航空服务业的研究认为，国际旅游业的组织形式既不符合生产者驱动型商品链的治理特征，也不符合购买者驱动型商品链的治理特征，而且对于服务业价值链的组织模式，既有的"二分法"的治理框架的解释能力普遍偏弱。Gibbon（2001）通过对以初级产品为主要交易对象的全球商品链的研究发现，许多领域的商品链既不是由大型制造商所驱动的，也不是由国际零售商和品牌经营商所驱动的，其价值创造过程的真正领导者是由那些大型的国际贸易商（International Trader）扮演的，因此它们很难被归入上述"二分法"治理类型中的任何一类。我国学者张辉（2006）指出，由产业资本推动的 IT 产业在技术上具有明显的生产者驱动型特征，但戴尔公司却能凭借在其采购环节的出色表现成为该价值链的领导企业之一，这说明在实际的价值链治理问题上，生产者驱动和购买者驱动之间的界限并不是那么"泾渭分明"。由于存在上述缺陷，全球价值链治理理论的发展并未继续沿袭全球商品链理论的"二分法"分类框架，而是在综合了交易成本理论、生产网络理论和企业资源观等相关理论成果的基础上，重新建立了一套以企业权利关系和组织协调机制为研究重点的治理分析框架。

2. 全球价值链治理理论形成的理论基础

按照 Jessop（1998）的定义，治理（Governance）包括两个层次的含义：①关联活动任意形式的组织协调机制，包括市场交换、组织层级和自组织协调等；②专指自组织协调方式，包括自组织人际网络、跨组织谈判协调以及去中心化的系统间控制或协调。

在经济领域，关于治理形式问题的讨论最早可以追溯到罗纳德·科斯（Coase，1937）在其著名的《企业的性质》中提出的关于市场和企业边界的研究。科斯认为，某些经济活动在企业内部完成所产生的交易成本比通过市场完成更低，这是市场和企业两种治理机制同时存在的根本原因。在此基础之上，威廉姆森（Williamson，1975）进一步提出了资产专用性（Asset Specificity）的概念，并指出人的机会主义倾向会加剧合作过程中的资产专用性问题，从而导致企业间的合作关系难以长久保持，并最终以纵向一体化的方式结束。需要强调的是，威廉姆森最终还是承认了交易过程中普遍存在着以"网络"形式出现的中间性组织形态，并同意其治理模式介于市场和科层制之间。

对于资产专用性问题最终会导致纵向一体化的观点，Granovetter（1985）率先提出了质疑。他强调，任何形式的经济活动都是嵌入在特定的社会关系中的，即使资产专用性会对合作关系的稳定性造成一定程度的影响，但人与人之间的信任关系和社会联络仍可以使企业间的合作关系得以维系。上述观点得到了以 Powell（1990）等为代表的一干"网络"（Production Networks）学者的支持，他们通过对意大利中小企业"工业区"的研究认为，"网络"是与市场和科层制并行且在交易过程中普遍存在的第三种治理形态，其生产组织方式既不是完全依靠价格机制，也不是依靠行政命令。参与主体彼此间的信任关系、渴望长期合作的意愿以及密切的社会往来和空间上的临近性是网络关系得以维系的基础。

除去交易成本理论和生产网络理论，战略管理领域中的企业资源观也是全球价值链治理理论得以形成的重要基础之一。Penrose（1959）指出，企业竞争优势的根源来自其长期开发所形成的独特内在资源。由于企业层面资源或能力的稀缺性和难以复制性，因此与之存在业务往来的企业很难在短期内寻找合适的替代者，同时也很难通过模仿和内部开发的方式获取相应的稀缺资源和能力（Barney，1991）。因此，企业资源观理论认为，即使存在较强的资产专用性问题，许多企业间的合作关系依然能够得以维系甚至加深。

3. 全球价值链治理理论的发展

Humphrey 和 Schmitz（2000）在综合前述理论成果的基础上，将治理明确界定为"非市场的组织协调机制"，其在全球价值链上主要表现为国际购买商或跨国公司对产品规格、数量以及企业参与资格的限制。进一步地，他们根据全球价值链内企业的权利关系和分工地位差异，将全球价值链的治理模式界定为公平市场型（Arm's Length Market Relations）、网络型（Network）、准层级制（Quasi-hierarchy）和层级制（Hierarchy）4 种类型（见表 1-2）。其中，公平市场型和层级制治理类型分别处于全球价值链治理层次的最低端和最高端，网络型和准层级制作为介于它们之间的治理形态，其最大的差异在于前者的合作主体间权利地位平等，而后者则是买方作为主导者控制供方的生产活动。

表1-2 价值链的4种治理结构及权利关系

治理结构	关系特征
公平市场型	交易标的为标准化产品,买方无须担心供方的生产能力,也不需要为供方制定具体的产品规格和生产数量
网络型	供需双方的资源互补性较强,参与企业多为具备前沿技术开发能力的领军企业,双方合作地位平等,产品的具体规格和相关研发活动由双方合作完成
准层级制	供需双方的权利地位并不对等,买方对产品的生产规格和数量进行严格的控制,出于对供方生产能力的担忧,买方还会适时提供必要的资金和技术支持
层级制	买方通过直接投资或纵向一体化的方式控制价值链上的相关生产活动,母公司在为附属企业制定产品规格的过程中会涉及部分技术转移活动

资料来源:作者整理。

在前述研究成果的基础上,Gereffi、Humphrey 和 Sturgeon(2005)通过对全球价值链内部关联的交易复杂度(Complexity of Transactions)、交易信息可编码化程度(Ability to Codify Transactions)和供应商生产能力(Capabilities in the Supply–base)3个维度变量特征的考察(见表1-3),建立了更加完备的全球价值链治理模式分类框架,并将其结果归纳为市场型(Markets)、关系型(Relational)、俘获型(Captive)、层级制(Hierarchy)和模块型(Modular)5种治理类型。

表1-3 经济活动的治理类型及其决定因素

治理模式		交易复杂度	交易信息可编码化程度	供应商生产能力	企业间权利关系的不对称程度
公平市场型		低	高	高	低
网络	网络型 模块型	高	高	高	↕
	关系型	高	低	高	
	准层级制 俘获型	高	高	低	
层级制		高	低	低	高

资料来源:作者整理。

与前述研究成果相比,上述分类方法的最大贡献在于,其明确地指出了决定全球价值链治理类型的3个决定因素。对于不同产品的全球价值链生产体系的治理类型,我们可以随时依据上述维度加以明确判断,从而不必拘泥于模糊的既有经验。此外,通过将"网络型"治理模式进一步细分为"模块型"和"关系型",可以突出产品生产过程中的信息编码化程度差异对价值链上不同主体间治理关系的影响。在"关系型"治理模式下,由于产品规格的可编码化程度较低,大量默会知识需要在面对面的技术合作和交流过程中传递,这要求买方与供应商之间建立更加紧密的合作关系与技术关联;在"模块型"治理模式下,买方要求的产品信息可以通过可编码化的"系统规则"向供应商传递,同时供应商可以通过将技术信息封装进模块内部来防止不必要的知识外溢,这一特点令双方之间的技术依赖程度大大降低,使得模块型的治理关联更加接近于市场。

4. 全球价值链视角下的产业升级问题

按照 Gereffi(1999)的定义,产业升级是指某企业或某地区将其生产能力转移至利润率和精细化程度更高的资本和技术密集型产业领域。进一步地,Kaplinsky 和 Morris(2001)将产业升级活动具体化为工艺升级(Process Upgrading)、产品升级(Product Upgrading)、功能升级(Functional Upgrading)和链际升级(Chain Upgrading)4 种类型。他们认为在嵌入全球价值链分工体系的背景下,发展中国家的企业或产业集群会沿着"工艺升级→产品升级→功能升级→链际升级"的方向顺次推进。从升级的具体形式来看,主要表现为"来料加工/原始设备组装(Original Equipment Assembling, OEA)→贴牌制造/原始设备制造(Original Equipment Manufacturing, OEM)→自有设计制造(Own Design Manufacturing, ODM)→自有品牌制造(Own Brand Manufacturing, OBM)"的价值链功能环节攀升(见表 1-4)。

表 1-4 产业升级的特征、形式和次序

	工艺升级	产品升级	功能升级	链际升级
升级特征	提升价值链相应环节的生产效率	引入新产品或改进原产品的开发流程	将生产活动移至附加值更高的环节	转移至新的价值链
升级形式	来料加工(OEA) ↓ 贴牌制造(OEM)	自有设计制造(ODM)	自有品牌制造(OBM)	例如,从生产黑白电视机显像管到生产电脑显示器
升级次序	↓			→

资料来源:作者整理。

三、全球价值链上的"水平"治理
——产业集群的视角

1. 全球价值链上的"水平"治理

全球价值链治理理论的研究偏重于价值链"领导企业"的治理行为对其参与企业的生产活动造成的影响；相比之下，产业集群理论则强调区域内的社会文化关系、企业间的互动学习特征以及集群内的相关制度因素对当地产业升级活动的决定性作用。虽然上述两类理论研究的侧重点有所差异，但其内在的互补性却更为突出。正如 Giuliani 和 Bell（2005）指出的，集群企业的生产活动既嵌入在全球价值链治理环境之中，也嵌入在当地产业集群的组织框架之内，单纯从任一方面分析发展中国家的产业升级问题都很难得出完整的结论。我国学者王益民和宋琰纹（2007）认为，在全球化的背景下，原本在功能和空间上相互独立的产业集群正不断被整合进全球价值链所主导的分工体系当中，这些联结起来的结点不仅包括各种分散的价值创造活动，而且表现为聚集于某地域空间范围内的产业集群。Gereffi 和 Lee（2014）对此问题的认识更为直观，他们将全球价值链内的治理关系视为全球生产网络上的"垂直型"治理机制，将产业集群内部的生产关系视为"水平型"治理机制，借助上述两个治理维度的考察就可以更全面地研究发展中国家产业升级过程中存在的机遇和挑战（见图 1-1）。

2. 产业集群的相关理论综述

产业集群（Industrial Cluster）是指在一个明确空间范围内相关企业和生产部门的集中（Pyke，1990）。该定义最早可以追溯到马歇尔（Marshall，1890）在其著名的《经济学原理》中提出的工业区（Industrial District）的概念。马歇尔认为，大量相关企业向工业区的聚集会带来专业人才的集中、配套供应商和服务商的进驻以及专业知识的加速扩散等外部经济效应，从而降低集群范围内生产者的整体生产成本。目前，学术界普遍认为产业集群有助于当地产业整体竞争力的提升。一方面，生产活动的集中会产生规模经济

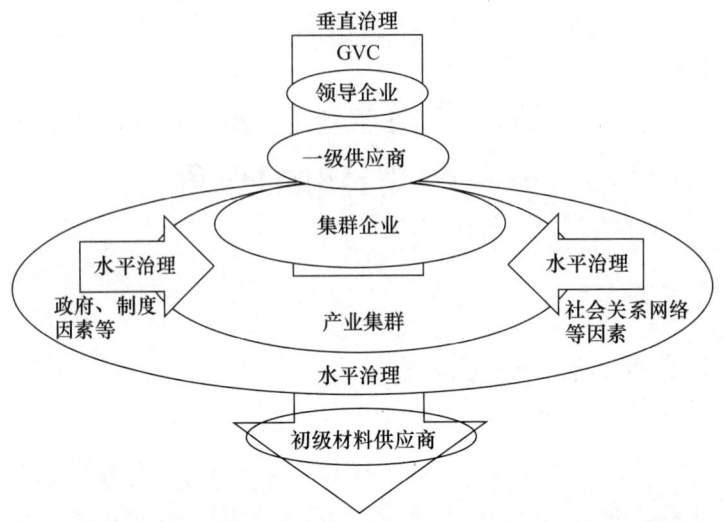

图 1-1　GVC 垂直治理和产业集群水平治理对于企业行为影响关系的图示

资料来源：作者整理。

效应和范围经济效应；另一方面，产业集群内的企业组织更方便开展"联合行动"（Joint Action）以解决当地企业发展过程中的共性问题。Maskell 和 Malmberg（1999）认为，在全球化的背景下，升级的动力源自本地集群内部的默会知识积累，以及在此基础上形成的独一无二的本地化能力。Sturgeon（2003）指出，地理上的临近性和密切的社会关系有助于中小企业建立高效协作的供应网络，并实现技术人才、信息、专业知识以及基础设施等资源的共享，这些都有助于产业集群整体的生产效率和能力的提升。Schmitz 和 Nadvi（1999）指出，虽然由于竞争关系的存在，产业集群内企业之间合作关系的建立绝不会一蹴而就，但由于相关企业在日常经营过程中往往会面对共同的产业升级障碍，因此集群内企业存在"联合行动"的激励以实现共同的利益，这就为整合集群内部资源、提升集群的整体竞争能力提供了可能。Schmitz（1995）借助"集体效率"（Collective Efficiency）的概念进一步阐释了产业集群在推动发展中国家参与国际分工方面可能起到的积极作用，他认为，由于发展中国家的企业规模普遍偏小，且缺乏核心技术优势，因此很难以个体的身份参与国际竞争，借助集群内外部经济和联合行动产生的集体效率，以产业集群的形式整体性地嵌入到全球化的生产网络中已成为推动发展中国家生产能力提升的重要方式。Doner 和 Schneider（2000）指出，要实现高效率的联合行动除了依靠企业的自发行动外，诸如行业协会和贸易委员会等机构的推动也必不可少，众多研究结果显示，上述机构的协调工作对于提升发展中国家产业集群的整体运行效率发挥着重要的作用。

四、全球价值链治理背景下发展中国家产业升级问题的争论

Gereffi（1999）通过研究东亚新兴经济体服装产业的升级过程后认为，嵌入全球价值链分工体系的发展中国家具备较好的产业升级前景。其升级的主要驱动力一方面来自当地企业与价值链领导企业重复交易过程中获得的知识溢出和"干中学"机会；另一方面来自参与全球价值链分工体系带来的"组织演替"（Organizational Succession）机会，即不断出现的更高端国际购买商对原有购买商的替代。这一过程不但为当地生产企业带来了更广阔的盈利空间，同时也对企业的技术标准、产品品质和反应速度提出了更高的要求。

在此基础上，Gereffi 进一步指出，发展中国家的产业升级路径会经历"工厂升级（Within Factories）→网络升级（Within Inter-firm Enterprise Networks）→本地化升级（Within Local or National Economies）→区域内升级（Within Regions）"4 个阶段，并借此完成自身主导的"区域价值链"的重构和治理。按照 Gereffi 的逻辑，嵌入全球价值链的发展中国家的企业会以"工厂升级"为起点逐渐扩大当地的生产规模；在此过程中，部分制造能力突出的企业会引领当地的"网络升级"进程，以提升当地生产网络的整体制造水平；与此同时，少数转型为整套产品供应商（Full-range Package Suppliers）的当地企业会替代价值链领导企业完成部分零部件采购和组织生产的功能，这为本地供应链体系的构建带来了机遇，并推动了当地产业的"本地化升级"进程；进一步地，随着周边国家的配套企业被纳入进来，覆盖范围更广的完整区域价值链逐渐确立，"区域内升级"会带动当地企业摆脱对原有国际价值链的依赖（见表 1-5）。

表 1-5 Gereffi 描述的产业升级阶段及特征

升级阶段	升级内容	升级类型
工厂升级	从承接廉价项目到承接高价项目；从承接简单项目到承接复杂项目；从承接小型项目到承接大型项目等	工艺升级
网络升级	从大规模标准化制造到柔性化的差异产品制造	以工艺升级为主，包括部分产品升级

续表

升级阶段	升级内容	升级类型
本地化升级	从简单的OEA到实现多数零部件本地化采购的贴牌制造OEM、ODM和OBM	产品和功能升级
区域内升级	从非对称的跨区域贸易,到主导区域内的整条价值链治理,包括原材料供应、产品设计制造、营销物流和消费各环节	功能升级

资料来源:作者整理。

对于 Gereffi 提出的上述观点,多数学者并不认同。Humphrey 等(2002)和 Schmitz(2004)就指出,发展中国家的企业在嵌入全球价值链后面对的是"准层级制"的治理结构,这一体系在初期虽然有助于推动当地的工艺升级和产品升级,但是对于实现进一步的功能升级却会形成一定的障碍。具体来看,由于发展中国家国内市场的生产标准远远低于国际市场,因此当地企业适应国际标准的过程本身就包含着工艺升级和产品升级的内容;与此同时,部分国际购买商和跨国公司为了确保采购产品的技术规格,还会对选定的供应商予以适度的技术支持,以帮助其尽快完成工艺环节的改进。但是,一旦发展中国家的产业升级活动涉及价值链的设计、研发、营销和品牌推广环节,其发展前景会变得骤然黯淡。一方面,由于跨国公司和国际购买商视这些环节为其控制全球价值链的核心竞争领域,会对嵌入企业的相关升级活动进行有意的打压;另一方面,由于发展中国家的企业长期被锁定在全球价值链的低附加值制造环节,很少有企业具备足够的资金实力去满足这些环节高昂且持续的资金投入要求。刘志彪和张少军(2008)进一步发展了上面的观点并指出,发展中国家嵌入全球价值链本质上是一种经济全球化背景下的新型依附关系,发达国家通过全球价值链内的准层级治理结构俘获发展中国家的生产能力,由此造成其在加工制造环节的低端锁定,从而阻碍发展中国家的整体产业升级。卓越和张珉(2008)通过对我国纺织服装业的研究,同样认为加入全球价值链并不一定有利于实现产业升级。这是因为,在俘获型的全球价值链治理结构下,国际购买商会通过专利池、战略隔绝、品牌强化和零售市场并购等多种手段垄断研发、设计和营销等价值链的高附加值环节,将作为代工者的国内企业牢牢锁定在加工制造等低附加值环节,这将导致国内纺织服装产业的收益分配状况趋于恶化,并丧失功能升级和产业链升级的主动权,陷入"悲惨增长"的境地。黄宁和张国胜

（2015）从演化经济学的角度分析了发展中国家嵌入的"准层级制/俘获型"治理关系对于其制造企业技术轨道的锁定和赶超抑制问题。他们认为，发达国家企业在既有技术领域内的"先入优势"及其在相关技术和资本投入方面的长期积累，将会不断巩固其价值链领导地位，如果不能跳出既有的技术轨道约定的技术发展路径，则发展中国家只能亦步亦趋地追随发达国家的技术转移成果，永远无法实现赶超。

对于以模块化分工为基础的新型"模块型价值链"对发展中国家产业升级造成的影响，Sturgeon和Kawakami（2010）给出了与一般性的全球价值链分工体系相似的结论。他们认为，在技术密集度和模块化程度较高的电子产品模块型价值链上，发展中国家的合约制造商更倾向于向平台领导者企业购买高度模块化的整体解决方案，这其中包含着陷入模块化陷阱（Modularity Trap）的巨大风险。一方面，购买高端功能模块和子系统的价格十分昂贵，而且还要向行业的平台领导者或标准制定企业支付不菲的专利使用费；另一方面，采购自平台领导企业的一般化产品模块降低了最终产品的异质性，从而限制了其在市场上的竞争力。整体来看，绝大多数嵌入全球价值链的发展中国家合约制造商都陷入了低附加值重复生产的恶性循环。由于其在产品架构设计和关键模块上严重依赖平台领导企业，因此价值链上的绝大部分利润被价值链领导企业和平台领导者所攫取。例如，我国作为iPhone和iPad产品的主要组装地，可获取的利润仅分别占产品销售利润额的1.8%和2%，相比之下，身为价值链领导企业兼平台领导者的苹果公司在上述两类产品上的利润率分别高达58.5%和30%。基于此，杨虎涛和田雨（2015）指出，在当前全球价值链分工日益呈现模块化和片段化的背景下，发展中国家虽然可以参与高技术产业的全球化分工，但却很难摆脱对发达国家跨国企业的技术依赖；与此同时，大量承接发达国家转移出的高技术产业中简单制造环节，还容易使发展中国家陷入高端产业发展低端化的恶性循环或"高技术"幻象，降低生产地区人力资源和技术基础的发展要求，此类经济形态不但无法对发展中国家的技术能力构建形成有效拉动，还会造成当地产业的去技术化，并强化其对廉价劳动力和自然资源的依赖，削弱微观主体的技术创新意愿和能力基础。

此外，一些国内学者还注意到了嵌入全球价值链的生产结点在产业关联上存在与当地产业体系的割裂问题。王益民和宋琰纹（2007）将依附于全球价值链分工体系而组建的产业集群定义为"战略意图型集群"。他们指出，该类产业集群与传统的内生式的"马歇尔式集群"有本质的区别，它们在功能上主要体现跨国公司的战略意图，其自身的战略性隔绝机制（Isolating Mechanisms）会极大地割裂战略意图型集群与所属区域的经济联系；即使该类产业集群内的个别企业侥幸成功实现了价值链功能环节上的攀升，也很难带动范围更广的本地化升级和区域内升级。巫强和刘志彪（2012）认为，发展中国家的企业嵌入全球价值链的"准层级制/俘获型"治理结构后，会迫于产品质量和生产规格要求，选择精度更高的进口设备进行生产，这直接割裂了本土上游装备产业和下游消费品产业之间的天然联系，造成本土装备产业市场空间的压缩和其资金、技术积累难以为继。在下游消费品行业的工艺升级和产品升级严格依赖上游装备产业制造能力的背景下，嵌入全球价值链造成的本土装备产业的市场压缩会形成一个自我强化的恶性循环过程，从源头上抑制发展中国家的整体产业升级动力。

五、评述与展望

通过对全球价值链治理及其相关理论发展脉络的简要梳理，可以发现，在以生产组织方式垂直分解和跨区域生产环节功能整合为特征的全球化背景下，全球价值链治理理论为我们分析发展中国家产业升级问题提供了一套自洽且视角完备的分析框架。虽然 Gereffi（1999）认为在全球价值链的生产框架下，发展中国家可以完成"工艺升级→产品升级→功能升级→链际升级"的顺次跃迁，但多数国内外学者对此结论却并不认同。正如 Martin Bell 所言，Gereffi 描述的产业升级场景仅仅是一个"意绘的扶梯"（Benign Escalator），在全球价值链主导的生产体系中，发展中国家企业虽然可以相对容易地实现从来料加工到部分零部件就地生产和采购的升级，但能否完成向自有设计制造（ODM）和自有品牌制造（OBM）阶段的攀升却充满了不确定性。事实上，在核心技术和营销渠道全部被跨国公司和国家购买商垄断的背景下，发展中国家的企业很难在既有的全球价值链框架内为自己赢得"功能升级"和"链际升级"的发展空间。即使作为引领"本地化升级"（Within Local or National Economies Upgrading）的区域领导企业，更多地也只是扮演国际购买商的中间代理商角色，它们所能管理和协调的仅仅是依附于全球价值链某一区段的"次级链条",或者说是作为全球价值链领导企业的一级供应商来管理二级和三级供应商,至于该链条是否可以成长为全新的独立运行的全球价值链,目前尚缺乏足够的证据。

虽然在全球价值链治理的分析框架内,国内外的学者在分析发展中国家产业升级存在的困难方面已经形成了共识,但在分析发展中国家如何实现功能升级突破方面依然存在较大的拓展空间。

首先,全球价值链治理理论过分强调价值链内的治理模式对发展中国家企业高端价值创造活动的抑制,却忽视了发展中国家企业自身的研发意愿及其学习能力对当地产业升级活动造成的影响。正如 Sohn(2009)和 Whittaker 等(2010)等学者所指出的,高效的技术学习和创新活动是发展中国家迅速缩小与发达国家技术差距并推动赶超实现的关键要素。因此,在下一阶段的研究中,我们可以结合发展中国家的技术创新政策,社会资本的积累特征以及国家创新体系建设水平等因素,对影响发展中国家产业升级问题的研究方向进行有益扩展。

其次,当前全球价值链治理框架内的产业升级问题研究视角主要停留在既有产业层面。按照 Perez 和 Soete(1988)的观点,在技术轨道已经趋于成熟的技术领域根本不存在发展中国家可资利用的技术追赶机会,只有借助技术革命带来的技术—经济范式变革的"机会窗口",才有可能实现对发达国家的技术赶超。当前,全球工业发展正值"第三次工业革命"爆发的前夜,生产制造环节智能化的趋势已初露端倪。可以预见,随着新一轮工业革命的临近,人类社会的技术—经济范式将再次发生重大调整,这将给广大发展中国家实现技术赶超带来难得的机遇。因此,我们可以将这一时代变革的背景引入产业升级问题的研究框架,以期得出更加贴近现实和政策指导意义的结论。

参 考 文 献

[1] Barney J.. Firm Resources and Sustained Competitive Advantage [J]. Journal of Management, 1991, 17 (1): 99 – 120.

[2] Clancy M.. Commodity Chains, Services and Development: Theory and Preliminary

Evidence from the Tourism Industry [J]. Review of International Political Economy, 1998, 5 (1): 122-148.

[3] Coase R.. The Nature of the Firm [J]. Economica, 1937 (4): 386-405.

[4] Dicken P.. Global Shift: The Internationalisation of Economic Activity [M]. London: Paul Chapman Publishing, 1992.

[5] Dolan C., Humphrey J.. Governance and Trade in Fresh Vegetables: The Impact of UK Supermarkets on the African Horticulture Industry [J]. Journal of Development Studies, 2000, 37 (2): 147-176.

[6] Doner F., Schneider R.. Business Associations and Economic Development: Why Some Associations Contribute More than Others [J]. Business and Politics, 2000, 2 (3): 261-288.

[7] Gereffi G., Humphrey J., Kaplinsky R., Sturgeon T.. Introduction: Globalization, Value Chains and Development [J]. IDS Bulletin, 2001, 32 (3): 1-8.

[8] Gereffi G., Humphrey J., Sturgeon T.. The Governance of Global Value Chains [J]. Review of International Political Economy, 2005 (1): 78-104.

[9] Gereffi G., Korzeniewicz M.. Commodity Chains and Global Capitalism [M]. Westport, CT: Praeger, 1994.

[10] Gereffi G., Lee J.. Economic and Social Upgrading in Global Value Chains and Industrial Clusters: Why Governance Matters [J]. Journal of Business Ethics, 2014, 133 (1): 25-38.

[11] Gereffi G.. International Trade and Industrial Upgrading in the Apparel Commodity Chain [J]. Journal of International Economics, 1999, 48 (1): 31-70.

[12] Gibbon P.. Upgrading Primary Production: A Global Commodity Chain Approach [J]. World Development, 2001, 29 (2): 345-363.

[13] Giuliani E., Bell M.. The Micro Determinants of Meso Level Learning and Innovation: Evidence from a Chilean Wine Cluster [J]. Research Policy, 2005, 34 (1): 47-68.

[14] Granovetter M.. Economic Action and Social Structure: The Problem of Embeddedness [J]. American Journal of Sociology, 1985 (91): 81-510.

[15] Henderson J., Dicken P., Hess M., Coe N., Henry W.. Global Production Networks and the Analysis of Economic Development [J]. Review of International Political Economy, 2002, 9 (3): 436 – 464.

[16] Hopkins K., Wallerstein I.. Commodity Chains in the World – economy Prior to 1800 [J]. Review, 1986, 10 (1): 157 – 170.

[17] Humphrey J., Schmitz H.. Governance and Upgrading: Linking Industrial Cluster and Global Value Chain Research [R]. IDS Working Paper, Brighton: IDS, 2000.

[18] Humphrey J., Schmitz H.. How Does Insertion in Global Value Chains Affect Upgrading in Industrial Clusters? [J]. Regional Studies, 2010, 36 (9): 1017 – 1027.

[19] Jessop B.. The Rise of Governance and the Risks of Failure: The Case of Economic Development [J]. International Social Science Journal, 1998 (155): 29 – 45.

[20] Kaplinsky R.. Globalisation and Unequalisation: What Can Be Learned from Value Chain Analysis? [J]. Development Studies, 2000, 37 (2): 117 – 146.

[21] Kogut B.. Designing Global Strategies: Comparative and Competitive Value – added Chains [J]. Sloan Management Review, 1985, 26 (4): 15 – 28.

[22] Maskell P., Malmberg A.. Localised Learning and Industrial Competitiveness [J]. Cambridge Journal of Economics, 1999, 23 (2): 167 – 185.

[23] Penrose E.. The Theory of the Growth of the Firm [M]. Oxford: Basil Blackwell, 1959.

[24] Perez C., Soete L.. Catching – up in Technology: Entry Barriers and Windows of Opportunity [M] // Dosi C., Freeman R., Nelson G.. Technical Change and Economic Theory. London: Printer Publishers, 1988: 458 – 497.

[25] Poon S. C.. Beyond the Global Production Networks: A Case of Further Upgrading of Taiwan's Information Technology Industry [J]. International Journal of Technology & Globalization, 2004, 1 (1): 130 – 144.

[26] Porter M.. The Competitive Advantage of Nations: With a New Introduction [M]. New York: Free Press, 1990.

[27] Powell W.. Hybrid Organizational Arrangements: New Form or Transitional

Development? [J]. California Management Review, 1987, 30 (30): 67 -87.

[28] Schmitz H., Knorringa P.. Learning from Global Buyers [J]. Journal of Development Studies, 2000, 37 (2): 177 -205.

[29] Schmitz H., Nadvi K.. Clustering and Industrialization: Introduction [J]. World Development, 2010, 27 (9): 1503 -1514.

[30] Schmitz H.. Collective Efficiency: Growth Path for Small Scale Industry [J]. Journal of Development Studies, 1995, 31 (4): 529 -566.

[31] Schmitz H.. Local Upgrading in Global Chains: Recent Findings [R]. Paper to Be Presented at the DRUID Summer Conference, 2004.

[32] Sohn E., Chang S. Y., Song J.. Technological Catching-up and Latecomer Strategy: A Case Study of the Asian Shipbuilding Industry [J]. College of Business Administration, 2009.

[33] Sturgeon T., Kawakami M.. Global Value Chains in the Electronics Industry: Was the Crisis a Window of Opportunity for Developing Countries? [M] // Cattaneo O., Gereffi G., Staritz C.. Global Value Chains in a Post Crisis World: A Development Perspective. Washington, DC: The World Bank, 2010.

[34] Sturgeon T.. From Commodity Chains to Value Chains: Interdisciplinary Theory Building in an Age of Globalization [R]. ITEC Working Paper, 2007, 28 (7).

[35] Sturgeon T.. What Really Goes on in Silicon Valley? Spatial Clustering and Dispersal in Modular Production Networks [J]. Journal of Economic Geography, 2003, 3 (2): 199 -225.

[36] United Nations Industrial Development Organization. Competing through Innovation and learning, Industrial Development Report 2002/2003 [R]. 2002: 105 -106.

[37] Whittaker H., Zhu T., Sturgeon T., Tsai H., Okita T.. Compressed Development [J]. Studies in Comparative International Development, 2010, 45 (4): 439 -467.

[38] Williamson O.. Markets and Hierarchies [M]. New York: The Free Press, 1975.

[39] Williamson O.. The Economic Institutions of Capitalism: Firms, Markets,

Relational Contracting [M]. London: Macmillan, 1985.

[40] Williamson O.. The Modern Corporation: Origins, Evolution, Attributes [J]. Journal of Economic Literature, 1981 (19): 1537-1568.

[41] 黄宁, 张国胜. 演化经济学中的技术赶超理论: 研究进展与启示[J]. 技术经济, 2015 (9): 32-37.

[42] 刘志彪, 张少军. 中国地区差距及其纠偏: 全球价值链和国内价值链的视角[J]. 学术月刊, 2008 (5): 49-55.

[43] 阿尔弗雷德·马歇尔. 经济学原理[M]. 长沙: 湖南文艺出版社, 2012: 214-221.

[44] 迈克尔·波特. 竞争优势[M]. 北京: 华夏出版社, 2005: 36-51.

[45] 青木昌彦, 安腾晴彦. 模块时代——新产业结构的本质[M]. 上海: 上海远东出版社, 2003: 5-15.

[46] 王益民, 宋琰纹. 全球生产网络效应、集群封闭性及其"升级悖论"[J]. 中国工业经济, 2007 (4): 46-53.

[47] 巫强, 刘志彪. 本土装备制造业市场空间障碍分析——基于下游行业全球价值链的视角[J]. 中国工业经济, 2012 (3): 43-55.

[48] 杨虎涛, 田雨. 演化经济学的技术追赶理论: 特质、脉络、关键概念及其拓展[J]. 学习与探索, 2015 (7): 95-99.

[49] 张辉. 全球价值链动力机制与产业发展策略[J]. 中国工业经济, 2006 (1): 40-48.

[50] 卓越, 张珉. 全球价值链中的收益分配与"悲惨增长"——基于中国纺织服装业的分析[J]. 中国工业经济, 2008 (7): 131-140.

(执笔人: 吕铁、李玮)

第二章　工业运行学科前沿综述

一、学科发展的总体状况

　　工业运行是工业经济研究所长期关注和研究的学科领域，很多学者在这一领域有较好的研究成果。2009年，为加强与工业主管部门合作，促进对工业运行问题的系统研究，工业经济研究所正式成立了工业运行研究室。研究室自成立以来得到了工业经济研究所领导的高度重视和大力支持，经过几年的发展，目前已经与工信部、统计局等工业主管部门建立了长期稳定的合作关系，在工业运行形势分析、产业政策评估等研究领域取得了积极的进展，科室科研人员在《中国工业经济》等重要学术期刊发表多篇学术论文，报送的研究报告多次得到国家领导人的批示，很多研究成果在社会上取得了较大反响。本学科发展的主要优势在于将理论研究与对工业经济现实运行状况长期跟踪监测相结合、将理论研究与政策研究紧密结合。既有利于理论的发展，又有利于准确把握和理解工业增长中的现实问题，本学科的许多研究成果得到了国家决策部门的重视，未来学科发展方面需要进一步加强前沿理论及计量方法的运用，加强人才队伍建设与人才培养。

　　从学科总体发展来看，在工业运行监测领域，由于理论和方法体系相对比较成熟，在这个领域的进展暂时不大，但是需要看到随着基于大数据的研究方法正在探索过程中，一些探索性研究多将重点放在宏观经济的监控领域。过去三年，工业经济运行领域的国内外研究主要集中在中国工业经济运行形势与增长阶段的研判、工业经济增长动力及动力结构演进、稳定工业经济增长与促进工业转型发展三个方面。未来，如何更好地利用大数据，发展出新的基于大数据的工业运行监测方法，并将这些方法与传统监测方法更好地结合，可能是一个重要的发展方向。

二、国内外学科前沿动态

1. 工业经济运行形势与增长阶段的判断

中国过去30年崛起的最重要原因就是建立起了规模巨大的工业体系，工业显著提高了国家的生产率和收入水平。我国所面临的各种重大经济、社会和安全问题的解决都依赖于强大的工业能力。工业支撑了科学发明和技术创新的实现，从根本上决定了国家的创新能力。因此，未来我国最重要、最迫切的战略任务之一仍是加强工业能力（金碚，2015b）。

当前，中国经济发展的新常态的主要特点是：从高速增长转为中高速增长，经济结构不断优化升级，从要素驱动、投资驱动转向创新驱动。中国经济的新常态具有以下基本特征：经济告别过去的高速度增长，进入经济增长换挡期；宏观政策告别过去频繁刺激依赖症，"保增长"和"控风险"成为宏观调控政策的新常态；服务业比重上升，消费对经济的拉动作用增强，是结构调整的新常态；土地、劳动力、能源、环境等要素供给约束增强；从国家安全战略的高度深化经济体制改革，提高经济增长质量和效率，促进内部和外部结构优化，完善国家治理体系，保障国家安全（汪红驹，2014）。张平（2015）指出，中国经济新常态的特征还应包括经济增长减速、持续的和广泛的经济结构调整、宏观政策频繁操作而可操作空间狭窄，建设市场化配置资源制度为主线的全面深化改革也将成为新的常态。刘世锦（2016）进一步指出，中国已经转入中速增长期，该时期增长以质量追赶为特征。

对于工业运行形势的预测和判断，刘世锦（2014）认为，未来10年中国经济的平均增速可能降低至6%左右。中国人民大学宏观经济分析与预测课题组（2016b）研究指出，中国的宏观经济在探底中出现企稳迹象，不存在"硬着陆"的可能。闫坤和刘陈杰（2015）综合考虑了资源环境约束的影响，认为中国经济增速在 2016~2020 年可能降低到 6.5%，且增速缓慢下降。中国经济增长前沿课题组（2013）预测未来 5 年增长率预期为 6.4%~7.8%。

2. 工业经济增长动力及动力结构演进的研究

工业经济增速的换挡是一个不断培育新增长点和新增长模式的过程，寻找和构建新的增长点将是未来几年的核心任务。黄群慧（2014）认为，经济进入新常态关键是增速能够稳定在一个中高速的区间，这就需要通过转换工业增长动力机制来增强工业增长的新动力，保证工业结构呈现高级化、合理化。新时期工业增长的新动力来自工业化的供给推动力和城市化的需求拉动力的结合，而全面深化改革则是原动力。

第一，增长模式转型。中国经济发展进入新常态，表明我国经济进入了一个经济均衡状态转换的时期，是结构优化和增长模式转型的契机。长期以来，投资一直是中国工业经济增长的主要拉动力量，从而形成了以投资驱动为主要特征的工业经济增长方式。中国上一轮经济高涨的动力是城市化带动房地产业和基础设施建设迅速发展，土地资本化、房地产和土地投机形成了资产价格泡沫，地方政府债务累积，信贷扩张提高了金融杠杆（汪红驹，2014）。以投资驱动为主要特征的工业经济增长方式已经难以持续。金碚（2015b）认为，中国工业发展的战略方向是全方位创新，占据各产业技术制高点。中国产业升级的目标要从创造 GDP 转向"登峰造极"，在每个行业都能制造世界最优质的产品。目前，我国工业企业往往追求大规模，追求短期利益，缺乏耐心，无意在实业上长期坚持深入，过早走向投资化方向。工业综合素质的提高和自主创新能力的形成面临很大障碍。

第二，深化改革，积极培育工业发展新生态系统。刘冰（2015）认为，通过实施市场化改革提高经济系统效率是未来经济发展的主要动力，宏观经济调控方式要从以需求管理为主过渡到需求和供给管理并重。张晓晶（2015）认为，供给管理是中国经济中长期减速问题的应对措施。供给管理本质上是供给面的体制改革，通过全面深化改革释放市场活力，对冲经济下行压力。中长期看，中国经济在人口与劳动、资本与金融、资源与产权、技术与创新、制度与分工等方面都存在各种"供给抑制"。通过放松人口生育控制、放松户籍制度、减少资本与金融管制、优化土地与资源产权结构、推动国有企业等低效率领域的制度改革等措施，解除"供给抑制"可提高经济的长期潜在增长率。黄群慧（2016）认为，随着人口红利快速消失、企业制造成本不断上升、资本边际回报逐步下降，中国工业增长的主要源泉必然是提高工业生产要素质量和创新工业生产要素资源配置机制，深化改革，以供给侧结构性改革为契机，再造一个工业发展的新生态系统，这个新生态系统由企业、产业和区域三个紧密相连的子系统构成，系统运行的核心是提高工业创新能力与全要素生产率。这个新生态系统与原生态系统的关键区别是具有更高的创新能力与全要素生产率，工业增长方式从劳动力和物质要素总量投入驱动主导转向了知识和技能等创新要素驱动主导，适应中国从工业大国向工业强国转变的根本需要。

第三，区域发展。张占斌（2015）认为，培育新的经济增长点，既包括培育新的消费增长点，也包括形成新的区域增长极。随着"一带一路"战略构想的提出，京津冀协同发展、长江经济带等战略的实施，新的区域增长极将逐渐形成。上海社会科学院世界经济研究所宏观经济分析小组（2015）认为，"一带一路"、京津冀协同发展、长江经济带等区域发展战略将成为对外贸易的新优势，出口仍是经济增长的重要支撑。中低端劳动力的收入水平上升导致中产阶级可支配收入提高，预计消费对经济的拉动作用将增强。

第四，全要素生产率提升。随着农业部门的剩余劳动力越来越少，过去被认为远远供大于求的劳动力资源已经不再过剩，甚至在很多地区出现了"民工荒"等问题；对于很多地区来讲，过去认为土地资源是十分充裕的，甚至以零地价吸引外来投资，但现在也面临着土地短缺的问题；过去没有被充分重视的资源环境问题，到了今天也成为困扰经济发展的最大障碍。对中国来讲，在低成本的劳动力、土地、环境等"低级红利"削弱以后，同时又积累了很多新的禀赋优势。例如，受过高等教育的毕业生越来越多，劳动力素质大大提升；基础设施日益完善，产业发展环境稳步改善；工业门类日益齐全，产业配套能力日益提高；人们收入水平逐步提高，消费结构面临升级；资本积累取得很大成绩，形成了巨额外汇储备；技术水平大幅提升，年度专利申请数量居全球首位；等等。只要中国能够建立起与这种新的要素资源禀赋结构相适应的产业结构和经济结构，那么将能够产生新的"高级红利"，从而推动中国工业实现长期平稳较快增长。其中，广义的人力资本和知识部门的发展成为新增长动力（中国经济增长前沿课题组，2015）。

3. 稳定工业经济增长与促进工业转型发展政策研究

中国经济新常态的一个突出特征是结构性减速。各项宏观指标都会呈现出新的特点，宏观调控的基础、对象、目标以及方式都会发生变化。宏观调控要以新常态作为背景和出发点，要有与经济发展新常态相匹配的宏观调控，不能简单、被动地适应经济新常态，而是要主动作为，引领新常态（张晓晶，2015）。经济发展的短期和中长期目标要平衡和取舍，"稳增长"着眼近期，"调结构"着眼中期，"促改革"着眼长期（金碚，2015a）。

张晓晶（2015）认为，应当进行区间调控，明确上限、下限和底线。区间调控是在有一定约束的区间内可以适当调整，不是简单地确定一个绝对数。区间调控是守住稳增长、保就业的下限，把握好防通胀的上限，不突破民生与金融风险的底线。上限和下限的确定依赖于基本的菲利普斯曲线关系，底线的确定则结合经济的实际承受力和中长期规划的目标。张平（2015）认为，要利用好减速时期进行最为积极的结构性改革和完善市场经济体制。李佐军（2015）认为，向新常态平稳过渡的短期政策是控制风险、化解产能过剩、保证增长底线，长期对策是推进经济、政治、文化、社会、生态的全面改革，推进生产要素投入结构、排放结构、产业结构、区域结构、经济增长动力结构、财富分配结构转型与发展目标结构转型，推进包括观念创新、技术创新、管理创新、模式创新等在内的全面创新。

洪银兴（2014）认为，占领科技和产业的世界制高点，需要实现由跟随创新到引领创新的转变，我国的国际分工要由比较优势转向创新支持的竞争优势，要以经济结构的优化升级来实现中高速增长，要淘汰过剩、污染、落后的产能，通过产业链的调整提高附加值和"腾笼换鸟"，建立与新的发展阶段相适应的产业结构。黄顺魁（2015）总结了德国在实施"工业4.0"战略进程中的经验，包括充分注重技术边界的延展与集成、渠道和供应链的强化、要素保障优先实施三个层面的协同推进，认为中国制造业的转型升级可借鉴德国的经验，大力推动数字化、网络化、智能化制造，重视核心技术创新、市场拓展、标准规划建设与实施、系统配套对产业转型升级的协同作用，发挥大型企业的带动效应，通过人才培育、资源利用、市场开放等产业政策安排，促进制造业转型升级。

金碚（2015b）指出当中国经济发展进入以新常态为特征的工业化深化的新阶段，社会价值取向从亢奋的物质主义向权衡的物质主义转变，越来越重视环境质量和发展的可持续性,行为特征显著地表现为越来越主张公平正义和规避风险。政策意愿则必然从"效率优先,兼顾公平"转向"以公平促进效率"和以法治保证公平。金碚(2015a)认为,着眼于长期的改革需有现实的动力源泉,应有激励相容的机制机理。激励相容是指,为了激励改革者改革,要考虑改革者倾向于以对自己有利的方案进行改革这种私利,同时要避免作为公共品的制度成为改革者实现私利的工具。全面深化改革的目标是国家治理体系和治理能力现代化,而不单是经济体制改革。基本政策取向从效率优先、兼顾公平、激励增长转变为以公平促进效率、以法治保障公平。形成统一开放、公平竞争、有序规范的市场机制,将取代以选择性突破、特殊政策和增长竞赛为基本特征的改革路径。最重要的改革方向和政策取向就是要形成"公平—效率"的新常态关系,这是实现从要素驱动、投资驱动转向创新驱动的关键。金碚(2015d)进一步指出,要弱化行政性的科技资源配置方式,使企业在公平竞争中形成持续的技术创新机制。除了那些直接体现了国家间竞争的非常特殊的行业之外,大多数行业均应通过改革减少和消除某些企业的垄断性,形成在竞争中激发技术创新的紧迫性的动力机制。

刘志彪(2013)认为,以发展为第一目标的产业政策对产品和要素价格的扭曲是导致当今中国几乎所有一切发展矛盾的关键因素。中国过去的产业政策为了达到非均衡快速增长的目的,不惜制定扭曲市场机制的财税、金融、外汇、土地、人才等方面的政策(刘志彪,2015)。这种追赶战略导致了强政府和弱市场的格局。公平竞争是促进技术创新最有效的机制。刘志彪(2015)认为,新常态下推进经济发展,要改变用扭曲要素价格方式创造人为比较优势的产业政策,产业政策要中性化、脱离地方政府控制。建设统一市场,消除公平竞争的制度障碍,确立完善市场环境和鼓励公平竞争的产业政策的优先地位。产业政策的目标、手段、制度要进行根本性变革。未来中国需要改革发展的体制机制,以及资本积累、收入分配的政策,有效结合政府和市场的作用(刘志彪,2013)。由于市场决定资源配置最有效,市场推动的增长质量最高,所以资源配置要由市场决定。

黄群慧、李晓华和贺俊(2016)研究指出,在经济新常态和供给侧结构性改革的背景下,产业政策体系、产业政策内容和产业政策执行机制需要做出调整;并提出了研发扶持政策、科技政策、产业组织政策、区域政策、开放政策和人才政策六个领域的调整方向。科技政策的扶持领域应该从大规模生产和组装技术改进调整至复杂产品集成、基于多科技的核心零部件、基础软件和科技基础设施建设；扶持方式从事后扶持改为事前扶持。科技政策的扶持领域从设备购置补贴调整至大企业的"母工厂"建设和中小企业工艺提升；扶持和服务方式从资金扶持调整为资金扶持＋现场管理和技术提升服务以及提高评估过程透明度。产业组织政策的扶持对象从大型企业调整为前沿技术突破的大企业、创业企业和高技术中小企业；产业组织政策的企业主体从国有企业作为主要产业政策工具调整为更好地发挥国有企业对市场经济的补充和增强作用。区域政策的区域间竞争标的从经济规模调整为可持续增长能力；区域间竞争方式从要素价格扭曲到经营环境改善和公共服务能力提升。开放政策中国际直接投资政策重点从"引进来"到"走出去"整合利用全球高端要素；贸易政策从扩大出口调整为关注结构性市场，特别是高端市场出口。人才政策的政策重点从精英型管理人才和研发人才调整为精英型管理人才和研发人才＋工程师和高技能工人；人才政策的技能提升从以技校为主体的通用技能培训调整为"技校＋研究型人才＋企业＋公共服务机构"的终身学习制度。

三、工业经济运行学科前沿的主要代表人物及代表作

工业经济运行领域学科前沿的代表人物有刘世锦、刘树成、金碚、黄群慧、贾康、刘志彪等著名经济学家。黄群慧在该领域的重要研究有《论中国工业的供给侧结构性改革》、《"新常态"、工业化后期与工业增长新动力》；黄群慧、李晓华、贺俊《"十三五"：工业转型中的政策调整》、《新常态下工业增长动力机制的重塑》、《步入"新常态"的工业经济运行：发展特征与未来趋势》、《工业经济新常态愿景下的分化与突破——2015年工业经济运行特征与2016年展望》。金碚在该领域的重要研究有《经济发展新常态下的工业使命》、《新常态下的区域经济发展战略思维》、《新常态下国企改革与发展的战略方向》、《中国经济发展新常态研究》。刘树成在该领域的重要研究有《对经济运行下限的第三个冲击波——2014年中国经济走势分析》、《繁荣与稳定——中国经济增长与波动60年》、《防止经济增速一

路下行——2015~2020年中国经济走势分析》。刘志彪在该领域的重要研究有《经济发展新常态下产业政策功能的转型》、《追赶战略下中国工业化的资本来源：影响与改革取向》。刘世锦在该领域的重要研究有《"质量追赶型"中速增长期》、《中国经济增长十年展望——在改革中形成增长新常态》。

其他重要的研究还包括：贾康、苏京春的《论供给侧改革》；宏观经济研究院经济形势分析课题组的《加快释放内需潜能，协同推进各项改革》；洪银兴的《论中高速增长新常态及其支撑常态》；黄顺魁的《制造业转型升级：德国"工业4.0"的启示》；黄志钢、刘霞辉的《中国经济中长期增长的趋势与前景》；靳卫萍的《调结构、微刺激、经济稳增长——2014上半年宏观经济走势回顾及展望》；李向阳、李瑞晴的《刍议中国经济新常态》；李佐军的《引领经济新常态走向好的新常态》；刘伟、蔡志洲的《宏观经济决策与宏观进度统计：为何需求疲软增长稳健》；刘伟、苏剑的《"新常态"下的中国宏观调控》；刘元春的《2014年中国宏观经济形势分析——当前和中长期经济走势及政策建议》；中国经济增长前沿课题组的《突破经济增长减速的新要素供给理论、体制与政策选择》、《中国经济转型的结构性特征、风险与效率提升路径》。

还有一些研究与工业经济增长和工业运行有较为紧密的关系，能为工业经济运行研究提供有益的借鉴：秦天程的《新常态下影响经济转型的制约因素分析》；上海社会科学院世界经济研究所宏观经济分析小组的《砥砺前行中的世界经济：新常态、新动力、新趋势——2015年世界经济分析与展望》；汪红驹的《防止中美两种"新常态"经济周期错配深度恶化》；闫坤、刘陈杰的《我国"新常态"时期合理经济增速测算》；袁长军的《"新常态"是中国经济发展的必然过程》；张平的《中国经济"新常态"与减速治理——2015年经济展望》；张晓慧的《新常态下的货币政策》；张晓晶的《试论中国宏观调控新常态》；中国人民大学宏观经济分析与预测课题组的《2015—2016年中国宏观经济分析与预测——持续探底进程中的中国宏观经济》、《供给侧结构性改革下的中国宏观经济》、《我国宏观经济步入新常态、新阶段》。

四、工业经济研究所学科发展水平及国内外相关领域的地位和作用

工业经济研究所在工业运行研究领域有着较大的影响力。自2009年开始，工业经济研究所每季度与工业和信息化部运行局联合发布《中国工业经济运行形势分析报告》，产生了较大的社会影响。2009~2011年，受工业和信息化部委托，工业运行研究室组织所内专家对重点产业调整振兴规划的实施情况进行跟踪评估，形成了《重点产业调整振兴规划评估报告》，得到了社会各层面的高度评价。2012~2013年，受国家统计局委托，工业运行研究室组织所内专家对中国工业增长趋势及转型方向进行研究，形成了一系列重要研究成果。2013年工业运行研究室申报并获批中国社会科学院创新工程课题"工业经济运行监测与风险评估研究"，继续对工业运行问题进行持续和系统研究。

2014年开始，工业运行研究室与《中国经贸导刊》建立了长期合作关系，由《中国经贸导刊》每月发表《月度工业经济形势分析报告》。自2015年开始，工业经济研究所与中国社会科学出版社合作出版了《中国工业经济运行夏季报告（2015）》、《中国工业经济运行全年报告（2015~2016）》和《中国工业经济运行夏季报告（2016）》。目前学科在国内、外已经占有一定地位，尤其是在政府管理部门中有着较高的影响力，很多的政府管理部门对工业运行研究室定期发布的一些报告十分关注。

总体来看，工业运行研究室在学科研究方面已经建立起了自身的特色，在与现实结合、政府部门合作方面领先于同类研究机构或高校。在研究成果方面，近三年来工业运行研究室出版了多本专著，形成了一系列有影响力的学术论文和研究报告。中国社会科学院工业经济研究所工业经济形势分析课题组相继公开发布了一系列工业运行报告。工业运行研究室关于工业运行形势分析的报告还相继发表在一些学术期刊上，包括黄群慧、张航燕的《工业经济新常态愿景下的分化与突破——2015年工业经济运行特征与2016年展望》，黄群慧、陈凤仙、原磊的《2014年上半年工业

经济形势分析与下半年展望》。这些研究报告的公开发布带来了很好的社会影响。

工业运行研究室还在工业经济增长动力机制及其转换方面发表了一系列高质量的学术论文和理论文章：黄群慧、原磊的《新常态下工业增长动力机制的重塑》；原磊、王秀丽的《宏观政策取向对工业经济影响的模拟分析——基于动态CGE模型》、"Simulation Analysis of Macroeconomic Policy Orientations' Effects on the Industrial Economy—Based on Dynamic CGE Model"；张卫华、江源、原磊、于建勋的《中国工业经济增长动力机制转变及转型升级研究》；原磊的《工业经济增长动力机制转变及"十二五"展望》、《适应新常态，重塑工业经济增长动力》、《推动中国工业经济增长动力机制的转换》、《蓄势待发的全球制造业》；金碚、原磊的《我国工业经济运行与政策选择》。这一系列文章深入探讨了中国工业经济增长动力机制的转换，未来中国工业经济增长动力转换过程中面临的挑战及解决途径，既具有一定理论价值又具有重要现实意义。

工业运行研究室张航燕、王秀丽助理研究员还在产业竞争力、制造业发展等领域发表了一系列研究成果：张航燕、江飞涛的《我国汽车产业竞争力现状及产业政策的调整》、《德国制造业发展及对我国的启示》、《德国制造的发展经验及启示》；张航燕的《中国国有经济现状及改革的方向》；张航燕的《中国工业经济运行效益分析与评价》；王秀丽、江飞涛、杨平的《中国汽车工业：竞争力提升趋势、挑战及对策》；王秀丽、赵剑波的《两岸产业合作与转型升级——"新工业革命趋势下的管理创新与产业发展"研讨会观点综述》。这些研究对于深入地了解制造业发展和制造业产业竞争力提供了有益的借鉴。

工业发展研究室还在创新、节能减排等领域发表了一系列成果，主要有：王琛伟、陈凤仙的《中央政府与地方政府职责的合理边界》、《从模仿到创新——中国创新型国家建设中的最优知识产权保护》、《破解我国创新型国家建设中的知识产权保护难题》；邹宗森、原磊、薄晓东的《中国与东亚地区产业内贸易现状及影响因素分析》；刘昶的《节能政策效果的持续性探究》；邹宗森、原磊的《欧元区不对称性冲击研究——基于SVAR方法的检验》、《实际汇率波动、金融发展与经济增长——基于动态面板数据模型的经验分析》；邹宗森、原磊、郑琳的《资产质量、资本监管制约了银行的信贷扩张？——基于我国11家商业银行的分析》；原磊的《私人定制——

引领商业模式创新》；张其仔、原磊、刘昶、伍业君、李颢的《产业竞争优势转型：国际趋势与中国面临的挑战》；金碚、原磊的《"第三次工业革命"中的工业经济的政策选择》；戚聿东、张航燕的《所有制、产权程度及其财务绩效——兼论国有企业产权改革的方向》。

五、本学科的发展方向与发展规划

工业运行是工业经济研究所高度重视和大力发展的学科领域，其目标是达到国内一流水平。下一阶段学科发展的重点主要围绕以下几个领域展开：

（1）工业运行形势监测方法的改进与完善。一方面考虑运行更为前沿的计量经济学与统计学方法，如将混频回归技术应用到工业经济运行形势的检测上；另一方面可考虑将大数据及大数据方法运用到工业运行形势的监测中来。

（2）工业经济增长动力机制转型及新动能培育。将近年来经济结构与经济增长的前沿研究及相关理论，引入到工业经济增长动力机制的分析中，并进一步探讨新兴产业培育与传统产业转型发展对于工业增长的影响，以及相应的政策体系。

（3）对工业运行的质量和效益进行评价。评价不同地区、不同产业的运行情况，研究制约工业运行质量和效益提高的关键因素和突出问题。

（4）政策效果影响评估。主要评价宏观政策、产业政策对于工业增长及结构的影响。

参 考 文 献

[1] Wang H., H. Zhang. Chinese Business Cycles Identified by Coincident Indexes [J]. China Economist, 2014.

[2] 黄群慧. 论中国工业的供给侧结构性改革 [J]. 中国工业经济, 2016 (9)：

5-23.

[3] 贾康,苏京春. 论供给侧改革 [J]. 管理世界,2016 (3): 1-24.

[4] 黄群慧,李晓华,贺俊. "十三五": 工业转型中的政策调整 [J]. 中国经济报告,2016 (3): 63-66.

[5] 中国经济增长前沿课题组. 突破经济增长减速的新要素供给理论、体制与政策选择 [J]. 经济研究,2015 (11): 4-19.

[6] 宏观经济研究院经济形势分析课题组. 加快释放内需潜能,协同推进各项改革 [J]. 宏观经济管理,2015 (3): 8-11.

[7] 洪银兴. 论中高速增长新常态及其支撑常态 [J]. 经济学动态,2014 (11): 4-7.

[8] 黄群慧. "新常态"、工业化后期与工业增长新动力 [J]. 中国工业经济,2014 (10): 5-19.

[9] 黄群慧. 为工业增长提供充沛动力源 [J]. 经济日报,2015-01-08.

[10] 黄群慧,原磊. 步入"新常态"的工业经济运行:发展特征与未来趋势 [J]. 区域经济评论,2015 (3): 24-33.

[11] 黄群慧,张航燕. 工业经济新常态愿景下的分化与突破——2015年工业经济运行特征与2016年展望 [J]. 区域经济评论,2016 (3): 53-61.

[12] 黄群慧,原磊. 新常态下工业增长动力机制的重塑 [J]. 求是,2015 (3): 32-34.

[13] 黄顺魁. 制造业转型升级:德国"工业4.0"的启示 [J]. 学习与实践,2015 (1): 44-51.

[14] 黄志钢,刘霞辉. 中国经济中长期增长的趋势与前景 [J]. 经济学动态,2014 (8): 34-54.

[15] 金碚. 经济发展新常态下的工业使命 [J]. 中国工业评论,2015 (2): 10-14.

[16] 金碚. 新常态下的区域经济发展战略思维 [J]. 区域经济评论,2015 (3): 5-10.

[17] 金碚. 新常态下国企改革与发展的战略方向 [J]. 北京交通大学学报(社会科学版),2015 (2): 1-6.

[18] 金碚. 中国经济发展新常态研究 [J]. 中国工业经济,2015 (1): 5-18.

[19] 靳卫萍.调结构、微刺激、经济稳增长——2014上半年宏观经济走势回顾及展望[J].经济学动态,2014(8):27-34.

[20] 李向阳,李瑞晴.刍议中国经济新常态[J].发展研究,2015(1):13-15.

[21] 李佐军.引领经济新常态走向好的新常态[J].国家行政学院学报,2015(1):21-25.

[22] 林毅夫.什么是经济新常态[J].小康(财智),2014(10).

[23] 刘冰.经济新常态与经济增长的新变化[J].宏观经济管理,2015(1):31-40.

[24] 刘世锦."质量追赶型"中速增长期[J].纺织科学研究,2016(9):16-17.

[25] 刘世锦.中国经济增长十年展望——在改革中形成增长新常态[M].北京:中信出版社,2014.

[26] 刘树成.对经济运行下限的第三个冲击波——2014年中国经济走势分析[J].经济学动态,2014(4):4-7.

[27] 刘树成.繁荣与稳定——中国经济增长与波动60年[M].北京:社会科学文献出版社,2013.

[28] 刘树成.防止经济增速一路下行——2015~2020年中国经济走势分析[J].经济学动态,2015(3):6-10.

[29] 刘伟,蔡志洲.宏观经济决策与宏观进度统计:为何需求疲软增长稳健[J].经济学动态,2014(8):4-8.

[30] 刘伟,苏剑."新常态"下的中国宏观调控[J].经济科学,2014(4):5-13.

[31] 刘元春.2014年中国宏观经济形势分析——当前和中长期经济走势及政策建议[J].经济学动态,2014(11):17-26.

[32] 刘志彪.经济发展新常态下产业政策功能的转型[J].南京社会科学,2015(3):33-41.

[33] 刘志彪.追赶战略下中国工业化的资本来源:影响与改革取向[J].学习与探索,2013(1):77-82.

[34] 秦天程.新常态下影响经济转型的制约因素分析[J].当代经济管理,2015(3):34-37.

[35] 上海社会科学院世界经济研究所宏观经济分析小组.砥砺前行中的世

界经济：新常态、新动力、新趋势——2015年世界经济分析与展望[J]. 世界经济研究，2015（1）：3-23.

[36] 汪红驹. 防止中美两种"新常态"经济周期错配深度恶化[J]. 经济学动态，2014（7）：4-11.

[37] 闫坤，刘陈杰. 我国"新常态"时期合理经济增速测算[J]. 财贸经济，2015（1）：17-26.

[38] 袁长军. 新常态是中国经济发展的必然过程[J]. 学习月刊，2015（1）：34-35.

[39] 张平. 中国经济"新常态"与减速治理——2015年经济展望[J]. 现代经济探讨，2015（1）：5-9.

[40] 张晓慧. 新常态下的货币政策[J]. 中国金融，2015（2）：22-25.

[41] 张晓晶. 试论中国宏观调控新常态[J]. 经济学动态，2015（4）：14-24.

[42] 张占斌，周跃辉. 关于中国经济新常态若干问题的解析与思考[J]. 经济体制改革，2015（1）：34-38.

[43] 张占斌. 适应中国经济"新常态"[J]. 中国经济报告，2015（1）：21-23.

[44] 甄炳禧. 世界经济走势与中国的政策选择[J]. 国际问题研究，2015（1）：58-74.

[45] 中国经济增长前沿课题组. 突破经济增长减速的新要素供给理论、体制与政策选择[J]. 经济研究，2015（11）：4-19.

[46] 中国经济增长前沿课题组. 中国经济转型的结构性特征、风险与效率提升路径[J]. 经济研究，2013（10）：4-17.

[47] 中国人民大学宏观经济分析与预测课题组. 2015~2016年中国宏观经济分析与预测——持续探底进程中的中国宏观经济[J]. 经济理论与经济管理，2016（1）：5-45.

[48] 中国人民大学宏观经济分析与预测课题组. 供给侧结构性改革下的中国宏观经济[J]. 经济理论与经济管理，2015（3）：5-23.

[49] 中国人民大学宏观经济分析与预测课题组. 2014~2015年中国宏观经济分析与预测——步入"新常态"攻坚期的中国宏观经济[J]. 经济理论与经济管理，2015（3）：5-33.

[50] 中国人民大学宏观经济分析与预测课题组. 我国宏观经济步入新常

态、新阶段 [J]. 宏观经济管理, 2015 (1): 13-17.
[51] 中国人民大学经济研究所. 中国宏观经济报告 2013~2014 [M]. 北京: 北京大学出版社, 2014.

(执笔人: 王秀丽、张航燕)

第三章 产业组织研究前沿综述

产业组织经济学是微观经济学中用来分析研究不完全竞争条件下现实经济问题的一门应用经济学科，其研究对象最初主要是产业内部、企业之间的经济问题，特别是生产同类或具有可替代性产品的厂商之间的相互关系，从而与研究产业结构、企业管理的学科有所区别。后来，产业组织经济学的研究对象逐渐扩展到企业内部组织制度以及企业与市场边界、企业与政府之间的关系。国外有学者认为，产业组织经济学也可以被称为不完全竞争经济学。与微观经济学主要关注完全竞争和垄断两种极端市场结构不同，产业组织经济学更多地关注介于这两种极端状态的中间情形，研究的经典问题有寡头垄断、价格竞争、产出数量和结构、广告、研究和发展等。经过多年学习和发展，产业组织经济学的理论与方法逐步为我国学者所掌握，经济发展和经济体制改革中的许多产业组织问题得到更深入的研究。近几年，在产业竞争及其理论、经济发展方式转变与供给侧结构性改革、经济结构失衡和产能过剩、全球价值链、资源环境管制、战略性新兴产业发展、双边市场与平台竞争、国际产能合作、产业组织研究方法等领域取得了较多研究成果。

一、产业竞争及其理论问题研究

竞争是市场经济的本质属性和基本要义，是经济学理论中的一个重要范畴。对竞争与垄断关系的研究是产业组织学科永恒的主题。刘小玄和张蕊（2014）发现在可竞争市场上也存在着局部垄断，存在着许多不公平竞争，这些行为表现为系统偏离均衡的结果。他们把垄断和竞争放在统一的理论框架内分析，采用中国1998~2008年部分企业的数据，选择了六个同质性较高的行业，通过对成本函数和勒纳指数的测定，以及对成本曲线的拟合与比较，发现中国存在大量的垄断与竞争交织的市场结构。这种非经济垄断长期和稳定地存在于不同所有制的企业之间。这种垄断与公平竞争的市场经济是完全相悖的，它保护了低效率的长期存在，不仅导致社会资源错配引起的社会效率和福利的损失，而且其所导致的公平的损失是存在大量腐败现象的根源。调整目前产业法规及政策细则，打破非经济垄断和促进合理竞争，消除市场的进入壁垒与退出壁垒，是解决这种非经济垄断问题的对策。①

对竞争的研究主要应服务于现实需要。刘安国等（2013）考虑到传统的从完全竞争视角以单一规模或效率指标为基础分析产业集聚、区域分工和产业转移所固有的缺陷，从不完全竞争视角出发，以新经济地理学中的全球化和产业扩散理论为基础，结合使用规模和效率两个维度分析识别京津冀产业转移与产业结构调整优化的重点领域。② 这一方法表现出以下两个主要优点：一是可以揭示特定产业转移的动力、特征和性质；二是有助于设置产业转移中的轻重缓急。通过对相关产业进行规模分析和效率分析，导出京津冀制造业产业转移与产业空间结构调整优化重点领域的二维分布图，其中的"优先转移区"和"结构调整与优化区"分别为京津冀制造业产业转移与产业结构调整优化的重点领域所在。吴汉洪和孟剑（2013）认为，潜在竞争理论是混合并购反垄断审查考虑的一项重要依据，主要由"实际的"潜在竞争理论与"感知的"潜在竞争理论两部分构成。潜在竞争理论有着自身一套较为严格的基本条件，虽然存在着一些局限性以及缺陷，但仍然可以对我国混合并购反垄断审查提供思路和启示。③ 吴欣望和朱全涛（2014）从最优专利制度理论、政治经济学视角和创新市场理论视角对市场竞争程度与专利保护强度之间存在正向关联性进行了解释。他们认为，中共十八届三中全会报告中关于未来中国强化专利保护等一系列改革措施具有合理性。④ 根据创新市场理论，中央决定加强知识产权保护，这是实施创新驱动战略的必要

---

① 刘小玄，张蕊．可竞争市场上的进入壁垒——非经济垄断的理论和实证分析[J]．中国工业经济，2014（4）．
② 刘安国，张英奎，姜玲，刘伟．京津冀制造业产业转移与产业结构调整优化重点领域研究——不完全竞争视角[J]．重庆大学学报（社会科学版），2013（5）．
③ 吴汉洪，孟剑．潜在竞争理论及其对我国并购反垄断审查的适用[J]．经济学动态，2013（7）．
④ 吴欣望，朱全涛．市场竞争程度与专利保护强度之间的正向关联性——实证证据、历史迹象与理论分析[J]．当代经济，2014（5）．

举措。市场竞争越充分，单个技术从专利保护中获取的收益越有限。如果需要维持产业界的研发积极性，就有必要增强保护。否则，充分竞争会导致研发投入不足，社会将失去持续创新的动力。

作为哈佛大学学派的继承人，迈克尔·波特提出的竞争理论具有广泛的影响力，但有学者认为，需要反思和超越波特竞争理论（刘巨钦和曹澎，2014）。这主要是因为，波特竞争理论以市场结构化为背景，以 S－C－P 分析范式为支撑，其理论分析方法和工具本身的局限性使其具有因素同质化、竞争优势外生、战略目标单一、过分关注产品竞争、忽视合作和企业家才能等缺陷，而其深刻的市场结构化烙印则导致了其与当今个性化、知识化和信息化市场的不匹配。波特后期的竞争理论是对其前期理论的自我完善和整合，而其他主流竞争理论对波特竞争理论的完善和超越对现代战略管理极具启示意义。① 王东和翟亚蜻（2014）在回顾波特国家竞争优势"钻石理论"模型的基础上，认为波特"钻石模型"的生产要素和政府要素并不适用于我国金融服务业，需进行重新定位。一是将生产要素划分为基础性生产要素和创新性生产要素，前者主要指优良的基础设施、资本规模等，后者主要包括高等人力资本、专业化研究机构、现代通信技术等。二是将政府要素从关键要素修改为基本要素纳入模型内部，即将外生变量更改为内生变量，将政府视为整个金融服务业竞争力的一个基础性要素。并据此画出一个修正的"钻石模型"。②

近年来，学术界进一步加强了马克思主义经济学的指导地位，一些学者运用马克思主义经典作家的基本观点来分析我国社会主义市场经济竞争理论问题。黄茂兴、叶琪和陈洪昭（2016）认为，马克思和恩格斯在全面考察资本主义市场竞争的特征和规律的基础上，对竞争的产生、竞争的过程和竞争的结果进行了系统而深入的阐述，列宁在此基础上，进一步论述了资本主义发展由竞争阶段向垄断阶段过渡所出现的新特征，形成了马克思主义独特的竞争理论。长期以来，马克思主义竞争理论为我国在发展商品经济、市场化资源配置、政府宏观调控和市场竞争管理等方面提供了重要的理论指导，同时也推动了该理论本身的发展和创新。当前，中国在参与激烈的国际竞争中，应坚持以马克思主义竞争理论为引领，加强与西方竞争思想的融合交

---

① 刘巨钦，曹澎. 对于波特竞争理论的反思与超越[J]. 价值工程，2014（1）.
② 王东，翟亚蜻. 竞争优势理论发展综述[J]. 长春大学学报，2014（1）.

流，不断创新竞争方式和手段，形成具有中国特色的竞争战略，持续提高中国在国际竞争中的影响力。① 叶琪和黄茂兴（2016）认为，列宁从垄断与竞争关系的阐析中深化了对帝国主义的认识和批判，并形成了其垄断竞争理论，揭示了垄断与竞争并存是帝国主义的本质特征。总的来说，列宁有关垄断与竞争的理论主要可以概括为以下三个方面：第一，自由竞争发展到垄断阶段是资本主义经济发展的必然结果；第二，垄断与竞争并存是资本主义进入帝国主义阶段的本质特征；第三，垄断通过加速生产社会化和加深经济危机来促进竞争的深化和多样化。列宁在垄断竞争理论中所揭示的垄断经济表现、行为后果、目标追求等方面的内容，契合了我国当前正在推进的深化垄断行业改革的理论需求和现实需求，可以弥补我国当前垄断行业改革中的理论不足，并具有现实启发性。在列宁的垄断竞争理论指导下，我国深化垄断行业改革应着眼于构建科学的垄断行业改革理论体系，打破固有的利益格局，深化分配制度改革，不断提升我国垄断行业改革的效率和实绩。②

二、经济发展方式转变与供给侧结构性改革研究

经济结构和经济发展方式是一个国家经济体的核心和根本，经济结构与经济发展方式合理与否，直接关系经济增长的速度、发展的质量和现代化的进程。经济结构调整和经济发展方式转变两者之间既有联系又有区别，推进经济结构战略性调整是加快转变经济发展方式的主攻方向。黄泰岩（2007）对转变经济发展方式的内涵进行了界定，认为转变经济发展方式不仅指从粗放增长向集约增长的转变或从外延增长向内涵增长的转变，还包括发展目标多元化、从物到人的发展核心的转变、经济结构的全面优化等内容。③ 任保平和郭晗（2013）认为，中国经济已经进入重大转型期，宏观上支持中国长期增长的各项要素禀赋条件发生了新的变化。这些变化要求经济发展方式从"要素驱动"转向通过技术进步来提高劳动生产率的"创新驱动"。创新

---

① 黄茂兴，叶琪，陈洪昭. 马克思主义竞争理论及其在当代中国的运用与发展[J]. 数量经济技术经济研究，2016（5）.
② 叶琪，黄茂兴. 列宁的垄断竞争理论及其对我国深化垄断行业改革的启示[J]. 当代经济研究，2016（3）.
③ 黄泰岩. 转变经济发展方式的内涵与实现机制[J]. 求是，2007（18）.

驱动的内容包括产业创新、科技创新、产品创新、制度创新、战略创新、管理创新和文化创新。[①] 该文进一步提出，转变经济发展方式的创新驱动机制就是以改善供给为实现路径，在政策导向上实现一系列的转型：在政策激励方面实现从"投资激励"向"创新激励"的转变，在政策内容方面实现从"科技政策"向"创新政策"的转变，在创新人才培育方面实现从单一到多元的转变。经济发展方式转变的政策措施包括：积极培育新兴产业，大力推动产业创新；构建现代产业体系，全面推动结构创新；加强建设产学研体系，积极推动体制创新；优化创新创业环境，重点提升文化创新。

金碚（2011）认为转变发展方式是一个涉及经济、社会、政治、文化以至全体人民的思维方式和生活方式的深刻变化过程，而工业转型升级则是其关键。因为中国工业已经从幼稚时期进入成熟时期，转型升级是成长的必然，必须从工业化初期的工业结构体系向适应工业化中后期的工业结构体系转变。[②] 段先盛（2015）提出，正如经济增长是整个社会的厂商产出的宏观表现一样，经济发展方式实际上也是整个经济社会各行为主体的经济行为方式的综合表现，转变经济发展方式实质上就是总体上转变社会各行为主体的经济行为方式，使经济发展方式发生根本性转变，关键在于经济行为主体所依存的外部环境发生了根本性变革。[③] 这说明，经济结构调整既是经济发展方式转变的重要内容和必要条件，也是加快经济发展方式转变的预期结果。没有经济发展方式的根本转变，经济结构不可能优化，经济发展也不可能持续。

随着研究的深入，经济结构也像产业结构一样得到重视。张卓元（2010）认为，经济结构除产业结构外，还包括地区结构、城乡结构、收入分配结构、内外需结构、人与自然是否和谐等。其中产业结构的优化升级、大力发展第三产业和新兴绿色产业、节能减排等，是同转变经济发展方式一致的。当前调结构最重要的是调整投资消费结构，大力提高居民消费在GDP中的比重；调整收入分配结构，努力抑制居民收入差距过大的不正常现象；大力推进节能降耗减排减碳，努力建设资源节约型、环境友好型社会；加快城市化进程，加快农民转为市民的进程，这是今后扩大内需最为有

[①] 任保平，郭晗. 经济发展方式转变的创新驱动机制[J]. 学术研究，2013（2）.
[②] 金碚. 中国工业的转型升级[J]. 中国工业经济，2011（7）.
[③] 段先盛. 转变经济发展方式的国家能力思考[J]. 求实，2015（2）.

效的选择；等等。① 该文的分析表明，调结构、转变经济发展方式同追求GDP高速增长有时是有矛盾的。如何兼顾优化结构、转变发展方式和经济增长，可能是今后经济工作最不容易处理好的难题。吕政（2011）认为，经济结构包括所有制结构、积累与消费比例、产业结构、进出口贸易结构和社会分配结构等，它反映了资源存量和流量的配置比例。经济结构既决定着社会再生产的比例关系，又制约着社会再生产过程中生产要素利用效率以及社会产品的分配关系。调整经济结构的目的是提高生产要素的配置效率，以较少的投入实现新增社会财富和福利的最大化。② 综合以上文献，可以将经济结构理解为国民经济各个组成部分的地位和相互比例关系，从宏观看包括社会总需求结构、所有制结构、分配结构、产业结构、区域经济结构等，从微观看包括企业组织结构、产品结构等。

当前经济发展方式的转变，最主要的是推进供给侧结构性改革。针对当前经济下行等一系列问题，2015年中央经济工作会议的最终诊断是供给侧、结构性、体制性矛盾，于是，中央经济工作会议提出了供给侧结构性改革。供给侧结构性改革是经济治理思路的重大调整。所谓供给侧矛盾，是指目前经济下行的症结已不主要是周期性因素和总需求的问题了，而是主要在于供给侧。在这种情况下，从长期看，仅靠扩大需求而不改善供给，很难阻止经济的下行，特别是企业效益的下滑。所谓结构性矛盾，就是产能过剩比较严重，存在大量无效供给，而有效供给是不足的，存在不少短板，供给结构不适应需求结构的变化，无效供给占用着有效供给的资源。所谓体制性矛盾，是指供给侧和结构性问题产生的根本原因是还没有很好地发挥出市场配置资源的决定性作用，资源的优化配置存在体制性机制性的障碍。供给侧结构性改革是中央经济工作会议所提出的适应和引领经济发展新常态的重大创新和必要举措。③

"十三五"时期是经济发展方式转变与经济结构调整的关键时期，厘清供给侧结构性改革的理论价值与实践意义，从科学的角度对供给侧结构性改革的科学内涵和政策外延做出清楚阐释，探讨经济新常态下我国推进供给侧结构性改革的具体措施，不仅具有重大的学术价值，同时更有重要的实际指导意义。吴敬琏（2016）认为，不能把"供给侧结构性改革"和政府用行

---

① 张卓元. 中国经济从追求数量扩张转向注重质量效益[J]. 商业研究, 2010（4）.
② 吕政. 论以经济结构调整为主攻方向[J]. 天津商业大学学报, 2011（1）.
③ 杨伟民. 适应引领经济发展新常态着力加强供给侧结构性改革[J]. 宏观经济管理, 2016（1）.

政手段"调结构"混为一谈，不要把"更好地发挥政府的作用"等同于一般地加大政府在决定资源配置和调整结构中的作用。政府的主要职能是提供公共品，而不是操控市场、干预微观经济和直接"调结构"。① 胡鞍钢、周绍杰和任皓（2016）从中国经济新常态的实际出发，通过对现有基本国情的分析，给出了供给侧结构性改革的实施路线图，提出在"五大政策支柱"的多重维度下做好"加减乘除"混合运算，才能走出一条有中国特色的供给侧结构性改革创新之路。② 冯志峰（2016）认为供给侧结构性改革有其内在的发展逻辑和理论内涵，是解决经济发展"滞胀"的有效对策，与需求侧管理共同构成经济发展的"一体两面"。基于我国经济社会发展的现状分析，推进供给侧结构性改革必须做好"转型、创新和改革"方面的工作，才能真正形成社会主义市场经济体制，正确处理好政府和市场的关系，实现经济社会的可持续发展。③

推进经济发展方式转变和供给侧结构性改革，关键是要深化经济体制改革、发挥市场在资源配置中的决定性作用，以及更好地发挥政府的作用。吴敬琏（2015）认为，目前在中国，普遍认为合意的新常态有两个基本特征：一是"从高速增长转向中高速乃至中速增长"；二是"从规模速度型粗放增长转向质量效益型集约增长"。其中的第一个已经成为事实，第二个还有待实现。确立这种新常态的主要条件是改善结构、提高效率，实现经济发展方式的转型。中国提出经济发展方式转型已经整整20年，之所以至今尚未实现，是因为存在体制性的障碍，所以，全面深化改革是今日中国的重中之重。④ 吴敬琏（2016）进一步论述，中国经济目前正面临"三期叠加"的挑战。由于投资报酬递减和杠杆率不断推高，继续把增加投资作为保增长的主要措施显然是不适当的。必须从供给侧着眼，将经济增长的动力从增加资源投入转向提高效率，实现经济增长方式转型。然而多年来的历史经验表明，实现发展方式转型的关键在于消除体制性障碍。因此，当前应当采取的方针是在稳住大局、保证不发生系统性风险的条件下，着力推进改革，建设能够激励创新创业的体制机制。通过市场的作用实现经济结构的优化，才能成功

---

① 吴敬琏. 不能把"供给侧结构性改革"和"调结构"混为一谈[J]. 中国经贸导刊, 2016（4）.
② 胡鞍钢，周绍杰，任皓. 供给侧结构性改革——适应和引领中国经济新常态[J]. 清华大学学报（哲学社会科学版）, 2016（2）.
③ 冯志峰. 供给侧结构性改革的理论逻辑与实践路径[J]. 经济问题, 2016（2）.
④ 吴敬琏. 中国经济体制与发展模式转型[J]. 新金融, 2015（5）.

地应对中国经济面临的挑战。① 黄勇（2016）认为，供给侧结构性改革旨在使市场发挥决定性作用、明晰政府的权力边界。作为市场机制内生要求的竞争政策，其目标与供给侧结构性改革的目标具有一致性。在当下深化改革和经济下行时期，实现竞争政策需要保障竞争执法的常态化、实施公平竞争审查制度以及大力规制行政垄断。另外，妥善协调竞争政策和产业政策之间的关系也是推进改革的重要保障。②

逄锦聚（2016）认为，对我国经济发展新常态下主要矛盾和矛盾主要方面的判断是供给侧结构性改革的重要理论和实践依据。我国经济进入新常态后呈现出一些亟待解决的问题，说明我国处于并将长期处于社会主义初级阶段的社会主要矛盾依然是人民日益增长的物质文化需要与落后的生产力发展水平之间的矛盾，而其中落后的生产力发展水平处于矛盾的主要方面。在适度扩大总需求的同时，着力加强供给侧结构性改革，既不能照搬凯恩斯主义，也不能照搬以供给学派为理论基础的里根经济学，必须坚持以马克思主义政治经济学生产分配、交换、消费关系和社会总产品实现的原理为指导，坚持中国特色社会主义政治经济学的八项重大原则：第一，坚持以人民为中心的基本原则；第二，坚持矛盾分析和抓住主要矛盾、解决主要矛盾的原则；第三，坚持解放生产力、发展生产力和创新、协调、绿色、开放、共享的发展理念的原则；第四，坚持社会主义初级阶段基本经济制度不动摇的原则；第五，坚持和完善社会主义基本分配制度的原则；第六，坚持按比例分配社会劳动和协调发展的原则；第七，坚持社会主义市场经济改革方向，妥善处理政府与市场的关系的原则；第八，坚持对外开放基本国策不动摇的原则。③

三、经济结构失衡和产能过剩问题研究

经济结构失衡与产能过剩两者之间存在紧密联系，经济结构失衡是产能过剩的深层次原因，产能过剩是经济结构失衡的外在表现形式之一。张卓元（2010）认为，由于国民经济连年以两位数增长，加上国际金融危机袭击下

---

① 吴敬琏. 中国经济面临的挑战与选择[J]. 中共浙江省委党校学报，2016（1）.
② 黄勇. 供给侧结构性改革中的竞争政策[J]. 价格理论与实践，2016（1）.
③ 逄锦聚. 经济发展新常态中的主要矛盾和供给侧结构性改革[J]. 政治经济学评论，2016（2）.

国家所采取的强投资应对措施，中国经济出现了几个大的失衡或不协调：一是内外需失衡，我国的出口依存度过高。二是投资消费失衡，最终消费尤其是居民消费占GDP的比重过低。三是经济增长与资源环境承受能力失衡，经济高速增长付出的资源环境代价过大，资源环境成为经济增长的重要瓶颈。四是区域、城乡发展失衡，居民收入差距过大且未能扭转。① 该文深入分析了上述四大失衡，最主要的是投资与消费失衡，或储蓄与消费失衡。投资增速很高，产能过剩，只好靠扩大外需找出路，出口依存度一路攀升；投资增速很高，粗放型扩张，必然要付出过大的资源环境代价；投资增速很高，追求GDP的快速增长，财政用于支持欠发达地区和增加低收入群体的财力不足，不能很好地缓解地区之间、城乡之间的经济和收入差距，不能扭转居民收入差距过大的局面。产能过剩是指一些行业的现实和潜在生产能力超出当前市场需求所能够支撑的生产能力，包括总量产能过剩、结构性产能过剩等形式。两者的差额为过剩产能。过剩产能是一个市场供求态势分析的概念，它以市场出清状态为参照，表明供给能力严重超出实际需求，表现为已制成商品出现大量库存，生产设备闲置，资源不能充分利用，形成效率损失。

吕铁（2011）认为，所谓产能过剩，是指工业部门的实际产出较大幅度地小于生产能力，并且通常伴随价格下降、利润减少乃至持续亏损等现象。从国际上看，一些处于赶超阶段的后起工业化国家，在经过一段较长时期的高速增长之后，都曾出现过比较严重的产能过剩问题。② 张晖明（2010）认为，对产能过剩的判断不能仅仅基于总量的视角，应结合供求的动态性、全球性、结构性以及区域性等方面的特征进行综合判断。产能过剩是一定时期内进入某一产业领域的资本数量过多，资源占用进而产出数量超过了社会实际需求。③ 魏国江（2014）从产业生态系统共生视角分析了我国产能过剩问题。每一个产业都是一个产业生态系统，有其自身独特的产业要素与发展规律，产能过剩说明各种力量在一定程度上破坏了产业生态系统的自我调控能力，系统的反馈机制不通畅，产业生态系统逆向演化，系统结构受到破坏，治理产业过剩问题必须遵循产业系统共生原则。④

梳理有关文献，关于这个问题大体存在两种不同的解释和主张：一是以

---

① 张卓元. 中国经济从追求数量扩张转向注重质量效益[J]. 商业研究，2010（4）.
② 吕铁. 日本治理产能过剩的做法及启示[J]. 求是，2011（5）.
③ 张晖明. 对当前产能过剩的剖析及治理对策[J]. 江苏行政学院学报，2010（3）.
④ 魏国江. 产业生态系统共生视角下我国产能过剩与治理[J]. 经济研究参考，2014（5）.

"市场失灵"来解释经济结构失衡、粗放型经济发展方式和产能过剩的形成机理;二是以转轨经济中体制缺陷对经济主体行为的扭曲来解释。两种不同的研究传统意味着两种不同的治理思路。以"市场失灵"来解释上述问题的形成机理,意味着政府应该通过干预市场的方式来矫正市场失灵,调整经济结构、转变经济发展方式、治理产能过剩;以体制扭曲来解释上述问题的形成机理,则意味着政府应该完善市场体制,依靠市场机制来解决问题。根据江飞涛和李晓萍(2010)的分析,政策部门更倾向于认为我国经济结构和经济发展方式的问题是"市场失灵"的结果。长期以来,政策部门以包括市场准入、项目审批、供地审批、贷款的行政核准、目录指导、强制性清理等行政管制政策来治理重复建设、产能过剩、经济结构失衡等问题。① 这说明,调整和优化经济结构、促进经济发展方式转变是一项长期而艰巨的战略任务。

尽管国内学术界就经济结构调整和经济发展方式转变的问题投入不少力量开展了相关研究,但从现有研究成果看,存在以下几点不足:一是对经济结构调整、经济发展方式转变和产能过剩进行的研究多是孤立、个别的,将三者联系起来进行的研究不多,能够深入分析三者之间互动机理的研究更少。二是对国外经济结构调整和经济发展方式转变的研究不够系统,对国外研究动态和实践缺乏了解和追踪研究。三是对经济结构调整、经济发展方式转变和产能过剩治理的相关配套体制和政策相互作用的研究不够。

总体来看,理论界和实践界都认同要加快调整经济结构和加快转变经济发展方式,但对经济结构和经济发展方式两者的互动机理,如何加快经济结构调整和经济发展方式转变,如何构建加快经济结构调整和经济发展方式转变的体制机制和政策体系等问题,还需要进一步深入研究。

四、全球价值链研究

全球价值链(Global Value Chains)是对为实现商品或服务价值而连接生产、销售、使用、回收过程的跨国、跨区域、跨企业的全球性网络组织活

---

① 江飞涛,李晓萍. 直接干预市场与限制竞争:中国产业政策的取向与根本缺陷[J]. 中国工业经济,2010(9).

动的一个形象描述，它涉及从原料采购和运输，半成品和成品的生产和分销直至最终消费和回收处理的整个过程。从价值形态看，它包括了从设计、产品开发、生产制造、营销、运输、消费、售后服务以及最终的循环利用等各个环节中的价值创造与利润分配活动。作为一门融理论与实践为一体的新兴学科，全球价值链概念提出后的一个相对较短的时间内基本形成了一套相对完整的理论体系，并受到各国学者与政府部门越来越多的关注。

全球价值链革命造成中间品贸易在国际贸易中迅猛增长，这使传统的贸易总量统计严重误导了人们对世界贸易格局的理解。王直、魏尚进和祝坤福（2015）对 Koopman 等做出的开创性研究进行了回顾，将其提出的一国总贸易流分解法扩展到部门、双边和双边部门层面的研究，把各层面的国际贸易流都分解为增加值出口、返回的国内增加值、国外增加值和纯重复计算的中间品贸易等组成部分，并根据贸易品的价值来源、最终吸收地和吸收渠道的不同，区分为 16 种不同路径，从而在传统国际贸易统计与国民经济核算体系之间建立了一个系统性的对应框架。这一新的核算体系揭示了国际贸易研究中广泛使用的指标，如贸易平衡、垂直专业化、增加值出口和显性比较优势等在方法上的局限，进而对这些指标做了重新诠释。①

全球价值链也改变了传统的产业升级方式，产业或部门间升级已经逐步转变为在全球价值链背景下的工艺、产品、功能和价值链等多种形态的升级，而基于全球价值链的广义贸易政策需要在重新定义与考虑国家核心利益所在的前提下通过更精心的顶层设计为新时代的产业升级服务。② 杨珍增（2014）认为，在国际生产分割条件下，如果跨国公司将较高比例的复杂生产任务置于东道国完成，则当地的模仿者能够获得较多的生产信息，模仿难度较低，跨国公司会受到更多来自模仿者的威胁。东道国知识产权保护的加强能够阻止模仿者进入，提高一般价格水平会促使跨国公司将更大比例的复杂生产任务置于东道国，从而降低东道国出口中所包含的进口中间品含量，提升东道国的全球价值链分工地位。③

---

① 王直，魏尚进，祝坤福. 总贸易核算法：官方贸易统计与全球价值链的度量[J]. 中国社会科学，2015（9）.
② 盛斌，陈帅. 全球价值链如何改变了贸易政策：对产业升级的影响和启示[J]. 国际经济评论，2015（1）.
③ 杨珍增. 知识产权保护、国际生产分割与全球价值链分工[J]. 南开经济研究，2014（5）.

20世纪80年代以来,在全球分工扩大化、生产过程国际化的推动下,跨国公司通过实施"归核化"战略与内部垂直反整合的模块化解构形成的全球价值链,为我国制造企业参与全球经济活动提供了机会,同时凸显了其处于全球经济核心—外围结构的边缘地位。闫云凤(2016)对APEC 9个主要经济体的增加值贸易进行分解分析,结果表明,俄罗斯处于全球价值链上游原材料供应环节;美国处于全球价值链上游和下游环节;澳大利亚处于中、上游环节;中国、韩国、墨西哥、印度尼西亚、加拿大处于中间加工制造环节;日本虽然也处于全球价值链的中间环节,但其出口的是核心零部件,可从上下游贸易中获得较多利益。① 叶作义等(2015)也认为,从附加值基准的国际分工视角看,美国、日本等发达国家留存在本国的附加值率要比中国、韩国等新兴国家和地区高,而中、韩等新兴国家和地区的附加值很大一部分随着贸易的增加而流失到海外。②

关于中国在全球价值链中所处的地位问题的研究非常多。程大中(2015)通过跨国投入—产出分析从中间品关联、增加值关联、投入—产出关联三个角度综合评估了中国参与全球价值链分工的程度及演变趋势。研究发现,中国以外国增加值比重衡量的与世界的关联程度趋于上升,且高于以进口中间品比重衡量的与世界的关联程度。中国与美国、日本、韩国、中国台湾、德国的关联程度较高;但从趋势看,中国与美国、德国的关联程度在上升,与日本、韩国、中国台湾的关联程度在下降。中国大多数行业倾向于从较高收入经济体进口较多的增加值,也倾向于向后者出口较多的增加值。中国大多数行业基于产出和投入的价值链关联指数均超过1.5,关联指数上升的行业远多于下降的行业,表明中国已经通过产出供给和投入需求两个渠道非常深入地融入全球价值链。③ 刘维林、李兰冰和刘玉海(2014)研究了全球价值链嵌入对中国出口技术复杂度的影响,结果发现,中国制造业通过参与全球价值链分工所获取的国外中间投入推动了出口技术复杂度的提升,而相对于原材料、零部件等产品投入,服务投入对技术提升的贡献更大;在控制了国外附加值的直接贡献的情况下,来自发达国家的国外附加值对出口制造业的R&D活动具有抑制作用,更容易形成对链主企业的单向技术依赖

---

① 闫云凤. 全球价值链视角下APEC主要经济体增加值贸易竞争力比较[J]. 上海财经大学学报, 2016 (1).
② 叶作义, 张鸿, 下田充, 藤川清史. 全球价值链下国际分工结构的变化——基于世界投入产出表的研究[J]. 世界经济研究, 2015 (1).
③ 程大中. 中国参与全球价值链分工的程度及演变趋势——基于跨国投入—产出分析[J]. 经济研究, 2015 (9).

和"低端锁定",而利用其他国家国外附加值所形成的嵌入方式对出口企业自身R&D能力的依赖程度更强,更有利于出口技术复杂度的提升。[①] 尹伟华(2015)利用世界投入产出表数据,构建后向和前向垂直专业化率指标,并据此对中国制造业参与全球价值链的程度与方式进行分析。结果表明,第一,中国制造业主要以后向方式参与全球价值链;第二,中国制造业处于全球价值链的下游位置,主要参与全球价值链中的低端生产环节;第三,伴随着跨国生产分工的深化,中国制造业正由全球价值链低端向中高端攀升;第四,中国制造业主要集中参与全球价值链中的某一个生产环节,且国内价值链的构建和发展相对薄弱;第五,在四类技术类别制造业中,中低技术制造业在全球价值链中处于相对优势地位,但高技术制造业并未实现真正意义上的高技术;第六,相对于中国主要以后向方式参与全球价值链,美国主要以前向方式参与全球价值链。[②] 进一步,尹伟华(2016)利用1995~2011年世界投入产出表数据,按出口产品的最终吸收地及吸收渠道的不同对中国制造业的全球价值链进行分解分析,得出六点结论:①1995~2011年中国制造业出口中国内增加值比例呈下降趋势,且以最终产品出口为主,表明中国制造业在全球价值链中所处位置不高;②中国制造业出口中返回增加值比例的不断上升,意味着中国制造业正向全球价值链中上游攀升;③中国制造业出口中蕴含越来越多的国外增加值,意味着中国参与全球价值链分工的程度不断提高,但主要从事加工组装的低端生产环节;④中国制造业参与全球价值链环节越来越多,但国内价值链的构建和发展却相对薄弱;⑤技术水平越高的中国制造业融入全球价值链的程度也相对越高;⑥中国中低技术制造业在全球价值链中具优势地位,较为成功地融入全球价值链中。[③] 马风涛和李俊(2014)利用世界投入产出表,计算了1995~2009年中国制造业产品在全球价值链中的国内增加值比例,发现多数制造业产品的国内增加值比例有所下降,但近年来有回升趋势;并以纺织品部门和电气及光学设备制造业部门为例,对其最终产品增加值的世界分布和各国各部门的贡献率进行了计算,发现日、美、韩、德、中国台湾等经济体所贡献的增加值较高,同时发

[①] 刘维林,李兰冰,刘玉海.全球价值链嵌入对中国出口技术复杂度的影响[J].中国工业经济,2014(6).
[②] 尹伟华.中国制造业参与全球价值链的程度与方式——基于世界投入产出表的分析[J].经济与管理研究,2015(8).
[③] 尹伟华.中国制造业产品全球价值链的分解分析——基于世界投入产出表视角[J].世界经济研究,2016(1).

现国内服务业部门对制造业产品增加值的贡献较大。① 陈雯和李强（2014）认为，在全球价值链分工背景下，以关境为统计基础的传统贸易统计方法无法回答"谁为谁生产"的问题，而且夸大了我国的贸易情况。他们基于DECD和WTO组织开发的增加值贸易核算方法，利用1995~2011年国际投入产出表数据，分别对我国货物与服务贸易的增加值进出口规模和各行业的增加值出口规模进行了测算，并与传统贸易统计方法的计算结果进行比较。研究发现，传统的关境统计方法不仅在总量上高估了我国的出口规模，还严重扭曲了我国各行业的出口规模。②

诸多研究表明，中国产业在全球产业分工体系中仍主要处于低端环节，在全球价值链中处于劣势地位，但正呈现升级态势，发展前景较为乐观。尹彦罡和李晓华（2015）以Koopman等提出的全球价值链（GVC）地位指数为基础，测算中国制造业总体和具体行业在全球价值链中的国际分工地位及其动态变化，并与发达国家和与中国发展阶段相似的发展中国家进行横向国际比较。他们认为，用制造业总体的GVC地位指数很难准确反映一国的全球价值链分工地位，分行业测算效果更佳；中国制造业正受到发达国家从高端和更低成本的发展中国家从低端的双重挤压，因而应加快实现全球价值链地位的攀升和制造业由大到强的战略转变。③ 赵登峰、牛芳和曹秋静（2014）运用OECD-WTO增加值贸易数据库和KPWW分解法，测算中国、美国、德国、日本、韩国和墨西哥6国18个行业的全球价值链指数值及其变动幅度，结果显示，尽管中国在全球价值链中的位置较低、所获利益较少，但中国从全球价值链上获取的利益在逐步增加，中国正朝着产业价值链的高端位置攀升，中国的电气器材等产业在部分领域实现了全球价值链跨越式升级。④ 闫云凤（2015）利用全球投入产出模型，对中日韩在全球价值链中的地位和作用进行了分析，结果表明，中国增加值贸易在全球贸易中的地位逐年上升，而日本逐渐下降，韩国趋于稳定。中国和韩国进口大量中间品加工后再出口，出口中属于本国的增加值较少，而日本出口中的本国增加值

---

① 马风涛，李俊. 中国制造业产品全球价值链的解构分析——基于世界投入产出表的方法[J]. 对外经济贸易大学学报，2014（1）.

② 陈雯，李强. 全球价值链分工下我国出口规模的透视分析——基于增加值贸易核算方法[J]. 财贸经济，2014（7）.

③ 尹彦罡，李晓华. 中国制造业全球价值链地位研究[J]. 财经问题研究，2015（11）.

④ 赵登峰，牛芳，曹秋静. 中国出口产业在全球价值链中的地位——来自增加值贸易的证据[J]. 深圳大学学报（人文社会科学版），2014（6）.

较多。中日韩 3 国的"电气和光学设备制造业"以及日韩两国的"运输设备制造业"都是重点出口行业,且增加值出口占比都远小于海关出口,说明这两个行业的中间品贸易占有很大比例,出口中包含了大量的国外增加值。因此,建立增加值贸易统计体系可以更好地刻画国际贸易的现实,中日韩 3 国应改变生产偏向的关税政策,不断降低最终产品关税水平。① 于津平和邓娟(2014)利用投入产出表测算中国各行业加工贸易、一般贸易和总贸易垂直专业化水平,并利用出口产品国内技术含量衡量中国产业的价值链分工地位,实证研究中国参与垂直专业化分工对出口产品国内技术含量和产业价值链分工地位的影响。研究结果表明,中国参与垂直专业化分工促进了出口产品国内技术含量和产业价值链地位的提升。通过分拆一般贸易和加工贸易发现,以一般贸易参与垂直专业化分工有利于产业价值链升级,而以加工贸易参与垂直专业化分工对产业价值链升级产生了负面影响。② 王岚和李宏艳(2015)则从嵌入全球价值链的视角分析了中国制造业技术进步问题,结果发现,嵌入位置是决定中国制造业国际分工地位的关键因素,中国中技术、高技术和低技术制造业分别位于全球价值链的上、中、下游;中国制造业的行业技术水平与增值能力负相关,嵌入在低增值环节是导致中高技术行业增值能力弱的关键因素;中国低技术制造业开始呈现嵌入位置攀升带动增值能力优势增强的积极态势;而中高技术行业则面临增值能力和嵌入位置同时下滑带来的边缘化风险。增值能力弱是制约中国制造业转型升级的关键因素。升级要素结构、培育技术优势,以提升嵌入位置为抓手引导中国制造业向高增值环节攀升是提升中国国际分工地位的关键。③ 樊茂清和黄薇(2014)研究表明:第一,中国企业在全球生产网络中地位上升,尽管中国加工贸易占贸易总额的比重下降,但是中间产品进出口贸易在全球占比仍在逐年提高;第二,中国对全球价值链的贡献逐年增加,中国的生产活动正在逐步向全球价值链高端攀升;第三,尽管总量水平不高,但中国的知识密集型产业贸易发展迅速,这一点不仅体现在制造业领域,而且也体现在服务业领域。④

---

① 闫云凤. 中日韩在全球价值链中的地位和作用——基于贸易增加值的测度与比较[J]. 世界经济研究, 2015(1).
② 于津平, 邓娟. 垂直专业化、出口技术含量与全球价值链分工地位[J]. 世界经济与政治论坛, 2014(2).
③ 王岚, 李宏艳. 中国制造业融入全球价值链路径研究——嵌入位置和增值能力的视角[J]. 中国工业经济, 2015(2).
④ 樊茂清, 黄薇. 基于全球价值链分解的中国贸易产业结构演进研究[J]. 世界经济, 2014(2).

全球价值链参与主体之间对立，表现为跨国公司和新兴市场国家企业之间战略博弈基础上竞争格局的演化和价值分配的差异，实质是全球价值链治理结构变换过程中企业网络权力的此消彼长。因此，在全球价值链中，存在国家和企业层面的博弈。魏旭光等（2016）运用规范化的定性技术分析我国22家企业，探讨全球价值链中我国制造企业通过网络权力获取竞争优势的具体路径。运用质性分析方法对27个实地文本数据进行扎根分析，探索影响企业竞争优势的网络权力因素。研究发现，全球价值链中企业网络权力包括技术、结构、认同和制度4个属性。企业需对网络格局进行重构以突破既有企业间的关系定式，改变自身在价值链中的地位，获取竞争优势。网络权力对竞争优势影响路径的本质是对关键资源控制基础上的制度安排重构过程，是包含创新战略选择在内的全球价值链治理微观问题。① 针对代工企业在全球价值链（GVC）中处于微利化、被俘获的境地，无法拥有核心技术和自主品牌，难以实现真正的升级等问题，后发国家的企业一定要加入全球价值链吗？徐宁、皮建才和刘志彪（2014）构建了一个代工企业在GVC和NVC（国内价值链）链条下的博弈模型，通过比较不同链条下的均衡利润及影响因素来分析代工企业的链条选择机制。研究发现，国内市场规模及其开发效果、代工生产经验与固定投入对NVC运营成本的影响以及企业所处的国际和国内行业结构是决定代工企业选择GVC或是NVC的重要因素。选择加入NVC是代工企业突破跨国买家封锁，实现链条升级的重要途径。②

当前，中国产业发展动力衰减，如何借助全球产业链分工促进中国产业升级，逐步成为一个重要的研究课题。中国经济从非常态、旧常态进入正常态、新常态，最重要的问题是产业增长动力机制的重塑。刘志彪（2015）认为，进入新常态的过渡时期，中国必须从加入全球价值链转向嵌入全球创新链。从全球价值链转向全球创新链，意味着中国产业发展动力从依赖于要素低价优势、制造业出口导向和高强度投资驱动，转向主动参与国际分工的产业重构、培育新的比较优势。具体来说，这包括两个方面：一是要依托于对传统制造业的升级和战略性新兴产业的发展，推进以现代服务业开放化发展为核心的经济全球化；二是要通过扩大内需战略的实施，依托于内需发展

---

① 魏旭光，康凯，张敬，张志颖. 全球价值链中的网络权力及其对企业竞争优势影响路径——基于扎根理论的探索性研究[J]. 软科学，2016（4）.
② 徐宁，皮建才，刘志彪. 全球价值链还是国内价值链——中国代工企业的链条选择机制研究[J]. 经济理论与经济管理，2014（1）.

创新驱动型经济。在主动嵌入全球创新链的过程中,中国可以用其庞大的内需吸力和资本大规模"走出去"的机会,虹吸全球更优质的先进生产要素,从而得到更多的全球智慧和资源为我所用。①毛蕴诗、王婕和郑奇志(2015)基于 SSCI 和 CSSCI(2002~2015 年)的文献研究,发现现有文献主要关注"全球价值链"研究(3565 篇),对"重构全球价值链"的研究很少(50 篇),相关性较强的更少(9 篇)。国内外对"重构全球价值链"问题的研究几乎为空白,没有将其与新兴经济体企业的转型升级联系起来研究,更没有在全球化环境下研究其对全球竞争格局的影响。他们提出了"重构全球价值链"(Restructuring of Global Value Chain)的概念,认为"重构全球价值链"是处于价值链低中端的新兴经济体制造性企业,基于创新驱动,通过积累能力、寻求能力,打破由发达国家企业主导的国际分工,立足全球配置资源,向价值链中高端发展,促使全球竞争格局发生结构性变化的过程。他们认为当前国内外学术界对全球价值链的研究存在缺陷,该领域的研究应从跨国公司主导的国际分工和市场失效视角出发,结合企业转型升级,围绕全球价值链的结构性变动展开,搭建起重构全球价值链的理论框架,实证和案例研究也应当进一步深入,并与理论相配适。②

五、资源环境管制问题研究

当前,由于过于强调经济发展所造成的环境问题,其已经成为一个所有发达国家和发展中国家共同面临的全球性问题。从政府环境管制这一视角研究环境治理问题,虽然起步较晚,却颇受学者重视。魏娜(2015)通过相关文献梳理,发现国内外学者对政府环境管制的研究主要关注以下四个主题:一是基本概念与理论解构;二是政府环境管制的策略选择与绩效审视;三是政府环境管制的利益结构——冲突、博弈与合作;四是政府环境管制的未来发展——合作共治。③

---

① 刘志彪. 从全球价值链转向全球创新链:新常态下中国产业发展新动力[J]. 学术月刊, 2015(2).
② 毛蕴诗, 王婕, 郑奇志. 重构全球价值链:中国管理研究的前沿领域——基于 SSCI 和 CSSCI(2002~2015 年)的文献研究[J]. 学术研究, 2015(11).
③ 魏娜. 政府环境管制的研究述评——从管制主导到合作共治[J]. 领导科学, 2015(11).

环境具有特殊公共产品的性质，为保护环境，实现社会经济的可持续发展，政府必须通过法律、行政、经济等手段实施管制。从国际上一些主要发达国家的环境管制措施及其演变历史看，由于政治体制及文化背景等差异，不同国家、不同社会经济发展阶段所采用的环境管制措施及措施实施的效果也不相同。美国是最早采用信息披露手段加强环境治理的国家，其环境信息披露管制政策由两部分内容构成：一是由美国国会立法规定、美国环境保护署负责监管的特定经济主体对于有毒化学物质和废物排放的信息披露政策；二是由美国证券交易委员会和会计行业组织制定的适用于上市公司的环境信息的确认、计量和报告政策。田翠香和李蒙蒙（2015）认为，美国的环境信息披露管制政策迎合了公众对于信息知情权的要求，缓解了资本市场上的环境信息不对称问题，促进了外部环境成本向企业内部成本的转化和企业对环境责任的主动承担。美国的环境信息披露管制制度对我国有重要的借鉴意义。①

环境管制政策通常分为行政管制政策和市场导向型管制政策。行政管制政策具有强制执行的特征，企业没有自主选择权；市场导向型管制政策通过经济激励措施，鼓励企业自主选择节能减排行为。赵晓丽、赵越和姚进（2015）选取钢铁企业和电力企业，基于结构方程模型实证分析了不同类型的环境管制对企业行为的影响差异。研究发现，市场导向环境管制对企业战略的影响远大于行政性管制；而行政性管制对企业技术进步的影响远大于市场导向管制；由于企业战略直接影响到企业其他行为的调整，因此，总体上看，市场导向管制对企业行为的影响大于行政性管制；此外，企业行业垄断特征越明显，越不愿意进行战略和生产决策调整。②

我国的环境管制，除了完善相关法规体系、灵活运用环境管制手段外，还需重视公众参与和第三方治理在促进环境管制中的积极作用。刘超（2015）归纳了当前管制模式下环境污染治理制度的内生缺陷，证明环境污染第三方治理的必要性。其基本结论是，在管制模式下以行政赋权、"命令—服从"为特征的环境污染防治制度的内在逻辑体现为，制度目标围绕环境行政管理为主线，制度类型以"命令—服从"为重心，这导致了环保目标悬置与制度异化、运动式环境执法以及执法者与污染者合谋形成法律规避等诸多弊病。管制模式下的现行环境污染防治制度缺陷的原因在于，规制

---

① 田翠香，李蒙蒙. 美国环境信息披露管制政策及借鉴[J]. 北方工业大学学报，2015（4）.
② 赵晓丽，赵越，姚进. 环境管制政策与企业行为——来自高耗能企业的证据[J]. 科研管理，2015（10）.

机制断裂与制度抵牾、制度结构的单向性和封闭性以及闭环逻辑导致的制度僵化与规制俘虏。我国新修订的《环境保护法》提出的"损害担责"原则为环境污染第三方治理提供了法律依据，环境代执行制度已初具环境污染第三方治理制度的雏形，我们应当从污染防治市场制度的体系化、环境代执行制度的改进、设立清洁水和清洁空气基金以及引入环境污染治理第三方机构等几个方面构建体系完整的环境污染第三方治理制度。①

传统观点认为，企业绩效与环境质量如同鱼与熊掌一样不可兼得。波特提出的创新性假说则认为，通过设计良好的环境管制，能够诱导研发并最终实现控制污染和提升绩效的"双赢"。学者们对此开展了大量的研究，但是，对于环境管制和绩效的不同阐述以及指标选择会导致不同的验证结论。李钢和刘鹏（2015）认为，2000年以来，我国环境管制标准强度不断提升，而企业对环境管制标准强度不断提升的应对行为，促进了企业环境绩效的改善，减少了其对环境的不利影响。他们进一步认为，虽然2000年以来中国钢铁行业的环境管制标准强度显著提升，但管制标准还有提升空间；提高环境管制标准强度对于环境绩效的改善仍有较大空间。② 于文超（2015）认为，FDI流入与环境管制水平的提升都有助于促进产业升级，且两者存在互补效应，即在环境管制水平越高的城市，FDI推动产业升级的效应越显著。适当提高环境管制水平、因地制宜地实施外资引进政策是推动产业升级的必要举措。③

正面评价环境管制有利于经济发展和企业绩效提高的还有钱争鸣和刘晓晨（2014）探讨环境管制对绿色经济效率的作用机制，并验证其存在性及影响程度。研究发现，环境管制能够通过筛选效应、内部技术溢出和外部技术溢出，促使绿色经济效率形成"扩散效应"和"极化效应"，进而影响地区的产业结构调整和产业升级，促进地区经济发展。实证分析表明，绿色经济效率具有显著的空间正相关，环境管制对改善绿色经济效率具有时滞性，长期治污投资能显著提高绿色经济效率；从长期来看，环境管制能显著提高东、中、西部的技术进步，但"扩散效应"和"极化效应"在不同地区的效果各异。④ 严丹霖、吴磊和吴超（2015）借助随机前沿分析方法对中国

---

① 刘超．管制、互动与环境污染第三方治理[J]．中国人口·资源与环境，2015（2）．
② 李钢，刘鹏．钢铁行业环境管制标准提升对企业行为与环境绩效的影响[J]．中国人口·资源与环境，2015（12）．
③ 于文超．FDI、环境管制与产业结构升级基于城市面板数据的实证研究[J]．产业经济评论，2015（1）．
④ 钱争鸣，刘晓晨．环境管制、产业结构调整与地区经济发展[J]．经济学家，2014（7）．

FDI 工业行业的技术效率进行测度发现，中国的环境管制对各行业 FDI 工业企业的技术效率有着显著的正面影响，不同的行业特征对 FDI 工业企业的技术效率影响各不相同。[①] 王锋正和郭晓川（2016）基于环境管制理论与技术创新理论，使用我国 30 个省级地区 2000~2013 年的面板数据，实证检验了地方政府治理在环境管制对企业绿色工艺创新影响中的作用及其机制。研究发现，地方政府治理与环境管制显著影响着企业绿色工艺创新；地方政府的综合治理质量与知识产权保护制度对生产者合法权益的保护水平，在环境管制对企业绿色工艺创新影响中存在显著正向调节作用。这表明，面对我国环境污染日趋严重的客观现实，并举地方政府治理质量提升与环境管制政策制定，对促进企业绿色工艺创新具有重要意义。[②] 周康（2015）基于 HS 大类数据，通过适当修正的 Hausmann 模型测算了 2002~2008 年中国 28 个省级区域的出口技术复杂度。在此基础上，实证研究了环境管制对出口技术复杂度的影响，并基于区域视角进一步研究了出口技术复杂度的影响因素异质性。研究结果表明，2002~2008 年中国的环境管制不但没有削弱对外贸易的整体竞争力，反而具有促进作用，环境管制可以作为贸易结构调整的备选政策工具。周康（2015）进一步认为，要想提升出口复杂度以实施有限"赶超战略"，不同地区必须实行有差别的发展战略，因地制宜制定引导政策。[③]

但是，余长林和高宏建（2015）认为，现有对环境管制如何影响环境污染的研究往往忽略了隐性经济的存在及其影响。隐性经济作为制度弱化的一个重要指标，在带来环境污染的同时，会影响环境管制的政策效果。他们将隐性经济活动纳入考虑，从理论上研究了环境管制和隐性经济对环境污染的影响。理论研究表明，环境管制对环境污染存在两种相反的效应：一方面，环境管制通过减少官方经济活动降低了环境污染；另一方面，环境管制通过扩大隐性经济规模提高了环境污染。环境管制对环境污染的影响依赖于上述两种效应以哪一种效应为主导。他们基于 1998~2012 年中国省际层面的面板数据，运用固定效应模型和系统 GMM 方法实证考察了环境管制强度、隐性经济规模及两者的交互作用对中国环境污染的影响。计量结果表明，环境管制强度对中国环境污染具有显著的负向作用，但环境管制强度与

---

① 严丹霖，吴磊，吴超. 环境管制与 FDI 工业企业技术效率的实证分析[J]. 统计与决策，2015（5）.
② 王锋正，郭晓川. 政府治理、环境管制与绿色工艺创新[J]. 财经研究，2016（9）.
③ 周康. 环境管制、区域异度性与出口技术复杂度[J]. 国际商务——对外经济贸易大学学报，2015（2）.

隐性经济规模的交互作用对中国环境污染具有显著的正向作用。总体而言，中国目前的环境管制不利于环境质量的改善。隐性经济对中国环境污染具有显著的正向作用，环境管制强度越高，隐性经济对中国环境的负面影响也越大。①

伴随经济全球化进程，中国通过拓展对外开放的广度与深度，吸引了大量的外商直接投资（FDI）。外资不仅可以弥补国内投资缺口，还能通过溢出效应带来先进的技术与管理经验，是中国经济增长的重要动力，然而，源源不断的外资流入对东道国的生态环境也可能产生深刻的影响。早期有关FDI资源环境效应的研究聚焦于"污染避难所"假说，即发达国家为规避本国严苛的环境管制而向东道国转移污染性行业，对当地环境造成了负面效应。这一假说得到了大量的实证支持。还有一种观点是"污染光环"假说，即跨国公司通过向东道国传播更清洁的生产技术以及实现要素投入的节约来改善环境，这一假说也不乏证据。理论与实证结果之间的分歧意味着外资进入对环境的影响可能存在复杂的传导路径。张鹏杨、李惠茹和林发勤（2016）认为，环境管制和环境效率均从成本角度影响着FDI的流向，前者通过直接增加外资企业成本和降低投资东道国的环境成本优势引致FDI外流；后者则直接通过减少非期望产出来提高外商投资企业的环境成本优势。研究表明，从直接效应上看，环境管制的加强对FDI表现为消极影响，而环境效率提高则有利于吸引FDI；从间接效应上看，环境效率的提高通过降低环境管制强度间接有利于FDI流入。② 景维民和张璐（2014）考察了环境管制及对外开放影响绿色技术进步的机制，并运用2003~2010年中国33个工业行业的面板数据，采用可行广义最小二乘法和系统广义矩方法，对理论分析结果进行了检验，构造出基于SBM模型的全局Luenberger指数度量中国工业的绿色技术进步。该文得出以下结论：①技术进步具有路径依赖性，合理的环境管制能够转变技术进步方向，有助于中国工业走上绿色技术进步的轨道。②在目前较弱的环境管制和偏向污染性的技术结构下，对外开放对中国绿色技术进步的影响可以分解为正向的技术溢出效应和负向的产品结构效应。两者在对外开放的三个方面有着不同程度的体现：进口在国内研发努力的配合下对绿色技术进步具有推进作用；出口则造成了负面影响；FDI中两

---

① 余长林，高宏建. 环境管制对中国环境污染的影响——基于隐性经济的视角[J]. 中国工业经济，2015（7）.
② 张鹏杨，李惠茹，林发勤. 环境管制、环境效率与FDI——基于成本视角分析[J]. 国际贸易问题，2016（4）.

种效应均有显著体现。其正向效果的发挥有赖于环境管制的加强和政策上的合理引导。①

刘志忠和郑博慧（2014）基于规模报酬递增理论对外商直接投资与环境管制之间存在的循环累积因果关系进行理论分析，利用1997～2010年中国247个城市面板数据进行实证检验，结果显示我国外商直接投资和环境管制互为Granger因果，并已形成良性的循环累积因果关系，即环境管制越严格，外资流入越多，而更多的外资流入也促使地区环境管制水平不断提高。因此，实施严格的环境管制并不会抑制外资流入。② 周杰琦、韩颖和张莹（2016）从外资进入对中国碳排放效率的作用这一基本问题出发，构建地区碳排放效率指标，将其分解为产业结构、低碳技术进步两种基本决定因素，并在厘清外资进入、环境管制与碳排放效率三者相互反馈关系的基础上，基于2000～2013年中国省际面板数据，构建联立方程模型探讨外资进入、环境管制对碳排放效率的作用机制与影响效应。结果表明：①外资进入在引发产业结构高碳化的同时，显著提升了当地的低碳技术水平，而对邻近地区的低碳技术进步则存在负面效应；②地方政府间的引资竞争在强化本地环境管制的同时，对邻近地区的环境管制起到显著的弱化效应；③在构建区域联防联控长效机制的基础上，加强环境管制是发挥外资在环境保护方面积极作用的关键；④环境管制对外资的区位选择存在显著影响，"污染避难所"效应在中国成立。③ 张海玲（2015）利用2001～2010年中国17个工业行业的面板数据对理论分析结果进行了实证检验研究，结果显示，中国出口贸易有利于CO_2排放水平的下降，加入中国环境管制因素进一步扩大了出口贸易的排放效应；在中国环境管制的作用下，《京都议定书》Annex B国家单方面地强化环境管制政策并未引起中国发生碳泄漏现象。④

---

① 景维民，张璐. 环境管制、对外开放与中国工业的绿色技术进步[J]. 经济研究，2014（9）.
② 刘志忠，郑博慧. 外商直接投资规避了环境管制吗——基于1997-2010年城市面板数据的检验[J]. 学术研究，2014（4）.
③ 周杰琦，韩颖，张莹. 外资进入、环境管制与中国碳排放效率：理论与经验证据[J]. 中国地质大学学报（社会科学版），2016（2）.
④ 张海玲. 环境管制下中国出口贸易的CO_2排放效应研究[J]. 东岳论丛，2015（4）.

六、战略性新兴产业发展问题研究

战略性新兴产业是新兴技术与新兴产业的深度融合，是发展中国家实施"赶超战略"的机会窗口。如何促进战略性新兴产业发展是产业界和学术界主要关心的问题之一。岳中刚（2014）认为，新兴技术链是产业发展的"能力"或"内核"，新兴产业链是把这种能力引入新兴市场并实现价值的媒介，两者的协同发展是战略性新兴产业成长的关键。理论探索和物联网产业的实践表明：要以专利和标准战略构建自主技术链，避免产业发展陷入"技术空心化"；以商业模式创新整合自主产业链，避免技术创新进入"尘封的殿堂"。① 林学军（2012）认为，战略性新兴产业是处于产业初期，对本国、本地区有重大、长远影响，能够带动本国、本地区经济发展的新兴产业。它具有指向性、外部性、创新性、风险性、地域性的特点。新兴产业的发展有四种类型，它的发展既艰难又具有风险。企业大都从高新技术嫁接、传统产业裂变、高新技术与传统产业融合中走上新兴产业的道路，但其中多数企业中途夭折，产业难以形成。因此要注重其特性，加强政策的引导与扶持，努力形成具有本国、本地区特色的战略性新兴产业。② 韩霞和朱克实（2014）认为，后发国家应结合自身条件和需求确定战略性新兴产业发展策略，以技术追赶和产业升级为目标把握战略性新兴产业发展契机，以技术标准战略为核心掌握战略性新兴产业话语权，以国际化为导向培育战略性新兴产业竞争力。在具体的政策选择上，要优化研发投入结构，整合行业研发资源；加强组织协调与合理规划，推动产业良性发展；强化知识产权助推战略，完善产业发展促进机制。③

战略新兴产业发展是当前世界和中国经济社会发展的热点和难点问题。贺俊和吕铁（2012）的研究表明，目前国内有关战略性新兴产业问题的讨论仍然停留在政策解读和实践操作的层面。如何把培育发展战略性新兴产业这样一个重大的政策问题纳入既有的经济学理论语言体系，从而将一个现实

---

① 岳中刚.战略性新兴产业技术链与产业链协同发展研究[J].科学学与科学技术管理，2014（2）.
② 林学军.战略性新兴产业的发展与形成模式研究[J].中国软科学，2012（2）.
③ 韩霞，朱克实.我国战略性新兴产业发展的政策取向分析[J].经济问题，2014（3）.

困惑转化为可以进行理论提炼和实证分析的学术问题,是进一步推进我国战略性新兴产业问题研究的起点。战略性新兴产业是处于从技术培育到产业化再到产业进入者数量达到最大值之间这一时期的产业,刻画这类产业经济学特征的两个重要维度分别是主导技术成熟度和市场成熟度。他们提出了一个具有一般性和自洽性的战略性新兴产业理论分析框架,其基本逻辑是,首先识别影响战略性新兴产业发展绩效的主要技术性、经济性和制度性因素,其次研究这些关键因素之间的相互适应性和动态匹配性,最后分析这些要素和互动主要发生在国家、产业或企业的哪个层次和位置。①

中国的产能过剩问题已经波及到战略性新兴产业。杨震宇(2016)测度了我国战略性新兴产业的产能利用率。他利用2010~2014年《高技术产业统计年鉴》的相关数据以及可变成本函数估算方法,测得我国战略性新兴产业整体产能利用率仅为61.28%,除了电子计算机制造业外,其余产业产能利用率都偏低。②史丹(2012)认为,新能源产业是我国战略性新兴产业,但刚刚起步就出现产能"过剩"的问题,其中既有国际市场萎缩也有产业发展与市场培育不协调和生产力发展与制度建设不协调等原因。消除产能"过剩"需要有新思路,要把政策重点由过去的扶持产业转到培育与扩大国内新能源市场方面,促进新能源产业从生产到消费的均衡发展。以消费者为补贴对象,培育国内专业市场;创新产业发展模式,开辟新的出口市场;拓展新能源应用领域,促进新能源产业与传统产业的融合发展。要创造有利于新能源产业发展的外部环境,加快电力体制改革,形成政策合力,优化市场环境。③

余东华和吕逸楠(2015)对战略性新兴产业产能过剩的原因进行了探讨。他们在"市场失灵论"和"体制扭曲论"的基础上提出"政府不当干预论",解释中国战略性新兴产业出现产能过剩的原因,并以光伏产业为例,将光伏产业划分为上、中、下游三个环节,从政府行为、产业内部环节和供给视角分析了战略性新兴产业产能过剩的形成机制。总体而言,光伏产业中政府干预程度越深的环节,产能过剩程度越严重。化解当前战略性新兴产业的产能过剩问题,应转变传统扶持政策,避免政府不当干预行为,进一步推动要素市场化改革,提高关键技术研发和制造能力,形成以创新驱动为

---

① 贺俊,吕铁. 战略性新兴产业:从政策概念到理论问题[J]. 财贸经济,2012 (5).
② 杨震宇. 我国战略性新兴产业产能过剩程度的测度[J]. 产业经济,2016 (1).
③ 史丹. 我国新能源产能"过剩"的原因与解决途径[J]. 中国能源,2012 (9).

核心的动力机制，避免陷入新兴产业链上的"低端锁定"。① 王辉和张月友（2015）利用58家中国光伏产业上市公司2005~2012年季度数据，采用生产函数法，测度其产能利用情况，考察中国战略性新兴产业的产能过剩程度、成因和化解路径。研究发现，中国光伏产业多数年份的产能利用率不足70%；中国光伏产业的资本产出弹性偏低，产业发展陷入了传统劳动密集型产业处于低端环节的发展老路；2005~2012年，中国光伏产业的产能过剩经历了四个阶段的升降交替，但总体上并未脱离新兴产业发展规律而出现严重的发展危机。中国光伏产业产能过剩由结构性过剩和体制性过剩构成，供需结构失衡、过度投资和用传统产业的发展思路发展新兴产业等因素是中国光伏产业产能过剩的主要原因。他们认为，化解中国新兴产业的产能过剩，有必要迅速启动内需，构建"市场发挥决定性作用和更好发挥政府作用"的新兴产业产能过剩治理机制，走"四个一批"的化解路径。②

关于战略性新兴产业的技术效率方面的研究是一个重点，多数研究认为，中国战略性新兴产业技术效率及其变动状况并不佳。项本武和齐峰（2015）使用2004~2011年中国七大战略性新兴产业16个样本行业的面板数据，采用随机前沿分析方法并构建超越对数生产函数模型，实证测度中国战略性新兴产业技术效率。结果发现，我国战略性新兴产业生产活动存在技术无效率；样本行业技术效率值差异很大，极不平衡；在控制行业异质性后，行业平均企业规模、对外开放度及行业盈利能力对生产技术效率产生显著的正影响；国有产权比重对生产技术效率产生显著的负影响。③ 黄海霞和张治河（2015）采用基于DEA模型的Malmquist指数分解方法，将战略性新兴产业技术创新的TFP增长分解为技术进步、纯技术效率和知识创新效率的变化。研究结果表明，2009年以后，中国战略性新兴产业技术创新的TFP增速减慢并呈下降趋势，主要原因是技术进步速度快速下降，纯技术效率、知识创新效率逐渐成为影响战略性新兴产业技术创新的TFP增长率的主要因素。分地区来看，三大地区战略性新兴产业技术创新的TFP增速减慢且TFP增长率呈倒U形分布；TFP增长的动力来源存在区域差异，即东、西部地区主要依赖技术进步，但技术进步速度明显减慢，而中部地区主要依

---

① 余东华，吕逸楠. 政府不当干预与战略性新兴产业产能过剩——以中国光伏产业为例[J]. 中国工业经济，2015（10）.
② 王辉，张月友. 战略性新兴产业存在产能过剩吗？——以中国光伏产业为例[J]. 产业经济研究，2015（1）.
③ 项本武，齐峰. 中国战略性新兴产业技术效率及其影响因素[J]. 中南财经政法大学学报，2015（2）.

赖技术效率的增长，但增幅不大。①

另外，部分学者对战略性新兴产业的配置效率也进行了研究，结果并不乐观。赵玉林和石璋铭（2014）基于七大战略性新兴产业上市公司11个季度的数据进行面板PCSE实证分析，结果表明，当前战略性新兴产业资本配置效率整体不高；基于战略性新兴产业发展的内在特点考虑，应当从提升产业技术效率、缓解产业发展面临的融资约束和长期内建立完善的金融市场契约环境等方面来改善战略性新兴产业资本配置效率。②

补贴是目前政府扶持战略性新兴产业发展的主要手段，我国政府对战略性新兴产业的补贴金额巨大，但补贴的绩效如何，部分学者对此进行了研究。陆国庆、王舟和张春宇（2014）的研究表明，政府对战略性新兴产业的创新补贴绩效是显著的，创新的外溢效应也是显著的；外溢效应产出弹性系数远大于政府补贴的产出弹性系数，表明政府创新补贴对单个企业本身产出的绩效作用并不大；公司治理与财务风险状况对政府创新补贴绩效有显著影响。③ 武咸云、陈艳和杨卫华（2016）以2010~2013年278家战略性新兴产业上市公司为研究对象，利用固定效应面板模型研究政府补贴对企业R&D投入的影响效应，结果显示，政府补贴存在一个临界点，低于此点的补贴强度可以诱导企业R&D投入，高于此点的补贴强度会挤出企业R&D投入；企业寻租行为有利于政府补贴杠杆效应的发挥，但由于寻租属于企业的非生产性活动，通过寻租获得补贴扭曲了旨在促进创新的政府补贴政策。④

汪秋明、韩庆潇和杨晨（2014）运用博弈论的方法，分析了战略性新兴产业中政府补贴有效的条件和影响因素。结果表明，在政府补贴的诱导下，潜在企业进入战略性新兴产业是一种理性行为，但一旦进入，大部分企业又会把补贴资金用于与产业发展无关的其他高收益途径。总体而言，政府补贴没有促进战略性新兴产业中的企业科研投入。造成这种无效的主要原因既有政府对企业行为监督困难，也有政府惩罚力度不够。但分行业的回归分析结果表明，新能源产业和新能源汽车产业的政府补贴是有效的。前者可以通过政府检查成本较低和政府惩罚起到重要作用来解释；后者主要解释为企

---

① 黄海霞，张治河. 中国战略性新兴产业的技术创新效率——基于 DEA Malmquist 指数模型[J]. 技术经济，2015（1）.
② 赵玉林，石璋铭. 战略性新兴产业资本配置效率及影响因素的实证研究[J]. 宏观经济研究，2014（2）.
③ 陆国庆，王舟，张春宇. 中国战略性新兴产业政府创新补贴的绩效研究[J]. 经济研究，2014（7）.
④ 武咸云，陈艳，杨卫华. 战略性新兴产业的政府补贴与企业 R&D 投入[J]. 科研管理，2016（5）.

业规模大有利于市场开拓，并且经营历史有利于使用补贴进行有效研发。[1]

七、双边市场与平台竞争问题研究

近年来，关于双边市场和平台经济的研究越来越多，引起学术界和产业界的重视。在理论层面，关于双边市场的理论研究主要集中在平台企业的定价策略、平台竞争下的单归属与多归属以及双边市场的反垄断审查等问题上。而在实践层面，具有双边市场特征的产业大量存在于现实生活中，如银行卡产业、互联网产业、传媒产业等，在未来的研究中，双边市场的反垄断问题以及动态优化模型在双边市场相关产业中的运用问题都不容忽视。不同于传统的单边市场，双边市场不再遵循边际成本定价法则，其价格结构存在不对称性，并且定价时平台企业可能会产生交叉补贴的行为。由于不再遵循边际成本定价法则，因此在反垄断问题的审查上双边市场也与传统的单边市场存在很大差异，这也在一定程度上加大了反垄断审查的难度。[2]

让·夏尔·罗歇（Jean Charles Rochet）和让·梯若尔（Jean Tirole）（2013）研究了双边市场的平台竞争问题。他们认为，不管是从实证经济学的角度还是规范经济学的角度来看，双边市场和教科书中对于多产品独占及定价的解决方法都不同。双边的互动会产生强大的互补性，而相应的外部性却未能被最终用户内部化，这一点和相关产品的著名案例不同（例如同一个消费者购买了剃须刀和刀片）。他们认为，许多具有网络外部性的市场都是以双边（或者多边）市场为前提的，如果平台能够高效地在两个不同类别的交易各方的终端用户之间交叉补贴，那么具有网络外部性的市场就是双边市场。他们的模型解释了具有网络外部性的市场大部分都是双边市场的原因。[3]

丁宁（2014）利用双边市场研究范式，在不完全竞争环境下构建了信

---

[1] 汪秋明，韩庆潇，杨晨. 战略性新兴产业中的政府补贴与企业行为——基于政府规制下的动态博弈分析视角[J]. 财经研究，2014（7）.
[2] 吴汉洪，孟剑. 双边市场理论与应用述评[J]. 中国人民大学学报，2014（2）.
[3] Jean Charles Rochet, Jean Tirole. Platform Competition in Two-Sided Markets [J]. Journal of the European Economic Association, 2003, 4 (1): 990-1029.

用卡市场的价格结构模型,并对 1995~2011 年中国信用卡市场的交叉网络外部性进行了实证分析。结果表明刷卡消费额外收费和罢刷问题之症结不在于价格结构的扭曲,而在于信用卡业务收益结构和市场利益分配的不合理。并提出相关建议以完善中国信用卡定价体系,促进信用卡市场健康发展。①

关于双边市场中的企业市场行为研究,陈丽君(2014)基于双边市场理论视角,通过建立开放存取期刊和传统订阅期刊竞争的双边市场模型,分析了开放存取期刊与传统订阅期刊的竞争问题,指出了学术期刊市场上开放存取的发展趋势。研究结果表明,正常的市场运作机制将为传统订阅期刊和开放存取期刊留出一定的市场空间,政府采取政策或发布命令强制取消传统订阅期刊的做法是武断的;开放存取期刊增长越快,市场竞争越激烈;非营利性期刊中开放存取期刊的增长快于营利性期刊中开放存取期刊的增长;越来越多的获取期刊的涌现有利于提高整个社会的福利。② 平台经济是基于互联网、云计算等现代信息技术,以多元化需求为核心,全面整合产业链、融合价值链、提高市场配置资源效率的一种新型经济形态。大力发展平台经济,是新兴服务业态发展的战略方向,对于转变经济发展方式和推动产业转型升级具有重要意义。丁宏和梁洪基(2014)从剖析基于双边市场理论的互联网平台企业的本质及其特征着手,分析其在发展过程中使用的定价、差异化、转换成本、排他性和交叉补贴等市场竞争策略,并提出促进现阶段平台企业发展的公共政策建议。③

郑万腾等(2015)运用非合作博弈模型,对网络外卖平台的竞争策略进行了研究,针对完全信息博弈和不完全信息博弈两种情形,对移动餐饮市场中竞争者双方的竞争策略进行分析。结果表明,博弈参与者采取何种行动策略由其资金实力与信息决定。④

众筹作为典型的双边市场平台,其主要依靠收取项目筹资人的佣金来获得收益,而佣金收益的获得更多依靠项目筹资人的数量和另一边公众投资人的数量来决定。众筹平台对两边所提供的差异化服务会影响筹资人与公众投资人的"归属数量",进而会影响平台下一步所采取的竞争策略。郭新茹、

---

① 丁宁. 基于双边市场理论的中国信用卡市场价格结构分析[J]. 宏观经济研究,2014(6).
② 陈丽君. 开放存取期刊与传统订阅期刊的竞争分析——基于双边市场理论视角[J]. 图书馆工作与研究,2014(8).
③ 丁宏,梁洪基. 互联网平台企业的竞争发展战略——基于双边市场理论[J]. 世界经济与政治论坛,2014(4).
④ 郑万腾,王麟麟,何意雄,戴志敏. 非合作博弈下网络外卖平台竞争策略研究[J]. 江西科技师范大学学报,2015(6).

韩顺法和李丽娜（2014）从当前众筹平台兴起及其成因出发，在对众筹平台双边市场特征进行研究梳理的基础上构建了竞争性众筹平台的 Hotelling 模型，证明了众筹平台的利润受其所提供的服务差异化程度影响，且差异化程度越大，众筹平台的利润越高。在对国内外众筹平台的运营模式进行归类分析的基础上，重点对其在双边市场条件下所采取的差异化竞争策略进行研究，在分析众筹平台发展趋势的基础上，提出注重增值服务、提供高质量的差异化服务、构建知识产权保护体系等提升众筹平台竞争力的建议。①

绝大多数具有网络效应的市场是双边市场。在软件、门户网站和媒体，支付系统和互联网等产业平台的竞争中，要取得成功，必须"将市场的双边全部占据"。因此，各大平台非常重视它们的商业模式，总体来说，这是它们在赚钱的同时讨好各方的一种手段。互联网的发展为平台的出现和发展带来了机遇，也促进了平台市场的竞争。屈蕊娟（2015）认为，手机操作系统已经被看作移动通信领域的核心，而移动操作系统的本质是平台。该文以双边市场理论为基础，分析了手机操作系统平台的特征，构建了手机操作系统平台的双边市场结构，并以自面世以来就获得巨大成功的 Android 手机操作系统平台为例，分析了 Android 平台的一系列策略性行为。②朱伟民和刘建华（2015）指出，苹果与三星的竞争是模式之争，是平台还是垂直整合两者各有所取。苹果运用平台商业模式获得竞争优势，取得了前所未有的机遇。平台的本质是利益相关方交易（交换）的媒介，构建平台的核心企业在充分利用外部资源开发产品和市场的同时获得了最大的商业价值。而三星则试图通过垂直融合模式来取得竞争优势。进而他们认为，传统的垂直整合模式体现的是价值链竞争，而平台模式则是价值网竞争。顺应互联网环境下的竞争，企业需要重塑经营理念，打造全新的商业模式。③

王少南（2016）研究了双边市场中的搭售问题，认为双边市场特有的结构和运行机制对基于传统单边市场的搭售理论提出了全新的挑战，应该围绕双边市场的交叉网络效应、非中性的价格结构及平台产品的相互依赖性和互补性等特征，理性分析搭售行为主体的市场支配地位和具体行为特征。反垄断法规制双边市场中的搭售行为的关键在于综合考量其积极的竞争效果和

---

① 郭新茹，韩顺法，李丽娜. 基于双边市场理论的众筹平台竞争行为及策略[J]. 江西社会科学，2014 (7).
② 屈蕊娟. 基于双边市场的手机操作系统平台竞争策略——以 Android 操作系统平台为例[J]. 安阳工学院学报，2015 (6).
③ 朱伟民，刘建华. 苹果与三星：平台模式与垂直整合模式的竞争[J]. 商业经济，2015 (8).

消极的竞争效果。我国在反垄断法实践中应充分注重双边市场在技术创新方面的突出优势，通过保护创新来促进产业发展和提升消费者福利。① 张曦（2016）对双边市场横向兼并的福利效应进行了研究，结果发现，与单边市场的并购理论不同，双边市场上横向兼并的成本节约对价格的影响非常单调，并依赖于交叉网络外部性；强交叉网络外部性可诱使兼并厂商降低市场价格，从而增加消费者福利；但如果交叉网络外部性较弱，效率抗辩仍然是必要的，因为在这种情况下，厂商效率的提高有可能足以大于兼并后消费者福利的下降。②

互联网给国家和社会带来了全方位影响，互联网行业健康有序发展离不开国家竞争政策暨《反垄断法》的规制。但是，互联网平台企业的双边市场运营模式使《反垄断法》"相关市场"传统的界定方法遭到了挑战。吴宏伟和胡润田（2014）认为，互联网行业与传统行业有不同之处，但是，界定"相关市场"的基本方法依然有效。"双边市场"理论对于互联网反垄断有着积极的意义，有利于竞争执法机构的执法工作更加科学。互联网反垄断应坚持的价值目标是实现互联网的有序和效率。③ 林平和刘丰波（2014）则认为传统的反垄断分析方法直接应用于双边市场将产生错误的结论。他们对过去十几年间国外产业经济学界对双边市场中相关市场界定问题研究进行了较全面、系统的回顾和梳理，总结国际产业经济学界最新观点后，建议竞争法执法机关应该根据双边市场的类型采取不同的市场界定改进方法。④ 邝婉珊（2014）在不摒弃传统反垄断法理论而另外创出一种"相关市场"的界定方法的条件下，在传统反垄断法理论框架内提出一种新的视角——从企业主要收入来源的角度来界定"相关市场"，希望这种新的视角能给予生活实践中需要对企业所处"相关市场"做出界定的人们一点启发。⑤

---

① 王少南. 双边市场中的搭售问题与规制思路[J]. 南京理工大学学报（社会科学版），2016（2）.
② 张曦. 双边市场横向兼并的福利效应研究[J]. 商业研究，2016（3）.
③ 吴宏伟，胡润田. 互联网反垄断与"双边市场"理论研究[J]. 首都师范大学学报（社会科学版），2014（1）.
④ 林平，刘丰波. 双边市场中相关市场界定研究最新进展与判例评析[J]. 财经问题研究，2014（6）.
⑤ 邝婉珊. 互联网双边市场中界定"相关市场"的新视角[J]. 中国集体经济，2014（16）.

八、国际产能合作问题研究

国际产能合作是国家间产业互通有无、调剂余缺、优势互补的合作方式，同时可以拓展合作双方产业发展的新空间（夏先良，2015），其作为一种对外开放新方式，是双向进行的，而并不同于雁行模式、产品生命周期模式、国际生产折衷模式等传统产业转移模式的单向过程（周民良，2015），也因此更加符合"一带一路"战略推出的主旨，成为中国参与共建"一带一路"的重要实现形式。贸易是国际产能合作的先导，也是切入点，"一带一路"战略的实施需要依靠经贸合作来真正打开区域产能合作的大门。借助贸易合作，中国将逐步与"一带一路"沿线国家形成产业链深度合作，进而构建全球和谐发展战略，而非简单地转移过剩产能（蓝庆新和姜峰，2016）。随着"一带一路"战略的推进，以贸易为基础的国际产能合作研究也开始从理论层面转入可操作的战略层面。

1. 国际产能合作的重点国家和优先领域研究

选择重点国家和产业是推进"一带一路"建设的关键一步。在系统地对"一带一路"合作进行国别分析和产业分析方面，黄群慧、韵江和李芳芳（2015）测度了"一带一路"沿线国家的工业化进程，系统而具体地分国别、分产业研究了中国与沿线国家的产能合作的状况和潜力。该研究发现，不同工业化阶段的国家在与中国进行产能合作的进程中均可找到不同的角色定位，共同培育以"互补合作"为主导的产能合作"新雁阵"模式。张其仔等（2015）系统地分国别研究了"一带一路"沿线国家与中国产业的互补性和开展产能合作的潜力，探讨了中国西部地区、东北地区各省份对接国家"一带一路"战略的优劣势和战略选择，以及与相关国家开展产能合作的潜力。郭朝先等（2016）指出了产能合作的重点国家和重点领域：与自然资源丰富的国家开展原料型产品的合作，并衍生出与按原料分类的制成品的合作；与劳动力资源丰富的国家开展劳动密集型产业产能合作；与油气资源丰富的国家开展油气产品生产合作；与多数工业化水平比中国低的国家开展初级产品生产、机械及运输设备、杂项制品制造产能合作。钟飞腾

（2015）根据人均GDP差距、年均经济增速、制造能力指标对相关国家进行了考察。盛斌和黎峰（2016）则分别按照人均收入、人类发展指数、全球竞争力指数、营商环境指数、国家信用风险评级等指标对"一带一路"沿线国家进行了排序。田泽和许东梅（2016）测算了"一带一路"沿线国家的投资效率，并检验了对外开放程度、交通、政治稳定性等7个因素对投资效率的影响。他们提出要优化投资的区位选择，分别对南亚和东南亚地区、西亚北非地区和中东欧地区的优先合作产业进行了分析。

在具体区域、具体产业产能合作分析方面，一部分学者认为，中国应该锁定当前对外投资的优势产业，产能合作方向主要应集中于铁路、电力、通信、工程机械以及汽车、飞机、电子等制造业和自然资源的开采方面（李春梅和李晓敏，2016）。一部分学者认为，基于我国产能过剩的现状，应该加强煤炭、石化产品、钢铁、水泥、光伏等工业品和大型机械、电工电子等几种产品与南亚国家的产能合作，但同时应该控制投资风险，从基础设施建设、贸易促进及投资平台搭建、增强互信、化解风险等方面采取措施，促进我国过剩产能的化解。李春梅和李晓敏（2016）分析了中国与中亚五国在基础设施建设和能源开发领域的合作空间。李大伟（2015）通过对中埃经济合作进行实地深入调研，认为中埃合作具有广阔前景，但同时也要注意防范投资风险。

2. 国际产能合作模式选择研究

毛汉英（2013）在深入分析中国与俄罗斯及中亚五国开展能源合作的战略背景、现实需要和发展现状的基础上，结合已有的能源合作项目和发展计划，预测了未来至2030年不同时间点的能源合作潜力与规模，还重点推荐了4种合作模式，即贷款换石油模式、产量分成模式、联合经营模式和技术服务模式，认为应妥善协调能源合作中的矛盾与问题，加强能源开发中的生态保护与环境治理，并重视改善能源合作开发区域的民生状况。卓丽洪等（2015）在比较了美国与日本的产能国际转移模式之后，分析了中国产业结构转型升级和向外转移产能的机遇与挑战，指出了中外产能合作的战略思路：以"母子工厂"战略为核心，加强顶层设计，加强统计监测与评估，鼓励中外合作共建园区，加强产能合作的公共服务体系建设，完善配套政策并防范政治风险。高程（2015）也认为，应改变粗放的传统经济外交模式，以双边关系为节点有序缔结网状多边合作，通过打造周边战略支点国家来推动差异性经济外交政策,以促进"一带一路"战略的实施。而国家引导、地方推动和企业激活将会是实现这一伟大战略的动力机制(柳思思,2014)。

3. 国际产能合作风险研究

"一带一路"产能合作存在诸多风险,识别和防范风险非常重要。毛振华、阎衍和郭敏(2015)指出,"一带一路"沿线国家多数主权信用不佳,存在投资风险。其中,新欧亚大陆桥涵盖主要欧洲国家,尽管整体风险较低,但财政风险相对突出。中亚—西亚经济走廊涵盖中亚五国及伊朗,总体政治风险较高,财政风险相对较小。21世纪海上丝绸之路经济带主要指海上贸易航线,包括东南亚及非洲等国,经济风险相对最小,但政治风险值得关注。孟中印缅、中巴经济走廊主要辐射南亚及东南亚邻国,政治风险是主要的不稳定因素。不过,该研究同时指出,随着"一带一路"的推进,国家经济金融的深度融合,将有利于提升这些沿线国家的信用。周民良(2015)认为,"一带一路"产能合作对中国而言有利有弊,以中国为出发地并以"一带一路"沿线为目标指向的跨国产能合作,就是"中国制造"产能离岸的过程,中国要谨防"回旋镖效应"的负面影响。张厚明(2015)指出,我国企业"走出去"面临政治风险、经济风险、法律风险和环境风险等。李晓和李俊久(2015)认为,"一带一路"沿线国家和地区是世界上地缘关系最复杂、历史文化差异最大、宗教民族冲突最严重、国家和区域局势最动荡、大国关系最纠结的地理区域。在这里,中国企业的海外投资利益极易受到中亚地区的"三股势力"、西亚地区新兴起的"伊斯兰国"(IS)、投资所在国的政局不稳、部分国家的反华排华倾向、美日等西方国家的竞争性渗透等的干扰、破坏和冲击。中国企业在"一带一路"沿线国家投资,也面临文化—宗教—种族冲突风险、战争风险、政治稳定性风险、政府效能风险、基础设施风险、法律和监管风险等。夏先良(2015)分析了我国开展国际产能合作面临的机遇与挑战,阐释了我国与"一带一路"地区产能合作的优劣势,最终提出国际产能合作的体制机制构想。卓丽洪等(2015)从产能国际转移规律的角度研究了中外产能合作的机遇、风险与战略。郭朝先等(2016)总结了"一带一路"产能合作的现状,并分析了可能存在的风险,特别指出了相关国家制度环境和技术标准不兼容的问题。张威(2016)指出沿线国家存在投资环境不佳、政治风险高等对国际产能合作的不利因素。

总之，国内对"一带一路"产能合作的研究已经起步，但有待进一步深入。比如，"一带一路"沿线如此多的国家，选择哪些国家作为中国经贸合作的重点，特别是重点国家的重点合作产业有哪些，仍然不太清楚；尽管意识到"一带一路"产能合作可能存在的风险，但具体风险如何，如何防范，相关研究则不够深入；选择何种模式开展产能合作，既能促进两国经贸关系发展，又能有效降低风险，这些方面的研究都很不足。

九、产业组织研究方法

根据对相关文献的分析，近年来产业组织经济学的研究方法主要包括计量经济学、数理模型、博弈论，经济实验和模型仿真受到越来越多的重视。同时，传统经验主义方法仍然被较多采用。

1. 计量经济学

计量经济学现在仍然是研究产业经济问题的一种主要方法。经济计量模型为偏好、技术和制度等经济要素提供了一个从结构到结果的映射关系。它主要是通过统计学方法，利用非实验数据对理论模型的参数进行估计，并对其进行统计学意义上的检验。

计量经济学发展到今天已经具备单方程回归、联立方程模型、时间序列分析三大支柱系统，具有比较严密的理论基础和方法论体系，适合不同研究对象的大量计量经济模型构成了庞大的学科群。美国第一位诺贝尔经济学奖获奖者萨缪尔森说过："第二次世界大战后的经济学是计量经济学的时代。"事实上，在诺贝尔经济学奖得主中，至少有16位是因对计量经济学的直接贡献而获奖的，有20多位担任过世界计量经济学会会长，有30余位学者的获奖成果应用了计量经济学。近年来，在我国经济学文献中，有超过50%的文献应用了计量经济学的研究方法。

当前，一些前沿学术研究正在朝超越传统计量经济学的研究范式方向努力。比如，新型数据给传统计量经济学的研究对象以极大的延拓：高频和低频数据拓宽了研究的时间尺度，高阶和低阶数据使动力学分析和预期被引入计量经济学中，高维及空间数据使研究关注交互性和离散性，实验和模拟数据改变了统计数据一统江山的局面，等等。着眼统计尺度上的计量预测及部分基于经典力学的模拟预测范式变得不合时宜，规则系统等预测方式正在向计量经济学的预测库中添加新的武器。数据挖掘和基于主体建模相结合的研究范式将不断冲击单纯依靠数据挖掘的计量经济学的研究范式。

作为计量经济学的一个重要分支，空间计量经济学正在逐步走向成熟。它是以计量经济学、空间统计学和地理信息系统等学科为基础，以探索建立空间经济理论模型为主要任务，利用经济理论、数学模型、空间统计和专业软件等工具对空间经济现象进行研究的一门新兴交叉学科。近年来，国内外众多学者对于空间计量经济学的兴趣几乎呈指数型增长，在计量分析中融入对空间因素的考察正在成为一种趋势，研究领域涉及经济增长、产业经济、技术创新、资源环境等，呈现日益多元化的趋势，相关文献大量涌现。近年来，有三种模型受到了更多的关注，即空间面板模型、空间潜在变量模型和流体模型。尤其是面板空间计量经济学的理论和应用论文都呈现明显增多的趋势，许多学者提出了一般的模型设定和估计方法。

在技术支持方面，计量经济方法的运用离不开应用软件的支持。目前，最为流行的软件是EVeiws软件，它以界面的友善、使用的简单而著称。还有部分人使用SAS、SPSS、STATA、R软件等来进行研究。而一些与空间计量经济学相关的软件产品主要有Matlab、Spdep、GeoDa、ArcGis等。

2. 数理模型

数理模型是一种用数量来表示社会现象的模型，其在经济学中的应用旨在利用数学的理论、方法和公式来描述和解析经济现象，通过数学逻辑推理来阐述经济现象之间的关系和演变趋势。与经济计量学的不同在于，后者研究的通常是从经济统计数据出发的数理统计模型，不一定有完整的机理解释。不过，计量经济学也可以被认为是数理模型的某种类型。最近几年，随着电子计算机和相关软件的改进，数理模型在社会科学领域得到日益广泛的应用。

对现实世界进行的抽象越多，模型越简单、越容易被理解，同时，模型模拟现实世界的能力也就越差。为了缩小模型与现实世界的差距，经济学家会将之前模型中被舍弃的因素逐步纳入模型，从而使数理模型越来越深刻，能够更好地解释现实世界。在产业经济学研究中，为了方便研究并使理论更易于理解，常常需要对现实问题进行简化和抽象。建立数理模型的目的在于为特定现象提供解释说明，使理论具备普遍性、精确性和简洁性，即用简洁的数学语言，准确地说明复杂的经济现象，揭示带有普遍性的经济规律。由于在建立模型的过程中，需要对现实世界进行简化和抽象，数理模型的设计者和使用者必须具备一定的能力，其中包括熟悉多种模型，细致谨慎，拥有敏锐的直觉、高度的抽象能力、处理数据资料的能力以及鉴别能力，并能对模型做出批判的评价。

现在，数理模型在社会科学研究中，尤其是在一些跨学科研究中得到普遍应用，如数理社会学、数理心理学、数理语言学、计量经济学以及地理学分析、环境规划研究等都提出并使用多种数理模型。在产业经济学中，数理模型无疑是一种非常重要的研究方法。数理模型的优点在于：第一，它使经济学家明确定义他所选用的变量，明晰这些变量间的关系；第二，避免出现在使用普通语言进行推论时容易出现的错误，也可以解释用普通语言难以说明的问题；第三，推导出一些复杂、新颖的理论，甚至得出一些使人难以预料的结论。

3. 博弈论

"博弈论"（Game Theory）原本是数学的一个分支，但由于它研究人类行为和决策倾向，可以作为一种重要的理论工具，在产业经济学的研究中发挥重要作用，并且随着理论工具的发展，逐渐被运用到各个领域，解决了以往只能通过经验进行分析的问题，因此在产业经济学教学和研究中备受重视。博弈论的出现，使经济学家改变了思维方式，更加关注决策行为之间的相互影响，从而极大地推进了经济学的理论研究。让·梯若尔曾说，"博弈论和信息经济学的研究非常强大和有效"，他解释道，"通过它，那些看起来完全不相关的经济学领域就找到了相通点，那就是研究它们的方法论"。让·梯若尔在《产业组织理论》一书中便利用博弈论研究不同市场架构的企业行为，该书至今仍是经济学主流教科书之一。

近年来带着"博弈论"标签的诺贝尔经济学奖得奖者大多是在博弈论范式下进行研究。从1944年von Neumann与Morgenstern合著的《博弈论与经济行为》一书建立博弈论体系以来，Nash、Harsanyi和Selten以及Shapley等诺贝尔经济学奖获得者在完全信息非合作博弈理论与合作博弈理论方面做出了突出贡献。而自Mirrlees和Vickrey获诺贝尔经济学奖（1996）开始，到Akerlof、Spene和Stiglitz（2001），Hurwiez、Maskin和Myerson（2007）

获奖,他们的研究贡献在于使不完全信息博弈理论取得了重大进展,为经济激励、机制设计以及政府规制等研究领域的发展奠定了重要的基础。2014年,博弈论领域迎来又一盛事——Jean Tirole 教授获得 2014 年诺贝尔经济学奖,以表彰其对市场势力和规制的分析。这是自 1994 年 Nash、Harsanyi 和 Selten 获得诺贝尔经济学奖以来,博弈论领域的学者第 7 次获得诺贝尔经济学奖殊荣。可以预见未来还有很多诺贝尔经济学奖得奖者与博弈论"相关"。

经济学的"行为革命"和人们要求对现实经济世界的理解促进了行为博弈论、实验博弈论和演化博弈论的发展。行为博弈论的序列互惠模型可以更清楚地反映信念因素对局中人收益函数的影响,著名的最后通牒博弈则更加注重人的心理因素,而一些传统博弈论不同程度地简化了参与人的心理因素。实验博弈就是通过精心设计的、用货币诱发真人被试的可控实验室方法,复制真实的现场环境,直接检验被试如何进行有效决策的策略博弈行为过程。这些实验研究成果,不但提供了关于可预测工具的均衡行为博弈理论模型的价值和准确度,而且还可以通过分析目前哪些理论表现完善和哪些理论存在不足,提供有趣的理论研究方向。实验博弈论的发展使人们意识到,仅考虑局中人物质利益的博弈模型不足以说明局中人的行为。演化理论与博弈论结合产生的演化博弈论摒弃了博弈论完全理性的假设,将传统博弈论的分析方法与动态分析相结合,不仅能够成功地解释生物进化、社会规范、制度演化过程中的某些现象,同时它比博弈论能更好地分析和解决经济管理问题。

博弈论的发展尤其是行为博弈论、实验博弈论、演化博弈论的进展,为人们认识真实世界的产业经济运行提供了认识工具和分析手段。Tirole 的工作最能说明博弈论进展对产业经济学发展的推动作用。他在博弈论的多个主要分支——激励机制设计、委托代理、不完全契约等领域都做出了突出贡献,并成功地将这些领域的理论成果用于分析和解决宏观经济、企业管理、社会发展等领域的重要问题,为解决政府监管、行业寡头竞争、产业组织发展等问题提供了一套科学、规范的分析框架和有效工具。在未来的产业经济学研究领域,博弈论将在更广阔的舞台上发挥重要作用。

4. 经济实验

实验经济学鼻祖、2002 年诺贝尔经济学奖获得者弗农—史密斯(Vernon L. Smith) 1962年公开发表他的经典之作《竞争市场行为的实验研究》,不仅打破了许多著名社会科学家认为社会科学不可在实验室研究的论断,而且开辟了在可控实验环境下研究人们决策行为的先河。此后,实验经济学迅速发展成为经济理论的一个分支,其与行为经济学联袂将心理学原理和实验方法引入经济学研究。实验经济学在已有信息分布假定的基础上,通过引入参与人的理性不对称,挑战了主流经济学的已有定论。尽管新兴的研究还没有形成足够强大的理论优势,但相关研究成果所提出的问题开始促进产业组织研究者不得不重新审视以往的理论模型,并开始努力创新以应对这些质疑。近年来,实验经济学方法成为产业经济学领域最活跃的前沿研究领域之一,实验经济学在价格理论、博弈论中有着广泛应用,深化了人们对产业组织中的定价决策、寡头理论、研发合作等的认识。

正如实验经济学的名称,它一般采用实验室方法开展研究活动,因此,它的实验也必须具备一般科学实验的基本要求,即实验活动必须满足可观察、可重复性以及实验条件的可控制性。前者是指任何其他的研究同行应该能够采用研究报告中相同的实验步骤与方法,重复实验过程,并对结果进行检验。实验条件的可控制性是实验经济学方法的"灵魂",它是指研究人员在开展经济机制研究之前需要进行环境假设、条件约束。从本质上来说,实验经济学就是研究一定控制条件下被试者的决策过程或行为选择的科学。

与经济计量学相比,由实验经济学得出的结论通常都更有说服力。经济实验是以微观经济系统理论为其理论基础的。该理论认为,一个微观经济系统包括两部分:环境e和制度I。一个经济实验也包含三个要素:一是环境,即参试人员所面对的一系列价值/成本结构,它包括代理人的初始禀赋、偏好和行为的成本。在实验中,实验者通过货币奖励来控制环境。二是制度,即实验者的行为所要遵循的规则,它主要包括参试人员所要发出的信息(如自己的出价和对对方出价的接受)、控制这些信息在参试人员之间进行交换的规则(如哪些是公共信息、哪些是私人信息)和使这些信息形成最终的契约的规则(如在什么情况下买卖双方可以成交)。这些规则由实验设计者根据市场实际的运行规则制定。三是可观察到的参试人员的行为,它是以环境和制度为自变量的一个函数。

5. 模型仿真

随着计算机技术的发展,模型仿真(Model Simulation)作为经济学研究的新方法越来越受到经济学家们的重视。模型仿真是指以现实世界中的经济环境和经济代理人行为的特点为原型，将经济系统抽象为程序模型，在计算机中进行运算，模拟现实经济运行的方法。研究者可以通过改变一些参数的设置，模拟现实生活中某些经济变量的改变，观察程序运行结果，验证经济理论。近年来，产业经济研究使用模型仿真的比重呈逐步上升的趋势，应用的研究领域包括产业集群、产业演化、企业家网络、知识溢出、创新创业活动等。

经济模型仿真是以美国圣菲研究所的约翰·霍兰（John Holland）于1994年提出的复杂适应系统（Complex Adpative System，CAS）作为其理论基础的。复杂适应系统是关于系统的复杂性（Complexity）的形成原因、特点和机制的一个理论。该理论认为，系统的复杂性的形成原因主要来自内部，是大量具有适应性的主体（Dapative Agent）相互作用的结果。而经济系统正是一个典型的CAS，它的复杂性根源是系统中具有适应性的主体，也就是人的相互作用。基于此，在构造经济仿真模型时，需要做的工作主要是将代理人的主要属性和行为抽象出来，再配以必要的环境变量，并根据制度对代理人的行为和环境进行一定限制。这样，就可以在计算机中模拟出一个虚拟的经济环境，其中的虚拟代理人会根据事先定义的制度自动进行各种事先定义的经济行为，而整个模型则会体现出一些宏观的特性。

在设计仿真模型时，同样要遵循经济实验的3个要素和控制偏好的5个规则。可以说，经济仿真模型就是在计算机中虚拟的经济实验。两者在方法论上是一致的，在作用上是相同的，在结构上是类似的。但是两者又有很大的区别，主要体现在对"人"的模拟上面。经济实验是利用真实的人作为实验对象，因此它具有人的一切特性，其行为特征完全复制了真实经济环境中的人的特点。相比之下，经济仿真模型就不具备这一特点。在模型中对人的特点的描述与在通常的数学模型中所做的描述相比并没有多大不同。但是，计算机与人脑相比，具有高运算速度和高存储容量两大特点，所以在经济仿真模型中可以实现诸如遗传算法等一些单纯利用人脑无法实现的计算方法，从而部分地模拟人的一些特点（如学习）。

6. 传统经验主义方法

著名的"结构—行为—绩效"范式作为分析产业组织的方法，具有非常直观、有效的作用。Elzinga和Mills（2011）对Lerner指数的原理和应用进行了综述和评价。Lerner 指数作为分析垄断问题的工具，分析了垄断行业中价格和边界成本之间的关系及其对社会福利损失的影响，以及由垄断者利润产生的资源低效配置问题。这种方法在实践中一直发挥着重要作用。这些经验主义方法在对产业组织形式、基本特征进行分析时，具有非常直观、迅速、易理解的特点。对于我国现阶段产业转型、新行业不断涌现的经济现实情况，具有很好的实用性，只有迅速有效地对产业组织的基本面进行全局分析，才能更好地认清现实情况，并为进一步的研究和政策制定提供方向和参考。

参 考 文 献

[1] C. A. Hidalgo, B. Klinger, A. L. Barabási, R. Hausmann. The Product Conditions on the Development of Nations [J]. Science, 2007 (317).

[2] Jean Charles Rochet, Jean Tirole. Platform Competition in Two – Sided Markets [J]. Journal of the European Economic Association, 2003, 4 (1): 990 – 1029.

[3] K. G. Elzinga, D. E. Mills. The Lerner Index of Monopoly Power: Origins and Uses [J]. Social Science Electronic Publishing, 2011, 101 (3): 558 – 564.

[4] Ricardo Hausmann, Bailey Klinger. The Structure of the Product Space and the Evolution of Comparative Advantage [R]. CID Working Paper, No. 146, 2007.

[5] 陈丽君. 开放存取期刊与传统订阅期刊的竞争分析——基于双边市场理论视角[J]. 图书馆工作与研究, 2014 (8).

[6] 陈雯, 李强. 全球价值链分工下我国出口规模的透视分析——基于增加值贸易核算方法[J]. 财贸经济, 2014 (7).

[7] 程大中. 中国参与全球价值链分工的程度及演变趋势——基于跨国投入—产出分析[J]. 经济研究, 2015 (9).

[8] 丁宏, 梁洪基. 互联网平台企业的竞争发展战略——基于双边市场理论[J]. 世界经济与政治论坛, 2014 (4).

[9] 丁宁．基于双边市场理论的中国信用卡市场价格结构分析[J]．宏观经济研究，2014（6）．

[10] 段先盛．转变经济发展方式的国家能力思考[J]．求实，2015（2）．

[11] 樊茂清，黄薇．基于全球价值链分解的中国贸易产业结构演进研究[J]．世界经济，2014（2）．

[12] 冯志峰．供给侧结构性改革的理论逻辑与实践路径[J]．经济问题，2016（2）．

[13] 高程．从中国经济外交转型的视角看"一带一路"的战略性[J]．国际观察，2015（4）．

[14] 高鸿祯．博弈论为什么需要实验——关于实验博弈论研究（之一）[J]．中国经济问题，2008（5）．

[15] 高鸿祯．考虑公平和互惠的博弈模型——关于实验博弈论研究（之二）[J]．中国经济问题，2009（1）．

[16] 高鸿祯．用博弈实验探索人的行为——关于实验博弈论研究（之三）[J]．中国经济问题，2009（2）．

[17] 郭朝先，刘芳，皮思明．"一带一路"倡议与中国国际产能合作[J]．国际展望，2016（3）．

[18] 郭新茹，韩顺法，李丽娜．基于双边市场理论的众筹平台竞争行为及策略[J]．江西社会科学，2014（7）．

[19] 韩霞，朱克实．我国战略性新兴产业发展的政策取向分析[J]．经济问题，2014（3）．

[20] 贺俊，吕铁．战略性新兴产业：从政策概念到理论问题[J]．财贸经济，2012（5）．

[21] 胡鞍钢，周绍杰，任皓．供给侧结构性改革——适应和引领中国经济新常态[J]．清华大学学报（哲学社会科学版），2016（2）．

[22] 胡桂华．论数理经济模型有别于计量经济模型——从关于柯布—道格拉斯生产函数的一个争论谈起[J]．统计与信息论坛，2009（7）．

[23] 胡毅，乔晗．2014年度诺贝尔经济学奖获得者Jean Tirole研究工作评述[J]．管理评论，2014（11）．

[24] 黄海霞，张治河．中国战略性新兴产业的技术创新效率——基于DEAMalmquist指数模型[J]．技术经济，2015（1）．

[25] 黄茂兴，叶琪，陈洪昭．马克思主义竞争理论及其在当代中国的运用

与发展[J].数量经济技术经济研究,2016(5).

[26] 黄群慧,韵江,李芳芳."一带一路"沿线国家工业化进程报告/2015工业化蓝皮书[M].北京:社会科学文献出版社,2015.

[27] 黄泰岩.转变经济发展方式的内涵与实现机制[J].求是,2007(18).

[28] 黄勇.供给侧结构性改革中的竞争政策[J].价格理论与实践,2016(1).

[29] 江飞涛,李晓萍.直接干预市场与限制竞争:中国产业政策的取向与根本缺陷[J].中国工业经济,2010(9).

[30] 金碚.中国工业的转型升级[J].中国工业经济,2011(7).

[31] 景维民,张璐.环境管制、对外开放与中国工业的绿色技术进步[J].经济研究,2014(9).

[32] 邝婉珊.互联网双边市场中界定"相关市场"的新视角[J].中国集体经济,2014(16).

[33] 蓝庆新,姜峰."一带一路"与以中国为核心的国际价值链体系构建[J].人文杂志,2016(5).

[34] 李宝良,郭其友.产业组织理论与新规制经济学的拓展和应用——2014年度诺贝尔经济学奖得主让·梯若尔主要经济理论贡献述评[J].外国经济与管理,2014(11).

[35] 李春梅,李晓敏."一带一路"战略下的中国与中亚产能合作研究[J].兰州财经大学学报,2016(6).

[36] 李大伟."一带一路"战略下中埃合作前景及对策建议[J].中国投资,2015(9).

[37] 李钢,刘鹏.钢铁行业环境管制标准提升对企业行为与环境绩效的影响[J].中国人口·资源与环境,2015(12).

[38] 李晓,李俊久."一带一路"与中国地缘政治经济战略的重构[J].世界经济与政治,2015(10).

[39] 李煜华,武晓锋,胡瑶瑛.基于演化博弈的战略性新兴产业集群协同创新策略研究[J].科技进步与对策,2013(2).

[40] 李子奈,齐良书.关于计量经济学模型方法的思考[J].中国社会科学,2010(2).

[41] 林平,刘丰波.双边市场中相关市场界定研究最新进展与判例评析[J].财经问题研究,2014(6).

[42] 林学军.战略性新兴产业的发展与形成模式研究[J].中国软科学,

2012（2）．

[43] 刘安国，张英奎，姜玲，刘伟．京津冀制造业产业转移与产业结构调整优化重点领域研究——不完全竞争视角[J]．重庆大学学报（社会科学版），2013（5）．

[44] 刘超．管制、互动与环境污染第三方治理[J]．中国人口·资源与环境，2015（2）．

[45] 刘巨钦，曹澎．对于波特竞争理论的反思与超越[J]．价值工程，2014（1）．

[46] 刘维林，李兰冰，刘玉海．全球价值链嵌入对中国出口技术复杂度的影响[J]．中国工业经济，2014（6）．

[47] 刘小玄，张蕊．可竞争市场上的进入壁垒——非经济垄断的理论和实证分析[J]．中国工业经济，2014（4）．

[48] 刘志彪．从全球价值链转向全球创新链：新常态下中国产业发展新动力[J]．学术月刊，2015（2）．

[49] 刘志忠，郑博慧．外商直接投资规避了环境管制吗——基于1997～2010年城市面板数据的检验[J]．学术研究，2014（4）．

[50] 柳思思．"一带一路"跨境次区域合作理论研究的新进展[J]．南亚研究，2014（2）．

[51] 陆国庆，王舟，张春宇．中国战略性新兴产业政府创新补贴的绩效研究[J]．经济研究，2014（7）．

[52] 吕铁．日本治理产能过剩的做法及启示[J]．求是，2011（5）．

[53] 吕政．论以经济结构调整为主攻方向[J]．天津商业大学学报，2011（1）．

[54] 马风涛，李俊．中国制造业产品全球价值链的解构分析——基于世界投入产出表的方法[J]．国际商务——对外经济贸易大学学报，2014（1）．

[55] 毛汉英．中国与俄罗斯及中亚五国能源合作前景展望[J]．地理科学进展，2013（10）．

[56] 毛蕴诗，王婕，郑奇志．重构全球价值链：中国管理研究的前沿领域——基于SSCI和CSSCI（2002～2015年）的文献研究[J]．学术研究，2015（11）．

[57] 毛振华，阎衍，郭敏．"一带一路"沿线国家主权信用风险报告[M]．北京：经济日报出版社，2015．

[58] 逄锦聚．经济发展新常态中的主要矛盾和供给侧结构性改革[J]．政治经济学评论，2016（2）．

[59] 钱争鸣，刘晓晨．环境管制、产业结构调整与地区经济发展[J]．经济学家，2014（7）．

[60] 屈蕊娟．基于双边市场的手机操作系统平台竞争策略——以Android操作系统平台为例[J]．安阳工学院学报，2015（6）．

[61] 任保平，郭晗．经济发展方式转变的创新驱动机制[J]．学术研究，2013（2）．

[62] 盛斌，陈帅．全球价值链如何改变了贸易政策：对产业升级的影响和启示[J]．国际经济评论，2015（1）．

[63] 盛斌，黎峰．"一带一路"倡议的国际政治经济分析[J]．南开学报（哲学社会科学版），2016（1）．

[64] 史丹．我国新能源产能"过剩"的原因与解决途径[J]．中国能源，2012（9）．

[65] 田翠香，李蒙蒙．美国环境信息披露管制政策及借鉴[J]．北方工业大学学报，2015（4）．

[66] 田泽，许东梅．我国对"一带一路"沿线国家的投资效率与对策[J]．经济纵横，2016（5）．

[67] 汪秋明，韩庆潇，杨晨．战略性新兴产业中的政府补贴与企业行为——基于政府规制下的动态博弈分析视角[J]．财经研究，2014（7）．

[68] 王东，翟亚蜻．竞争优势理论发展综述[J]．长春大学学报，2014（1）．

[69] 王锋正，郭晓川．政府治理、环境管制与绿色工艺创新[J]．财经研究，2016（9）．

[70] 王辉，张月友．战略性新兴产业存在产能过剩吗？——以中国光伏产业为例[J]．产业经济研究，2015（1）．

[71] 王岚，李宏艳．中国制造业融入全球价值链路径研究——嵌入位置和增值能力的视角[J]．中国工业经济，2015（2）．

[72] 王少南．双边市场中的搭售问题与规制思路[J]．南京理工大学学报（社会科学版），2016（2）．

[73] 王文举，任韬．博弈论、经济仿真与实验经济学[J]．首都经济贸易大学学报，2004（1）．

[74] 王直，魏尚进，祝坤福．总贸易核算法：官方贸易统计与全球价值链的度量[J]．中国社会科学，2015（9）．

[75] 魏国江．产业生态系统共生视角下我国产能过剩与治理[J]．经济研究

参考，2014（5）.

[76] 魏娜．政府环境管制的研究述评——从管制主导到合作共治[J]．领导科学，2015（11）.

[77] 魏旭光，康凯，张敬，张志颖．全球价值链中的网络权力及其对企业竞争优势影响路径——基于扎根理论的探索性研究[J]．软科学，2016（4）.

[78] 吴汉洪，孟剑．潜在竞争理论及其对我国并购反垄断审查的适用[J]．经济学动态，2013（7）.

[79] 吴汉洪，孟剑．双边市场理论与应用述评[J]．中国人民大学学报，2014（2）.

[80] 吴宏伟，胡润田．互联网反垄断与"双边市场"理论研究[J]．首都师范大学学报（社会科学版），2014（1）.

[81] 吴敬琏．不能把"供给侧结构性改革"和"调结构"混为一谈[J]．中国经贸导刊，2016（4）.

[82] 吴敬琏．中国经济面临的挑战与选择[J]．中共浙江省委党校学报，2016（1）.

[83] 吴敬琏．中国经济体制与发展模式转型[J]．新金融，2015（5）.

[84] 吴欣望，朱全涛．市场竞争程度与专利保护强度之间的正向关联性——实证证据、历史迹象与理论分析[J]．当代经济，2014（5）.

[85] 伍业君，张其仔，徐娟．产品空间与比较优势演化述评[J]．经济评论，2012（4）.

[86] 武咸云，陈艳，杨卫华．战略性新兴产业的政府补贴与企业R&D投入[J]．科研管理，2016（5）.

[87] 夏先良．构筑"一带一路"国际产能合作体制机制与政策体系[J]．国际贸易，2015（11）.

[88] 项本武，齐峰．中国战略性新兴产业技术效率及其影响因素[J]．中南财经政法大学学报，2015（2）.

[89] 徐宁，皮建才，刘志彪．全球价值链还是国内价值链——中国代工企业的链条选择机制研究[J]．经济理论与经济管理，2014（1）.

[90] 闫云凤．全球价值链视角下APEC主要经济体增加值贸易竞争力比较[J]．上海财经大学学报，2016（1）.

[91] 闫云凤．中日韩在全球价值链中的地位和作用——基于贸易增加值的测度与比较[J]．世界经济研究，2015（1）.

[92] 严丹霖,吴磊,吴超.环境管制与FDI工业企业技术效率的实证分析[J].统计与决策,2015(5).

[93] 颜琼,陈绍珍.国外空间计量经济学最新进展综述[J].经济研究导刊,2015(19).

[94] 杨伟民.适应引领经济发展新常态 着力加强供给侧结构性改革[J].宏观经济管理,2016(1).

[95] 杨珍增.知识产权保护、国际生产分割与全球价值链分工[J].南开经济研究,2014(5).

[96] 杨震宇.我国战略性新兴产业产能过剩程度的测度[J].产业经济,2016(1).

[97] 姚宇.世界著名实验经济学实验室介绍[J].经济学动态,2014(11).

[98] 叶琪,黄茂兴.列宁的垄断竞争理论及其对我国深化垄断行业改革的启示[J].当代经济研究,2016(3).

[99] 叶作义,张鸿,下田充,藤川清史.全球价值链下国际分工结构的变化——基于世界投入产出表的研究[J].世界经济研究,2015(1).

[100] 尹伟华.中国制造业参与全球价值链的程度与方式——基于世界投入产出表的分析[J].经济与管理研究,2015(8).

[101] 尹伟华.中国制造业产品全球价值链的分解分析——基于世界投入产出表视角[J].世界经济研究,2016(1).

[102] 尹彦罡,李晓华.中国制造业全球价值链地位研究[J].财经问题研究,2015(11).

[103] 于津平,邓娟.垂直专业化、出口技术含量与全球价值链分工地位[J].世界经济与政治论坛,2014(2).

[104] 于文超.FDI、环境管制与产业结构升级基于城市面板数据的实证研究[J].产业经济评论,2015(1).

[105] 余东华,吕逸楠.政府不当干预与战略性新兴产业产能过剩——以中国光伏产业为例[J].中国工业经济,2015(10).

[106] 余长林,高宏建.环境管制对中国环境污染的影响——基于隐性经济的视角[J].中国工业经济,2015(7).

[107] 岳中刚.战略性新兴产业技术链与产业链协同发展研究[J].科学学与科学技术管理,2014(2).

[108] 张海玲.环境管制下中国出口贸易的CO_2排放效应研究[J].东岳论

丛，2015（4）．

[109] 张厚明．"一带一路"战略下我国装备制造业"走出去"研究[J]．工业经济论坛，2015（6）．

[110] 张晖明．对当前产能过剩的剖析及治理对策[J]．江苏行政学院学报，2010（3）．

[111] 张鹏杨，李惠茹，林发勤．环境管制、环境效率与FDI——基于成本视角分析[J]．国际贸易问题，2016（4）．

[112] 张其仔，郭朝先，白玫等．中国产业竞争力报告（2015）："一带一路"战略与国际产能合作[M]．北京：社会科学文献出版社，2015.

[113] 张其仔．比较优势的演化与中国产业升级路径的选择[J]．中国工业经济，2008（9）．

[114] 张威．"一带一路"战略下国际产能合作的对策分析[J]．国际商贸，2016（8）．

[115] 张曦．双边市场横向兼并的福利效应研究[J]．商业研究，2016（3）．

[116] 张卓元．中国经济从追求数量扩张转向注重质量效益[J]．商业研究，2010（4）．

[117] 赵登峰，牛芳，曹秋静．中国出口产业在全球价值链中的地位——来自增加值贸易的证据[J]．深圳大学学报（人文社会科学版），2014（6）．

[118] 赵晓丽，赵越，姚进．环境管制政策与企业行为——来自高耗能企业的证据[J]．科研管理，2015（10）．

[119] 赵玉林，石璋铭．战略性新兴产业资本配置效率及影响因素的实证研究[J]．宏观经济研究，2014（2）．

[120] 郑万腾，王麟麟，何意雄，戴志敏．非合作博弈下网络外卖平台竞争策略研究[J]．江西科技师范大学学报，2015（6）．

[121] 钟飞腾．"一带一路"产能合作的国际政治经济学分析[J]．山东社会科学，2015（8）．

[122] 周杰琦，韩颖，张莹．外资进入、环境管制与中国碳排放效率：理论与经验证据[J]．中国地质大学学报（社会科学版），2016（2）．

[123] 周康．环境管制、区域异度性与出口技术复杂度[J]．国际商务——对外经济贸易大学学报，2015（2）．

[124] 周民良．"一带一路"跨国产能合作既要注重又要慎重[J]．中国发展观察，2015（12）．

［125］朱伟民，刘建华．苹果与三星：平台模式与垂直整合模式的竞争［J］．商业经济，2015（8）．

［126］卓丽洪，贺俊，黄阳华．"一带一路"战略下中外产能合作新格局研究［J］．东岳论丛，2015（10）．

（执笔人：郭朝先、刘戒骄）

第四章 资源类大宗商品基本属性、市场特征及其影响：文献综述

第二次世界大战后的较长期时期内，市场竞争和技术变革在一定程度上抑制了资源价格上涨，较低的资源价格、充足的资源供给成为支撑全球经济增长的重要动力。然而，近三十年来，受资源开采国控制、人口增长、全球产业结构调整、新兴经济体需求扩张等因素影响，世界范围内资源供给趋紧。特别是进入21世纪后，资源产品在支撑国民经济增长过程中的战略价值被进一步发掘，资源安全已成为涉及一国国家安全的重要因素。在资源的战略价值中，稳定的资源价格和供应保障是其核心内容。为了打破资源开采国对市场的操纵，增加资源的市场属性，稳定国际市场价格，加速全球资源产品流通，方便企业开展资源交易，进入20世纪80年代后，美国纽约期货交易所和伦敦国际原油交易所相继引进原油、天然气、煤炭等资源类大宗商品交易品种，推动原油等资源类产品的金融市场交易量逐步超过了实体现货市场交易量。同时，在金融创新的推动下，涉及资源类大宗商品的金融衍生品蓬勃发展。国际资源市场价格形成机制开始呈现出新的特点，期货市场等金融市场价格开始替代传统的现货贸易价格成为资源市场的定价基础，资源类大宗商品的金融化属性逐步凸显。

目前，国内外学界和商界对"资源类大宗商品"的分析框架尚未明确统一，大部分是基于资源产业和金融业的相互融合，以及金融对资源产业的支持来理解。从研究领域看，资源类大宗商品的主要关注点既包括资源价格波动、资源类金融衍生品、资源类大宗商品风险管理、资源市场融资等微观金融层面，也包括资源市场波动对宏观经济的冲击等宏观层面。学者们一是根据资源市场与金融市场融合的特征，针对某一微观问题展开讨论；二是立

足于国家资源战略的高度,从宏观层面研究资源类大宗商品市场发展对经济安全和资源安全的影响。本章将梳理近年来资源类大宗商品研究的相关进展,重点从商品属性、市场特征、运行机制及其对宏观经济的影响几方面进行阐述。

一、资源类大宗商品属性:金融特征明显

在标准普尔(S&P)等金融机构的分类下,大宗商品、股票(又称权益类资产)、债券和房地产被视为全球四种最基本的"资产类别"(Asset Classes),而资源是大宗商品中的一类(James,2008)。在金融市场中,"资产类别"是一个较为重要的概念。Singer 和 Terhaar(2002)认为,同归为一类"资产类别"的资产应具有以下几个基本特点:①类似的投资机会;②都受到特定经济因素的驱动;③都受到相似的法律法规约束;④资产之间存在高度相关性;⑤有相对稳定的收益—风险关系(指能够利用马克威茨投资组合理论对该类型资产进行分析);⑥能够建立某些可投资基准对这些资产特性进行反映(即对这些"资产"可编制类似的"基准指数"(Index Benchmark)以反映其投资价值)。根据以上基本假设,学者们得出以下关于资源类大宗商品属性的基本判断:

1. 资源类大宗商品与其他大宗商品相似

在二级市场投资人眼里,资源与农产品等其他大宗商品没有太大区别。这些大宗商品之间相关度较高,如只投资资源类资产,不能分散投资者风险(Dowd,1998)。针对同一资产类别的资产,无须专列金融监管法律或法规对其进行风险监管。因此西方发达国家对于资源类金融衍生品的监管一般不特设监管条例,一律按大宗商品类执行(CFTC,2006)。

2. 资源类大宗商品的发展符合正统的投资理论逻辑

不同类的资产类别,彼此相关度较低。因此,资源类大宗商品被投资人视为一个有别于股票、债券等的资产类别,具备极高的投资价值,能够缓释风险,优化资产配置,符合正统的马克威茨投资组合思想(Domanski、

Heath,2007)。基于此逻辑,纵使在金融危机后,一些学术文献也认为金融机构参与资源类大宗商品市场并非价格波动以及价格走高的主因(Chen等,2010;Buetzer等,2012)。大量的投资人(如养老基金、主权财富基金、大型私募基金等)进入大宗商品市场并无不妥①,其无非只是利用最基本的马克威茨投资组合理论分散风险,优化资产配置,获得最优收益而已②(Haigh、Oswald,2005)。

3. 资源类大宗商品的特性加大了其金融属性

在大宗商品金融市场逐步发展起来后,金融机构开始建立起若干基于大宗商品的指数(如 S&P – GSCI、DJ – AIGCI 等)。市场投资者相信这些大宗商品指数能充分反映其基本属性,故投资这些指数亦等同于投资大宗商品(Chincarini,2008)。Tao 和 McCallum(2005)认为,指数交易具有流动性好、交易成本更低的特点,推动商品指数基金在过去十年规模迅速扩大,且在金融危机后被诟病为全球大宗商品市场(尤其是农产品以及能源)兴风作浪的主要投机势力。国际资源的金融化趋势也得到了学术界验证。一些学者发现,纽约商品交易所的汽油期货价格是影响美国、鹿特丹和新加坡市场现货价格的主要因素(Hammoudeh 等,2004),而石油期货市场提供的信息可以解释大量的现货价格变动(Hammoudeh、Li,2004)。石油裂解差价期货市场价格和原油现货市场价格之间是单向传导关系,价格从期货市场传导到现货市场(Murat、Tokat,2009)。

二、资源类大宗商品市场的主要特征

与传统金融市场悠久的发展历史相比,资源类大宗商品市场起步较晚但发展较快。目前,资源类大宗商品期货交易制度日渐完善,已成为全球金融

---

① 按照 CFTC(2006)的报告分类,这些资金类别都属于非商品交易主体,即一般认为是投机者。
② 金融危机后,针对大宗商品衍生品监管最重要的一条就是限制交易员的交易头寸,有人认为如果限制交易头寸,其结果可能是使潜在市场参与者试图去寻找监管较为松散的交易市场,反而导致了市场的不透明。监管机构可以对其法定司法区域内的 OTC 市场实施头寸限制,但是全球能源产品市场已是一个联系十分紧密的国际化市场,没有哪个国家的政府和监管机构能阻止交易活动移至其他监管较松的海外平台。其结果就是导致"暗池交易"问题,出现监管套利。

市场中的重要力量。资源类大宗商品由于其自身实物属性与消费需求，其金融市场与传统金融市场相比存在很大差异（见表4-1），主要表现在以下几个方面。

表4-1 资源类大宗商品市场与传统金融市场差异

	传统金融市场	资源类大宗商品市场
市场成熟度	起步较早	起步较晚
影响价格波动的因素	较少	较多
受经济周期影响	较大	较小
受存储、配送及便利收益影响	不受影响	影响显著
短期与长期价格之间的相关性	较强	较弱
季节性影响	不受影响	对天然气及电力影响较大
市场流动性	较强	较弱
市场集中度	较高	较低
衍生品复杂度	多数相对简单	多数相对复杂

资料来源：作者整理。

1. 资源类大宗商品市场中的参与者所考虑的驱动因素较多

Erb 和 Harvey（2006）发现资源类大宗商品市场中的不同参与者所面对的驱动因素不同，从而影响其市场行为，使其需依靠不同的金融衍生品达到目的。在资源市场中，供给方不仅关注实际产品的储存与配送，还需关注如何从地下将资源取出。终端消费者会实实在在地消费能源资产。如居民需要能源用于夏季制冷与冬季取暖，而工厂需要稳定的资源供给保障设备正常运转，避免停工造成的损失。与资源类大宗商品市场相比，利率及股票市场参与者考虑的驱动因素相对较少，统一分析更为容易（Financial Stability Board，2012）。

2. 资源类大宗商品市场的价格影响因素众多，价格趋势较传统金融市场更难预测

诸多研究均认为简单的数量模型已不能模拟资源类大宗商品市场的价格

走势（Frankel，1986；Haigh、Oswald，2005）。① 例如，忽然而来的海啸，石油开采技术的进步等均对远期价格产生重要影响。石油、天然气、电力等能源的存储限制也是资源现货价格波动的重要原因。其中，由于电力几乎不能存储，电力市场的现货价格波动最为剧烈。Mork（1989）指出，由于资源远期价格在短期内主要受存储影响，而在长期受潜在市场供给影响，导致远期价格的短期走势与长期走势存在较大差异，呈现出"人格分裂"（Split Personality）的性质。

3. 资源类大宗商品市场的需求受到存储与气候因素影响

在资源市场中，便利收益（Convenience Yield）与季节性（Seasonality）是使其区别于传统金融市场的重要因素。Working（1949）从工业生产者的角度认为当燃料储备不足时，生产设备将被迫停产，给经营者带来较大的停产损失。而借助金融衍生品合同，储备适量的资源用于保障设备正常运转，降低停产风险，让厂商享受一定的保障收益，此即为便利收益。因此，为了稳定生产，一些厂商会倾向于多付出一些溢价，购买当日交割的资源产品。此外，资源类产品需求具有季节性特征。不同季节的不同能源需求导致资源价格产生较大波动（Albert、Selby，1980）。如在冬季，居民通常会消费燃油取暖，此时燃油需求在年内达到高点，而到了夏季，需求又回落至低点。电力消费因夏季空调的大量使用，需求达到年内最高点，同时，冬季取暖设备的大量开启，也推动需求升至年内第二个高点。在传统金融市场中，则不存在便利收益问题。金融产品的交割物为纸面或电子票据，储存与配送较为容易，且不受天气影响。

4. 与金融市场高度集聚化相比，资源类大宗商品市场却是高度分散化

Baumeister 和 Peersman（2009）指出，资源市场由于生产者与消费者较为分散，价格依地点而定，各地的资源价格均不相同。尽管生产者与消费者可以通过期货合同购买资源，但期货合同也仅代表指定交割地点的价格，与购买者所在地价格存在一定差异②。因此，分散化导致了资源类大宗商品交

---

① 值得注意的是，随着计算机运算能力的增强，人工智能、数据挖掘等技术的兴起，在高质量的海量数据的支持下，市场对于较短时间（15分钟以内）的价格走势应该是可以较准确预测的。

② 在无套利假设下，购买者所在地价格为交割地价格与运费之和。

易存在"基差风险"（Basis Risk），即交割地与所在地价差引起的市场风险（Stoll、Whaley，2009）。

5. 资源衍生品合同比传统金融衍生品更为复杂

目前，利率市场的衍生品合同已经有统一的标准，建模分析较为容易。在大多数情况下，用户使用简单的远期（Forward）、互换（Swap）、期权（Option）即可满足其需求。一般而言，这些简单常用的衍生品被称为"单纯"（Vanilla）合同，而更为复杂的、"非单纯"的衍生品被称为"奇异"（Exotic）合同。Chinn等（2005）认为，在资源市场中被看作较为"单纯"的衍生品合同，到了传统金融市场中就变为"奇异"的。在资源衍生品合同中，价格平均与定制商品交割均要较金融市场复杂得多，这给风险控制部门提出了诸多挑战（Berkowitz，1999）。

三、资源类大宗商品市场运行机制

在微观金融市场层面，资源类大宗商品市场中资源价格的形成机制是研究的重点内容。Greely和Currie（2008）认为，最近几年才大量涌入资源期货市场的商品指数基金的操作方式不同于传统的投机者，商品指数基金进入期货市场的方式往往是通过大型投资银行的互换协议，大型投行和石油商可能是操纵油价的幕后力量。Master（2008）也认为期货市场的大量投机基金足以证明投机行为推高了国际石油期货价格。Cifarellia和Paladino（2009）实证检验了投机行为对石油价格的动态影响，大量交易者的存在和交易工具的衍生使得石油市场的交易方式加剧了石油价格和真实价值的背离。他们运用调整后的CAPM模型检验了石油现货价格、期货价格和美元汇率之间的关系，实证分析结果认为，石油价格变化与期货价格和美元汇率存在严重的偏离，其中获利性的炒作行为是主要原因。Lautier和Simon（2009）在系统分析了资源衍生品发展历史和未来趋势的基础上，认为不可否认在一定程度上资源类大宗商品衍生的发展确实起到了对冲风险、稳定价格和收益的作用。然而，杠杆率过高、衍生品种类发展速度快并且交易过程复杂，以及全球流动性过剩等原因，使得国际资源市场的波动更加剧烈，且发展中国家参与国际资源市场的难度不断加大。

此外,学者们还积极关注资源市场融资机制及其影响。如 Derrick(1998) 以太阳能产业为例,提出可再生能源应用的重要推动力量就是其融资机制的发展。科学的融资机制将有助于满足可再生能源生产商和消费者之间的不同需求,从而推动其发展。融资机制对新能源产业发展的重要推动作用研究,也得到 Klaus(1999) 等研究的验证。Painuly 等(2003) 还深入论述融资机制对促进发展中国家资源产业发展的重要作用。Pollio(1998) 通过研究项目发起者、商业银行和政府的行为,发现传统理论很难解释能源项目预算中遇到的问题。在期权理论框架中,很多问题将得到很好的解决。

四、资源类大宗商品市场对宏观经济的影响

研究资源类大宗商品市场对宏观经济影响的落脚点主要集中于考察资源类大宗商品价格波动对宏观经济系统的冲击。由于石油是全球交易量最大、数据最完善的资源类大宗商品,受学界重视程度最高,相关成果也最多。其中,石油价格冲击模型,因对于研究宏观经济变量的影响效果更为直观,故而成为了石油经济学研究的主流。在该领域,著名经济学家 Bernanke、Gali、Blanchard、Hamilton 以及 Kilian 等都做了大量开创性的学术工作,主要包括以下几方面内容:①石油价格波动对宏观经济的传导渠道;②石油价格波动与利率之间的关系;③贸易与汇率对石油大宗商品市场的影响;④石油价格波动的来源和成因分析。

1. 石油价格波动对宏观经济的传导渠道

目前,学术界普遍已认同石油价格对于宏观经济存在一定影响,但主要争论来自石油价格冲击影响的程度以及对宏观经济的传导渠道。在实证研究方面,做出重要贡献的学者如下:Hamilton(1983,1996,2003,2009) 利用经验数据证据表明,石油价格冲击是造成美国衰退的主要因素。然而,这种石油价格增长与经济衰退存在因果关系的结论遭到很多学者质疑。特别是 Hooker(1996) 发现自 1980 年后,石油价格的影响随时间的已改变,并认为 Hamilton 的结果可能不太适用。此外,Barsky 和 Kilian(2004) 也指出,

石油冲击的影响其实较小，石油冲击本身不足以解释美国20世纪70年代的滞胀现象。较为中立的观点是Bernanke等（1997）提出的石油价格对美国经济的影响不是来自石油价格变动本身，而是来自紧缩的货币政策的结果：美联储把石油价格的变动作为其货币政策的一个内生变量，进而导致紧缩政策的出台，即所谓的石油价格对于美联储货币政策的内生化。Blanchard和Gali（2007）则证明石油冲击对美国国民经济的动态影响随时间明显地减少，并认为主要原因在于美国货币政策有效性的提高，此外还和劳动市场价格与工资变动灵活性的增加以及石油生产份额的减少有关。他们的研究具有一定的开创性和政策指引性，其指出在1984年之前，原油价格每提升10%，会导致其后2~3年内美国GDP降低0.7%左右。而在1984年之后，这种损失减少到0.25%左右。

在理论方面，学者们主要是基于对实证的观察，利用标准模型加以解释，大多数文献中的模型均有一定的能力解释石油价格冲击的属性，及其对宏观经济的影响规模。Aastveit（2009）认为，美国20世纪70年代的经济滞胀很难利用石油问题得以解释，他们首先利用不完全竞争的市场结构，解释了高油价对于劳动投入的负面冲击，并认为诸多经济的内生因素都导致美国经济的滞胀，石油价格上涨并非主要原因。Backus和Crucini（2000）利用模型演绎了石油行业规模对经济的影响，模型通过变量资本效用来模拟规模①，但模型本身没有建立一种机制深度地分析20世纪70年代石油价格波动对经济的影响，同时也无法解释2000年前后的石油价格波动。Blanchard和Gali（2007a）认为，从价格加成视角研究石油价格冲击对宏观经济的影响要好于利用变量资本效用的方法，更能够研究和分析石油与经济的内生关系机制。此外，Brown和Yucel（2002）基于当时研究领域的现状，归纳出原油价格冲击可以通过六个方面对宏观经济运行产生影响（见表4-2）。

表4-2　油价波动影响宏观经济的六大传导机制

冲击效应名称	传导机制
供给冲击效应	油价冲击提高边际生产成本，直接导致生产萎缩
收入转移效应	高油价使购买力从石油进口国向石油出口国转移

---

① 该文假定资本利用率对应不同的成员投入的数量，而资本折旧率取决于资本利用率。较高的资本利用率不仅意味着较高的能源成本，还有较高的资本折旧率。

续表

冲击效应名称	传导机制
通货膨胀效应	油价↑→工业原材料和制成品价格↑→通胀↑
实际余额效应	油价冲击→通胀↑→货币购买力↓→货币需求↑→（若央行不采取扩张性货币政策）则市场利率↑→产出↓
产业结构效应	能源与其他要素相对长期价格发生变化，导致产业机构调整，是整体经济支付调整成本。该效应在一定程度上可解释油价冲击对经济影响的非对称性
心理预期效应	因油价的不确定性导致的消费者购买耐用品消费需求的延迟，导致需求下降

资料来源：Brown S., M. K. Yucel. Energy Prices and Aggregate Economic Activity: An Interpretative Survey [J]. Quarterly Review of Economics and Finance, 2002 (42).

2. 石油价格波动与利率的关系

研究石油价格波动与利率的关系，最早可追溯到 Hotelling（1931）及 Working（1949）的研究框架，即所谓的"Hotelling"法则（见前文讨论）。随后，一些学者的研究表明实际利率与实际石油价格在长期呈正相关关系（Berument、Tasci，2002；Frankel，1986；Bodenstein 等，2011）。然而，De Gregorio 等（2007）从研究石油价格行为的视角认为二者的关系应该反向移动。Frankel（2006）利用线性双变量回归模型，也发现真实利率与真实石油价格呈反向关系，但自 1980 年开始这种关系变得不显著。Frankel 和 Rose（2010）进一步指出，虽然此关系不显著，但也不能利用统计检验的方法得出二者呈正相关的结论。可见，关于长期实际利率与石油价格之间的关系目前尚未有统一的结论。如果将样本拓展到 2006 年后，利率与石油价格的正反向关系将更加难以确定。

3. 石油价格波动与汇率的关系

在开放经济学视野下研究石油价格与经济的关系，是目前研究的热点之一。石油价格冲击与汇率的关系主要是研究冲击对于汇率的传导机制，其理论思路主要有三条：贸易条件、财富效应及再分配效应。

（1）贸易条件传导论。该理论认为石油价格由贸易条件所决定，石油价格冲击对汇率的传导主要依托贸易条件的改变。这种传导机制不仅作用于石油出口国，也作用于石油价格本身。该理论主要研究发达经济体

(Backus、Curcini,2000)。Tokarick(2008)发现,只要非贸易品满足需求随收入增加的基本假定,实际利率的升值将会引发"荷兰病"现象,即具有完全竞争市场特性的非石油出口部门将被石油和非贸易品部门排挤出去(Corden、Neary,1982)。

(2)财富效应论。财富效应主要指石油出口国享受由石油价格上涨带来的收入增加。在财富效应作用下,石油出口国的花费和再投资行为发生改变,并最终影响汇率。利用财富效应解释石油价格与汇率关系的著名文献的作者为Krugman(1983)和Golub(1983),他们指出当石油价格上升时,财富从石油进口国向出口国转移,导致经常账户的失衡以及投资组合再分配。相互依存取决于石油进口国的进口以及石油出口国的出口模式,因此,石油进出口偏好决定了国家之间的资本流动。最终,汇率调整使得贸易平衡和资产市场出清①。

(3)再分配效应论。面对更大的金融一体化,估值效应(Valuation)在NFA持续性问题上更为重要(Gourinchas、Rey,2007;Ghironi等,2007)。较大的、持续的外汇冲击很有可能导致不同国家间的财富再分配,分配额取决于它们的净外币头寸(Lane、Shambaugh,2010)。然而,并非所有的国家都满足石油贸易均衡和净外汇头寸之间正相关。随着石油价格的持续上涨,石油出口国经常积累外汇资产,并倾向于转向"看涨"外汇头寸②。看空外币的石油进口国一般为新兴国家,其大都经历了经常账户赤字,主要通过债券和国际市场借贷进行融资,并通过汇率估值渠道使得外部财富减少。

从实证角度看,没有明显的迹象表明在面对石油冲击时,石油出口国相对于进口国会有系统性的汇率升值,这与理论模型考量下的结论差距较大。De Gregorio和Wolf(1994)利用大量的实证研究表明,商品(包括石油)出口国的货币倾向于与商品(包括石油)的价格同向移动。Coudert等(2011)回顾了大量关于实证方面的文献,结论是商品出口国的商品价格与真实有效汇率的长期弹性在0.5左右,而该弹性就石油而言较一般商品水平

---

① 举例来说,根据这些模型,在石油价格暴涨的2002~2008年,美元的贬值可以被解释为美国更加地依存于石油进口,美国工业出口相对于石油生产国家的份额本来就较少,而且份额逐渐减少。同时石油出口者不使用美元,并使其投资组合资产分散。

② 实际上,Lane和Shambaugh(2010b)通过研究石油出口国的外汇资产与负债表发现,以挪威、委内瑞拉、俄罗斯、沙特阿拉伯等为代表的石油出口国普遍具有大量的多头外汇头寸。

略小，为0.3左右。总之，商品或石油价格与汇率之间的相关性并非在所有国家都存在。Cashin等（2004）发现只有1/3的商品出口国经济体有可能具备这种关系。Habib和Kalamova（2007）通过调查挪威、沙特阿拉伯和俄罗斯这三个主要的石油出口国，发现这种与石油价格相关的关系只有在俄罗斯成立。另外，也有大量的文献从石油与贸易的角度分国别进行研究，然后再从贸易与汇率的视角讨论石油价格与汇率的关系（Kilian，2009①；Lippi、Nobili，2009；Barnett、Straub，2008）。

4. 石油价格波动的成因分析

石油作为全球重要的资源消费品，其价格的冲击对宏观经济的影响是学者长期关注的焦点。方法论主要是基于VAR模型，该方法论假设石油为外生价格冲击，并往往将石油价格变动视为经济体的外生变量，对于其价格冲击的成因往往被人忽视。此外，在研究中，多数学者普遍将其他冲击与石油价格冲击同时研究，在研究石油冲击时只是较为"理想化"地将其他冲击"关闭"（Turn off）以独立地考察石油价格冲击对宏观经济体的影响。Kilian（2007，2008，2009）的文章对这种研究石油价格与宏观经济的传统方法论提出了批评，认为经济学家应更关注石油价格冲击的内部成因。Kilian的研究虽然也基于SVAR（结构VAR）模型，但他引入"正负号限制法"等较新的计量技术对冲击与冲击之间的时间和空间的相关性进行了分离。通过研究，Kilian认为全球石油价格变动（特指实际石油价格的变动）主要来自三种冲击（即石油价格变动背后的影响因素）：①原油供给冲击；②因全球工业产品需求带来的石油价格变动的冲击；③仅限于来自全球原油市场需求带来的冲击。Kilian较详细地阐述了第三种冲击，认为第三种冲击是导致石油价格定价机制转移的主要动因，而这种转变（Shift）是由更高的"谨慎性需求"引起的。该需求主要源自市场上那些担心未来石油供给的投资者。

---

① Kilian在研究石油冲击与宏观经济方法方面有极大的突出贡献，该文除研究美国外还主要基于石油价格对于石油出口国以及主要的石油进口国的外部账户效应进行研究。

五、国内研究现状评述

与国外相比，我国资源类大宗商品研究起步较晚，其研究的重点是资源类大宗商品的定义、风险和实施难点等。国内学者主要对全球及我国的资源类大宗商品行业发展状况（主要集中在一级市场）做了较为翔实的介绍（林伯强等，2011），但较少有文献从二级市场视角阐述资源类大宗商品的运作模式。资源类大宗商品属性、二级市场主要特征、投资主体、投资渠道、获益模式等概念，在国内均较少提及。王雪磊（2012）提出积极参与国际碳金融市场、建立强制性全国统一减排市场、掌握国际能源定价权等，既符合国内经济结构转型的要求，也是兑现国际减排承诺的关键。李忠民和邹明东（2009）在研究国外能源金融发展现状的基础上，提出我国实践能源金融的政策建议。同时，刘贵生（2007）、付俊文等（2007）从我国能源金融发展的难点和问题出发，提出进一步完善能源金融的政策建议。

从国内研究的文献综述不难看出，我国已经开始重视资源类大宗商品问题对国家资源安全战略的影响，以及实施重点和难点。当前，国内需求及外部环境的变化给我国能源保障能力带来了新的挑战，也为能源金融市场和政策研究提出了相应要求。中共十八大报告明确提出"深化资源性产品价格和税费改革，建立反映市场供求和资源稀缺程度、体现生态价值和代际补偿的资源有偿使用制度和生态补偿制度"。今后，深入贯彻落实中共十八大精神，全面、系统研究关键资源的金融化属性、运作模式、市场风险以及欧美发达国家的应对策略，并以此为依据，构建我国发展资源类大宗商品市场的国家战略，不仅有利于促进我国资源市场的发展，提高我国在国际资源商品定价中的话语权，而且有利于维护国家资源安全，提高资源和金融领域的国际竞争力。未来研究的重点内容是，在后金融危机时期，分析国际资源类大宗商品市场出现的新问题和新特点及其发展趋势。在此基础上，完善我国建设资源类大宗商品市场的步骤，提出发展重点和可行的政策建议。

参 考 文 献

[1] Aastveit K.. Modeling Transmission of Oil Price Shocks and Monetary Policy Shocks in a Data Rich Environment [R]. Mimeo, 2009.

[2] Albert L., E. B. Selby. World Oil Price Increases: Sources and Solution [J]. The Engergy Journal, 1980, 1 (4).

[3] Backus D. K., M. J. Crucini. Oil Prices and Terms of Trade [J]. Journal of International Economics, 2000 (50).

[4] Barnett A., R. Straub. What Drives U. S. Current Account Fluctuations? [R]. ECB Working Paper Series No. 959, 2008.

[5] Barsky R. B., L. Kilian. Oil and the Macroeconomy since the 1970s [J]. Journal of Economic Perspectives, 2004 (18).

[6] Baumeister C., G. Peersman. Sources of the Volatility Puzzle in the Crude Oil Market [D]. Mimeo, Ghent University, 2009.

[7] Berkowitz J.. A Coherent Framework for Stress Testing, Manuscript [J]. Board of Governors of the Federal Reserve, 1999.

[8] Bernanke B., Gertler M., M. Watson. Systematic Monetary Policy and the Effects of Oil Price Shocks [J]. Brookings Papers on Economic Activity, 1997, 28 (1).

[9] Berument H., H. Tasci. Inflationary Effect of Crude Oil Prices in Turkey [J]. Physica, 2002 (2).

[10] Bodenstein M., C. J. Erceg, L. Guerrieri. Oil Shocks and External Adjustment [J]. Journal of International Economics, 2011 (83).

[11] Brown S., M. K. Yucel. Energy Prices and Aggregate Economic Activity: An Interpretative Survey [J]. Quarterly Review of Economics and Finance, 2002 (42).

[12] Buetzer S., M. Habib, L. Stracca. Global Exchange Rate Configurations Do Oil Shocks Matters? [R]. European Central Bank Working Paper, No. 1442, 2012.

[13] Cashin P., L. F. Céspedes, R. Sahay. Commodity Currencies and the Real Exchange Rate [J]. Journal of Development Economics, 2004 (75).

[14] Chincarini L.. A Case Study on Risk Management: Lessons from the Collapse of Amaranth Advisors LLC [J]. Journal of Applied Finance, 2008.

[15] Chinn M. D., M. LeBlanc, O. Coibon. The Predictive Content of Energy Futures: An Update on Petroleum, Natural Gas, Heating Oil and Gasoline [R]. NBER Working Paper, No. 11033, 2005.

[16] Cifarellia G., G. Paladino. Oil Price Dynamics and Speculation: A Multivariate Financial Approach [J]. Energy Economics, 2009 (3).

[17] Corden W. M., J. P. Neary. Booming Sector and De–industrialisation in a Small Open Economy [J]. Economic Journal, 1982 (92).

[18] Coudert V., C. Couharde, V. Mignon. Does Euro or Dollar Pegging Impact the Real Exchange Rate? [J]. The Case of Oil and Commodity Currencies, the World Economy, 2011 (4).

[19] De Gregorio J., H. Wolf. Terms of Trade, Productivity and the Real Exchange Rate [R]. NBER Working Papers, 4807, 1984.

[20] De Gregorio J., Landerrechte O., C. Neilson. Another Pass through Bites the Dust? [R]. Oil Prices and Inflation, Central Bank of Chile Working Paper, No. 417, 2007.

[21] Derrick A.. Financing for Renewable Energy [J]. Journal of Renewable Energy, 1998 (15).

[22] Domanski D., A. Heath. Financial Investors and Commodity Markets [J]. BIS Quarterly Review, 2007 (3).

[23] Erb C., C. Harvey. The Strategic and Tactical Value of Commodity Futures [J]. Financial Analysts Journal, 2006 (62).

[24] Frankel J. A.. Expectations and Commodity Price Dynamics: The Overshooting Model [J]. American Journal of Agricultural Economics, 1986 (68).

[25] Ghironi F., J. Lee, A. Rebucci. The Valuation Channel of External Adjustment [R]. NBER Working Paper 12937, 2007.

[26] Golub S.. Oil Prices and Exchange Rates [J]. The Economic Journal, 1983 (93).

[27] Gourinchas P., H. Rey. International Financial Adjustment [J]. Journal of

Political Economy, 2007, 115 (4).

[28] Habib M., M. Kalamova. Are There Oil Currencies? [R]. The Real Exchange Rate of Oil Exporting Countries, ECB Working Paper Series No. 839, December, 2007.

[29] Haigh M., J. Oswald. Price Dynamics, Price Discovery and Large Futures Trader Interactions in the Energy Complex [R]. US Commodity Futures Trading Commission Working Paper, 2005.

[30] Hamilton J. D.. Oil and the Macroeconomy Since World War II [J]. Journal of Political Economy, 1983, 91 (2).

[31] Hamilton J. D.. The Causes and Consequences of the Oil Shock of 2007 - 2008 [R]. NBER Working Paper No. 15002, National Bureau of Economic Research, 2009.

[32] Hamilton J. D.. This is What Happened to the Oil Price - Macroeconomy Relationship [J]. Journal of Monetary Economics, 1996, 38 (2).

[33] Hamilton J. D.. What Is an Oil Shock? [J]. Journal of Econometrics, 2003, 113 (2).

[34] Hammoudeh S. M., H. Li. The Impact of the Asian Crisis on the Behavior of US and International Petroleum Prices [J]. Energy Economics, 2004 (26).

[35] Hooker M. A.. Are Oil Shocks Inflationary? Asymmetric and Nonlinear Specifications versus Changes in Regime? [J]. Journal of Money, Credit and Banking, 2002 (34).

[36] Hotelling H.. The Economics of Exhaustible Resources [J]. Journal of Political Economy, 1931 (3).

[37] James T.. Energy Markets: Price Risk Management and Trading [M]. John Wiley Press, 2008.

[38] Kilian L., A. Rebucci, N. Spatafora. Oil Shocks and External Balances [J]. Journal of International Economics, 2009 (77).

[39] Kilian L.. A Comparison of the Effects of Exogenous Oil Supply Shocks on Output and Inflation in the G7 Contries [M]. CEPR, 2007.

[40] Kilian L.. Exogenous Oil Supply Shocks: How Big They Are and How Much Do They Matter for the U. S. Economy? [J]. Review of Economics and Statistics, 2008 (90).

[41] Kilian L.. Not All Oil Shocks Are Alike: Disentangling Demand and Supply Shocks in the Crude Oil Market [J]. American Economic Review, 2009 (99).

[42] Klaus R.. Finance and Banking for Wind Energy [J]. Journal of Renewable Energy, 1999 (16).

[43] Lane P. R., J. C. Shambaugh. The Long or Short of It: Determinants of Foreign Currency Exposure in External Balance Sheets [J]. Journal of International Economics, 2010 (80).

[44] Lautier D., Y. Simon. Energy Finance: The Case of Derivative Market [M]. DRM – Finance, CNRS UMR 7088, 2009.

[45] Masters M. W.. Testimony before the Committee on Homeland Security and Governmental Affairs [M]. United States Senate, 2008.

[46] Mork K. A.. Oil and the Macroeconomy When Prices Go up and down: An Extension of Hamilton's Results [J]. The Journal of Political Economy, 1989 (97).

[47] Murat A., E. Tokat. Forecasting Oil Price Movements with Crack Spread Futures [J]. Energy Economic, 2009 (31).

[48] Pollio G.. Project Fnance and International Energy Development [J]. Energy Policy, 1998 (26).

[49] Singer B., S. Terhaar. Determining the Appropriate Allocation to Alternative Investment in Hedge Fund Management [M]. CFA Institute, 2002.

[50] Stoll H., R. Whaley. Commodity Index Investing and Commodity Futures Prices [R]. CFTC Working Paper, 2009.

[51] Tao W., A. McCallum. Do Oil Futures Prices Help Predict Future Oil Prices? [M]. Economic Letter no. 2005 – 38, Federal Reserve Bank of San Francisco, 2005.

[52] Tokarick S.. Commodity Currencies and the Real Exchange Rate, Economic Letters, 2008 (101).

[53] Working H.. The Theory and Price of Storage [J]. American Economic Review, 1949, 39 (6).

[54] 林伯强, 黄晓光. 能源金融 [M]. 北京: 清华大学出版社, 2011.

[55] 付俊文, 赵红. 控制能源金融风险的对策研究 [J]. 青海社会科学, 2007 (2).

［56］王雪磊．后危机时代碳金融市场发展困境与中国策略［J］．国际金融研究，2012（2）．

［57］李忠民，邹明东．能源金融问题研究评述［J］．经济学动态，2009（10）．

［58］刘贵生．金融支持西北能源产业可持续发展的战略选择［J］．中国金融，2007（13）．

（执笔人：渠慎宁、李鹏飞）

第五章 居民能源消费行为研究综述

随着经济社会的发展,居民部门逐渐成为能源消耗的重要部门。欧美国家居民能源消费占比在20%以上,部分国家甚至接近40%。因此,居民部门能源消费行为,特别是节能行为,一直是学者们研究的重点。不少国家也越来越重视能源消费主体居民的能源消费行为。

消费者行为选择理论是研究居民能源消费行为的主要理论基础。最初解释能源消费行为的是微观经济学的消费理论。作为理性人的消费者,决策的根本原则是实现效用最大化。理性消费者的经济行为表现为:在外部环境既定的条件下,根据自身的目标和有限的资源对不同时点、品种和数量的消费做出选择,选择最优的消费组合,从而实现效用最大化。但是"完全理性"的假设前提,导致消费理论对能源消费行为(特别是节能行为)解释力度不够。例如,减少能源消费并非因为能源价格或者消费者收入水平出现了变化。因此,越来越多的学者开始以行为经济学的消费者行为选择理论解释居民能源消费行为。人并非完全理性,影响消费行为的除了经济因素之外,还有心理、环境等因素。甚至有研究发现,在某些特征的家庭中,心理因素是影响节能行为的最主要因素。目前,居民能源消费行为的研究重点也随之从单一的经济因素扩展到行为主体的心理因素、情境因素,能源消费行为也成为经济学、心理学以及社会学多个学科交叉的研究领域。在这些基础理论的指导下,学者们提出了研究解释居民能源消费行为的理论模型[1],并通过实证研究找出影响居民能源消费行为的心理因素[2]、社会情境因素[3]、社会人

---

[1] 如价值—信念—规范理论模型、计划行为理论模型、人际行为理论模型等。
[2] 如态度、价值观、责任感等。
[3] 如政策环境、社会规范、宣传、运动等。

口学因素①，为解释居民能源消费行为提供了证据。本章主要任务是回顾该领域的研究进展，并对现有研究成果做简要梳理。

一、居民能源消费行为的界定

居民能源消费行为通常指居民在家庭场所或交通领域的用能行为。国外的文献中对居民能源行为的界定大体按照三类标准（Van Raaij 等，1983；Parker P. 等，2003；Carlsson – Kanyama A. 等，2005）：一是按照消费行为的动机，分为能源使用行为与能源节约行为。居民能源使用行为，即居民日常生活中与能源相关的基本生活行为。例如，炊事、取暖、交通、照明等。居民能源节约行为，即居民节能行为，主要包括购买节能产品和服务、降低日常能源消费。二是按照能源消费领域，分为住宅能源消费、交通能源消费。住宅能源消费，即家庭建筑能源消费；交通能源消费，即外出、通勤的能源消费。三是按照能源消费必要性，分为基本能源消费和选择性能源消费。

根据研究问题，一般学者采用不同的分类标准。当前对居民能源消费行为的研究，主要集中在节能行为方面，所以研究者一般在第一种分类标准的基础上，对节能行为进一步细分。例如，与使用日常相关的行为（Usage – related Behavior）、与购买相关的行为（Purchase – related Behavior）（Van Raaij 等，1983）；缩减行为（Curtailment）、提高能源效率（Black 等，1985）；直接节能、技术节能（Stern，1992）；投资行为、管理行为、缩减行为（Parker 等，2000）；习惯行为节能（Habitual Action）、购买行为节能（Purchasing Activities）（Barr，2005）。

综合上述分类，居民能源消费行为大致可以分为以下两类：基本能源消费行为和节约能源消费行为。进一步划分，节约能源消费行为可分为能效投资节能行为、效用缩减节能行为、习惯调整节能行为。能源投资节能行为，即居民通过购买节能产品（这种产品价格高，但是能够提高能效），安装节能设施，在市场上购买节能服务，来实现家庭节能。效用缩减节能行为，即

---

① 如年龄、性别、教育、家庭规模等。

居民通过降低一定生活品质实现能源消费量的绝对减少,实现家庭节能。习惯调整节能行为,即在不降低生活品质的条件下,居民通过生活习惯的调整,实现家庭节能。前两种节能行为需要居民付出经济成本和效用损失,习惯调整节能行为则不需要居民支出成本,只需要在日常生活中加强节能意识,调整习惯性行为(见表 5-1)。

表 5-1 居民能源消费行为分类

居民能源消费行为		内容	特征
基本能源消费行为		照明、取暖、交通、娱乐、炊事	保证居民基本生活品质的正常能源消耗
节能能源消费行为	能效投资	购买节能产品,安装节能设施,购买节能服务等	成本支出
	效用缩减	减少沐浴次数、减少汽车使用、调整空调温度、减少取暖时间等	效用损失
	习惯调整	减少电器待机时间、随手关灯等	没有成本支出和效用损失

二、研究理论基础与主要模型

能源消费行为涉及经济学、心理学以及社会学的相关理论。研究范围也从开始单一的经济因素,拓展到居民的心理因素,以及包括政策、环境在内的情境因素。目前研究表明,经济因素(能源价格等)是影响居民能源消费的重要因素。这一点基本达成共识,对于其他很难定量处理的非经济因素,不少学者得出不同结论。因此,该领域研究理论模型主要是融合经济学、心理学以及社会学的社会心理学模型。

1. 基础理论

(1) 微观经济学消费理论。最初解释能源消费行为的是微观经济学的消费理论。作为理性人的消费者,其经济行为表现为:在外部环境既定的条件下,根据自身的目标和有限的资源对不同时点、品种和数量的消费做出选择,选择最优的消费组合,从而实现效用最大化。虽然能源消费行为很大程度上取决于经济因素,但是越来越多的研究发现,纯经济学分析不能完全解释居民能源消费行为,特别是居民节能行为。比如,绿色出行并非出于成本考虑,而是具有绿色环保的理念;居民在进行能源消费行为时,往往是一种习惯性决策,很少或者根本不用收集信息、评估其他更经济的选择①。

(2) 社会心理学。社会学认为社会人的行为不仅是个体短期决策的结果,而且受社会发展与社会系统配置的影响。基于社会学与心理学融合的社会心理学不仅重视行为主体的内在心理因素,而且强调行为主体与社会间的相互影响和相互作用。

不同于经济学中的"成本—收益"分析,社会心理学认为"态度影响行为",通过吸引行为主体的注意力和刺激响应机制可以改变其行为。其中,一个被广泛用于低碳行为分析的重要的成果是由 Stern (1999) 提出的价值—信念—规范理论(The Value - belief - norm Theory)。例如 Steg (2005) 在分析荷兰家庭二氧化碳排放时便应用了该理论。价值—信念—规范理论认为人们的一般性价值决定环保导向行为,这些价值可以分为自我(Egoistic)、利他(Altruistic)和生物圈(Biospheric)三个层面,只有当公众拥有较强的利他和生物圈价值时节能措施才能被更好地接受。社会责任感是影响节能行为的重要心理变量之一,责任意识强的人更可能主动参与和响应环保行动,而责任感又往往受社会价值观的影响。价值—信念—规范理论的意义在于阐明了环境价值观的类型和作用。但研究者们发现,在现实中亲环境态度不一定引致亲环境行为(Goldblatt, 2005)。面对态度和行为差异不一致的质疑,一些学者认为,不同个体的理念存在随机性或不确定性(Howarth 等,1993)。信息的缺失造成了"亲环境行为"(Pro - environment Behavior)无法实现,通过告知人们节能的必要性和节能的具体途径或方法,能源节约就可以实现(Oikonomou 等,2009)。

(3) 社会学习理论。社会学习理论注重的是人在社会环境中的行为特点。习惯和日常行为相关的问题是社会学的研究范畴。通过将习惯视为日常重复行为,我们便可以开始探索为什么许多生活习惯是广大民众所共有的。这些社会行为并非产生于群体中的个人有意识的独立决策以某种方式达到某个目标,而是超越具体表现形式存在,体现了物质基础、社会规范、社会习俗、认知、专业技能、情感状态等因素的综合作用。依据班杜拉(Bandura)提出的社会学习理论,"在任何情境下每个人都会学习到某种行为,经过多

---

① [美]韦恩·霍伊尔. 消费者行为学(第5版)[M]. 崔楠,徐岚译. 北京:北京大学出版社,2011:268.

次学习之后会形成习惯，此后当相同或类似的情境再度出现时，个体便会以习惯的方式做出反应"①。

人们对能源的需求是一种衍生需求，是通过一系列日常行为活动如烹饪、清洗、取暖等间接引发能源消费。社会因素的重要影响正如 Humphreys (1995) 指出的那样，如果室内温度调节的舒适标准被定在 22 摄氏度，并且有足够多的建筑实践这一标准，这就变成了一种温度调节的社会规范，任何偏离规范的行为都会被大众认为是不舒服的。能源消费行为作为一种社会性行为，一方面，社会个体的行为模式在很大程度上受到社会背景的影响，社会阶层、社会关系、社会规范、制度、社会观念（舒适度偏好）、社会文化、物质基础等因素决定了社会人对时间和金钱的支配模式、消费偏好和生活习惯。社会背景决定了行为的潜在条件，使得某些行为更容易或更不易出现。另一方面，社会行为是由长期的社会系统配置所决定的，而不是社会个体短期决策的结果。家庭、能源供应企业、能源效率产品的提供、安装、销售、服务企业、住宅和建筑关联企业、社区、非营利机构和政府等利益相关方相互影响并以不同的方式影响能源行为。因此，改变社会行为除了依靠直接行为主体外，还需要广泛地调动利益相关者。社会学的行为改变方案给出了一种不同于经济学方案的低成本政策选项，在相关利益者各司其职的前提下，只要求其稍微改变行为方式。

2. 分析模型

基于基础理论，该领域主要形成了以下几个具有很强解释力的理论分析模型。大多数研究都是在这些模型基础上，进行新的改动和验证。

（1）计划行为理论模型（见图 5-1）。计划行为理论是由阿耶兹（Ajzen，1991）提出，对于个人意志完全可以控制的行为，行为意向是行为的直接决定因素，而行为态度、主观规范和感知行为控制力是决定行为意向的三个主要因素。其中，感知行为控制力是指个人根据经验或预期判断采取特定行为时自身所感受的控制力。但人的行为并非完全受理性控制，非个人意志所能完全控制的行为，还取决于资源、机会、技能等外部条件。

---

① 负晓哲，赵志耘. 消费者行为学 [M]. 北京：社会科学文献出版社，2011：18.

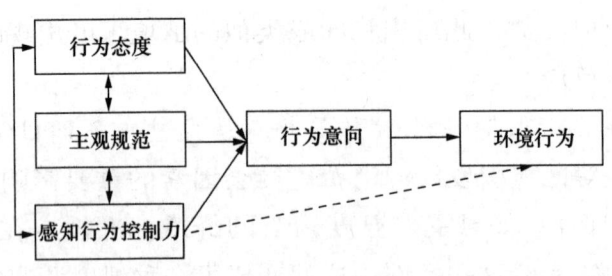

图 5-1 计划行为理论模型

(2) 态度—行为—外部条件模型（ABC 模型）。该模型由 Guagnano 等 (1995) 提出，强调了外部条件对于行为的促进或制约作用，当行为的态度较弱时，外部因素的影响就很显著。当个体有积极的环境态度且外部环境有利时，就会产生积极的环境行为；反之，个体的环境态度消极且外部环境不利时，就会产生消极的环境行为；当环境态度和外部因素不一致时，环境行为取决于两者影响效应的比较。外部因素极为有利或不利时，可以大幅促进或阻碍环境行为的发生。只有外部因素比较中立或很弱时，情境因素的作用才很小，态度和行为之间的关系才很强。该模型的主要贡献是提出了心理因素和外部因素共同制约和预测行为的假设，在对行为进行研究时，应该综合考虑心理因素和外部因素的影响。如图 5-2 所示，行为发生与不发生之间存在一条分界线，当外部条件和态度变量的累积效应为正时，行为发生。

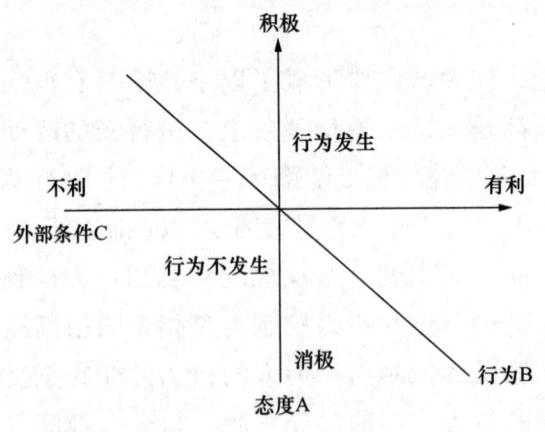

图 5-2 ABC 模型

(3) 信念—价值—规范模型（VBN 模型，见图 5-3）。Stern 等学者在 1999 年通过对于过去居民的环境行为进行研究和归纳，提出了价值信念规范理论模型。该理论基于心理学的价值理论、社会心理学的规范激励理论和环境社会学,通过对环境持有的价值观、信念和个人规范三种变量之间的作用来解释包括节能在内的环境行为的形成。VBN 模型纳入了价值观因素,探讨了生态价值观、利他价值观、利己价值观三种价值观及其影响。该模型中的各个变量不仅对其直接指向的变量施加影响,同时还能够直接影响更为靠后的变量。同时结合规范理论,认为个人规范的激活受到个体对于行动结果的意识以及对行动结果的自身所负责任的认定两种因素的影响。VBN 模型为研究心理变量作用于行为的过程提供了分析框架。

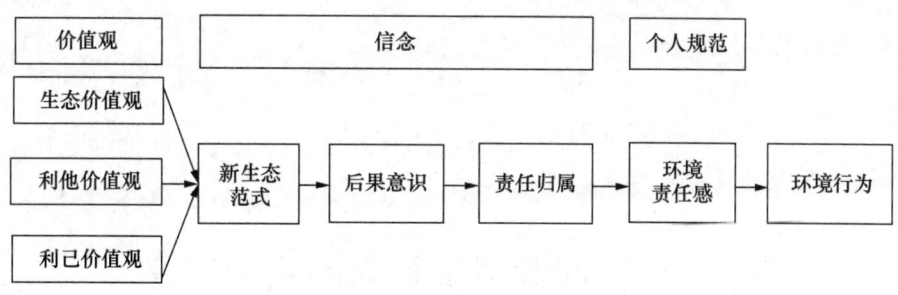

图 5-3　VBN 模型

（4）人际行为理论模型（见图 5-4）。意识到社会因素和习惯对人们行为的重要影响,Triandis（1977）提出了人际行为理论（Theory of Interpersonal Behavior）。人际行为理论认为,人的行为直接受意愿、习惯和促成因素的影响。意愿的形成有三个显著条件,即态度、社会因素和情感。其中,社会因素主要包括规范、角色和自我概念。社会规范提供了什么该做和不该做的社会活动准则;角色是指与个人在社会中所处的地位有关的行为方式;自我概念指的是对自我价值、自我追求的评估。情感是指消费者对某个物品或活动投入的情绪和增强感受,这种感受会作为一种信息来源,在决策中属于无意识的投入。Triandis 认为,以往的分析框架,例如态度—行为—情境模型,忽视了一个关键社会心理因素,即习惯（过去行为的频率）的作用。某种行为的习惯性越强,人们对该行为的思考越少。人际行为模型既强调了习惯与规律在行为形成中的作用,也关注了外部因素的影响,尤其适合用于解释日常化、习惯化的亲环境行为,受到不少学者的推崇（Bamberg、Schmidt,2003；Jackson,2005）,例如,Bamberg 和 Schmidt（2003）将该理论应用到消费者对汽车的使用行为研究中。

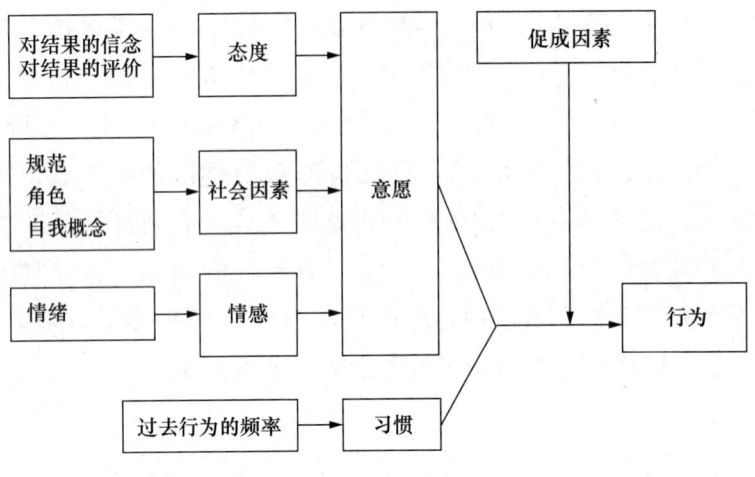

图 5-4 人际行为理论模型

三、居民能源消费行为的实证研究

基于社会心理学理论模型,国内外学者对居民能源消费的研究已经取得了一系列研究成果。从研究方法上看,国外学者主要是通过对某个国家或地区的居民进行问卷调查、行为实验等方式,获取原始数据来研究家庭能源消费行为及其影响因素。由于居民能源消费比重不高,而且城市居民能源消费一直是民生保障重点,国内对居民部门能源消费行为的研究起步较晚。直到近几年,才开始对家庭能源消费进行系统研究。本部分从经济、心理、情境、社会人口学等方面,回顾总结国内外的实证研究结论。

1. 经济因素

经济因素向来被认为是影响居民消费能力和消费意愿的最基本因素,包括家庭收入和能源价格两个方面。事实上,经济因素对居民能源消费行为的影响是微观经济学的常识。家庭收入和能源价格决定了居民的消费能力。这一点无须进行复杂的实证。只是在研究家庭收入与居民能源消费之间的关系上,学者们开始使用宏观数据进行回归,寻找两者之间的关系。现有研究较为支持以下三个结论:第一,家庭能源消费随收入的增长而增长,但增长速度低于收入增速；第二，家庭收入与家庭能源消耗量正相关，高收入家庭能源消耗较多；第三，高收入家庭倾向于进行技术节能投资即购买节能产品，而低收入家庭则更多地依靠改变行为来节能（Lenzen 等，2006；罗光华、牛叔文，2012）。能源价格决定了居民能源消费的成本，是影响居民能源消费量的重要因素，但作用有限且对不同群体、不同类型能源的消费的影响差异较大（H. G. Berkhout 等，2004；张欢、成金华，2011）。

此外，在社会心理学模型中，不少学者也将收入、价格作为影响居民态度、行为意识的重要调节变量。我们在后面部分会提到。

2. 心理因素

（1）价值观。价值观是重要的生活目标或生活标准，是生活中的指导性原则（Pokeach，1973）。价值观在环境问题中起着至关重要的作用（Axelrod，1994）。

Stern 等（1995）将价值观中有关人与自然环境的类型抽取出来并进行实证检验，研究表明超越自我的价值观，即利他和生态型价值观与亲环境行为显著正相关，John Thogersen 和 Folke Olander 在 2002 年对丹麦消费者进行随机抽样，通过交叉滞后面板设计和结构方程模型，验证了价值观的假说：可持续的节能消费模式受个人价值观念的影响。Garling 等学者于 2003 年对 524 名在瑞典城市中心生活的居民进行了问卷调查。结构方程模型估计的结果显示，具有亲环境行为、亲社会者更能够影响个人自我规范，从而做出有利于社会的低碳行为。Poortinga 等学者 2004 年开发了包含七个子因素的针对家庭能源消费行为的价值观量表，通过调查发现七个因素中的"改变的开放度"价值观对于家庭交通能源使用具有显著的影响，而其他因素的作用则相对微弱。Groot 和 Steg（2010）通过在学生中进行的一项调查研究发现，利他价值观和生态价值观导向越强，越容易做出实施环保行为的自我决定。

也有学者研究表明，只有在个体的环保价值观与环保态度或责任规范保持一致的情况下，才能够显著地影响个体的环保行为。否则，价值观对能源消费行为影响不显著（Corraliza，2000；Vringer，2007）。

（2）态度。态度是社会心理学模型中最为重要的核心变量。最初的研究认为，态度直接决定了行为。Guagnano 等学者 1995 年研究了态度因素和外部条件在低碳行为方面的综合影响，发现态度、外部条件是影响居民低碳行为的主要影响因素。Hines J. M. 等 1986 年的研究表明，知识、行动策略、控制源、态度、口头承诺和个人责任感，通过行为意向间接作用于负责任的环境行为，并提出环境行为的预测模型。Egmond 在 2005 年的研究显示，积极的环境态度有利于实施节能投资行为。Abrahamse 等（2009）通过对荷兰 189 户家庭的跟踪监控，发现主观规范、态度和感知行为的控制等心理因素可以有效地解释居民的能源节约行为。Gadenne 等学者 2011 年的研究也证实环境态度对于绿色消费者的环保行为具有显著影响。

后来，学者在研究中发现，态度并不能直接影响行为的发生，而是通过行为意向的中介变量才能实现（Bamberg，1998）。Brandon 等学者 1999 年在对英国家庭能源消费情况进行实证研究时也发现，环境态度并不会对节能行为产生统计上的显著影响。Niemeyer 2010 年在研究家庭高能效技术设施的应用行为中发现，由于安装成本等客观条件制约，居民的态度并没有直接转化为节能行为。Steg 在 2009 年的研究中也提到，态度对于行为的影响会受到其他因素的影响，如收入水平、家庭成员的意愿等，可能会影响行为的选择。

我国学者黎建新等（2007）认为，与针对普遍性环境问题所持有的态度或价值观相比，居民针对某种具体节能行为所持有的态度对该节能行为的预测力更强。白光林和李国昊（2012）的研究表明，居民对能源与环境的态度可以影响其实施节能的行为。王国猛等（2010）的研究发现，环境态度和环境行为之间存在显著的正相关关系，绿色的环境态度能够使得居民实施绿色行为。

（3）行为意向。计划行为理论模型认为，行为意向是行为发生的必要条件，是行为发生的最主要决定因素（Ajzen，1991）。该理论模型提出以后，不少学者基于此模型做了能源消费行为的实证研究。Hines（1987）的研究得出了行为意向和行为之间相关性接近 0.5 的结论。Hines 等 1986 年的研究也证实行为意向是态度、责任等个人因素和外界因素影响节能行为的中介变量。此外，Lansana（1992）、Kara（1998）、Michele 等（2004）等学者的研究中证实了行为意向与节能行为的正相关关系。

我国学者芈凌云等以江苏省徐州市的城市居民为调查对象，获得 710 份有效的城市居民调查问卷，运用结构方程模型，对理论模型进行了实证检验。研究结果显示：城市居民的低碳行为意愿是导致其实施低碳化能源消费行为的最直接心理动因，对行为各维度的作用强度均较高，因此，要引导居民实施低碳化的能源行为，激发其低碳行为意愿是关键。居民的低碳意愿向低碳行为的转化过程，受能源价格感知和能效产品经济性的正向调节，并且更多地转化为购买型低碳行为，对习惯型节能行为的作用相对偏弱。

（4）主观规范。主观规范是指个人对于是否采取某项特定行为所感受到的社会压力。有的研究中将个人规范表述成责任感，即对自己行为选择的一种负责任心理。计划行为模型提出个人规范是行为意愿的主要前因变量，通过意愿作用于行为。不少学者在研究能源消费行为时引入了个人规范的因素，并认为个人规范不仅能够促进节能行为实施，而且能够使这种行为更加持续。Kaiser 等学者 1999 年的研究发现，个人规范（责任感）对于提高行为意愿对环境行为的解释力有一定贡献。Black 等学者 1985 年证实了来自外部压力导致的个人规范是影响节能措施的重要因素。Rciss 等 2006 年的研究也表明个人规范比价格等因素更能促使居民实施持久的节能行为。我国学者于伟 2009 年对消费者绿色消费行为进行了实证研究，结果显示消费者感知到群体压力后环保意识显著增强，进而影响消费者的绿色消费行为。张毅祥和王兆华（2012）对节能意愿影响因素进行分析，表明主观规范对节能行为意愿有正向影响。

3. 情境因素

情境变量是指对个体实施环境行为有影响的外界因素。通常包括政策环境、信息反馈、社会规范等变量。

信息反馈能够通过对能源消费结果的记录、反馈和提示来帮助居民更明确地认识自己能源消费的具体情况，从而起到提醒、引导居民减少能耗、提高用能效率的作用。Abrahamse 等 2005 年的文章回顾了 38 篇（应用）社会和环境心理的研究，并评估了那些旨在鼓励家庭节能的干预政策的有效性。该文按照事前策略（即承诺、目标、信息、模型）或事后策略（即反馈、奖励）对文献进行了分类。已有文献证实了信息反馈、奖励对于居民实施节能行为的重要作用。信息反馈，特别是定期频繁的反馈，能够促进节能行为。但是，奖励对节能行为只是短期影响。C. Egmond 等（2005）对荷兰 234 个家庭协会节能投资行为的调查研究发现，同行组织的反馈和官方的反馈都强烈地影响着家庭协会的能源消费行为，积极的反馈有利于家庭协会的节能投资。Petersen 等 2007 年研究了大学宿舍中，大学生行为与电力、水的消费关系。评估不同的社会技术反馈方法，如何激励节能。研究发现，信息反馈、教育和激励的引入总体上减少了32%的电力消费量，但是节水率仅为3%。频繁收到电力消费量反馈信息的宿舍在节能方面更有效，节电量大约为55%，而不频繁收到反馈信息的宿舍节电量只有31%。Mari（2008）对英国居民能源消费行为改变的研究也持相同观点，并指出连续的反馈能够使人们意识到他们的日常行为是否节能。

社会规范指人们社会行为的规矩，社会活动的准则。它是人类为了社会共同生活的需要，在社会互动过程中衍生出来，相习成风，约定俗成，或者由人们共同制定并明确施行的。其本质是对社会关系的反映，也是社会关系的具体化。社会交往、社会互动过程中传递的信息以及形成的社会规范能够显著影响居民节能行为（Ek. K.，2005、2008）。Garling等2003年对524名生活在瑞典城市中心的居民做了调查，结果发现社会规范所产生的压力对居民是否选择自驾出行具有显著影响。Nolan等（2008）通过电话调查的方式，对美国加州地区的810名居民进行的调查研究表明，社会规范对节能行为有显著促进作用。

此外，国外研究普遍认为宣传教育通过改变认知、增加知识对促进居民节能有积极的促进作用。Sardianou（2005）通过对586户希腊家庭进行调查，证明信息宣传是节能行为的一个重要自变量，两者呈正相关关系。此外，与居民能源消费直接相关的知识和技能有利于居民能源消费行为的改善和落实（Steg，2008）。

4. 社会人口学因素

社会人口学因素包括居民个体的年龄、性别、受教育水平、职业及居民所在家庭的规模、家庭收入等因素。

不少研究发现，关心环境及生态问题的消费者多是女性（Lowe等，1980；Stern等，1993；Shrum等，1995；Diamantopoulos等，2003）、年轻人（Grunert、Kristensen，1994；Scott、Willits，1994；Diamantopoulos等，2003）、较高收入阶层（Stewart等，2005；Druckman、Jackson，2008）、受教育水平较高者（Buttel、Flinn，1978；Scott、Willits，1994；Poortinga等，2003；Alibeli、Jonson，2009）、较高职业阶层的群体。这类群体更多地具备节能的意识、态度和价值观。然而，这类群体更崇尚新的生活方式、更需要快捷便利及省时的生活节奏。从这个角度看，这类群体的家庭耗能和人均耗能反而更高。例如，Shen和Saijo在2008年的研究中提出，上海居民中年龄越大，则越关心环境。也有不少学者指出社会人口统计学因素与节能行为关系并不稳定。例如，Sardianou 在 2005 年的研究表明，家庭成员的教育水平对家庭节能的数量并没有显著影响。

我国学者孙岩、江凌以沈阳市和大连市两地 705 位城市居民为样本，采用问卷调查和访谈的方法，通过对能源消费行为和能源消费心理的聚类分析发现，不同类型的城市居民群体在性别、年龄、家庭人口数、家庭类型、家庭收入、家中是否有儿童和家中是否有老人 7 种家庭异质性因素上均存在显著差异：女性、年轻的和家庭规模较大的城市居民多为低碳型；低收入家庭的城市居民多为低碳型，高收入家庭的城市居民多为高碳型；一"老"一"小"是我国城市居民能源消费中的关键角色。秦翊等（2013）认为，家庭能源消耗量固然与经济、技术、自然环境、社会和心理因素有关，而其中居民作为家庭消费能源的主体，人口自身的特点是不可忽视的因素。已有的家庭能源消费行为研究考虑了多种家庭特征，如家庭规模，人口结构（是否有老人或儿童等），居住模式，家庭主要成员的年龄、性别、受教育水平、婚姻状况、职业等。

四、小结

本章对居民家庭能源消费行为的理论基础和实证研究进展进行了回顾。总体来说，该领域呈现三个研究趋势：一是居民心理因素、社会规范已经成为该领域的研究重点；二是社会心理学分析模型已成为最重要的研究范式；三是问卷调查已成为研究的主要方法。与国外研究相比，国内对居民消费行为的研究起步较晚。近年来不少国内学者在该领域进行了开拓性研究，取得了诸多值得关注的成果。但是，行为的实证研究相对复杂。特别是各个地区实际情况不同导致了不同城市的居民能源消费行为以及影响因素的差异性。不同城市的研究结论通常基于适合当地的分析模型分析而得出，其普遍性还需要进一步论证。此外，国内在该领域的研究还有两个方面需要进一步深入：一是在国外成熟的理论范式基础上，如何结合中国的实际，找到决定、影响居民能源消费行为（特别是节能行为）的持续性因素。例如，现有研究提出信息干预能够有效促进节能行为实施。但是这种影响往往是短期的甚至是瞬间的。二是利用行为经济学、实验经济学的方法，对居民能源消费行为进行实验模拟，进一步验证居民能源消费行为是否与现有的分析理论一致。

参 考 文 献

[1] Abrahamse W., Steg L.. How Do Socio – demographic and Psychological Factors Relate to Households Direct and Indirect Energy Use and Savings? [J]. Journal of Economic Psychology, 2009, 30 (5).

[2] Abrahamse W., Steg L., Vlek C., et al.. A Review of Intervention Studies Aimed at Household Energy Conservation [J]. Journal of Environmental Psychology, 2005 (25): 273 – 291.

[3] Bamberg S., Schmidt P.. Incentives, Morlity, or Habit? Predicting Students' Car Use for Univerdity Routes with the Model of Ajzen, Schwartz, and Triands [J]. Environment and Behavior, 2003, 35 (2): 264 – 285.

[4] Bamberg S., Ajzen I., Schmidt P.. The Roles of Past Behavior, Habit, and Reasoned Action [J]. Basic and Applied Social Psychology, 2003 (25).

[5] Bamberg S., Schmidt P.. Changing Travel Mode Choice as Rational choice: Results from a Longitudinal Intervention Study [J]. Rationality and Society, 1998 (10).

[6] Benders R. M. J., Kok R., Moll H. C. et al.. New Approaches for Household Energy Conservation——In Search of Personal Household Energy Budgets and Energy Reduction Options [J]. Energy Policy, 2006, 34 (18).

[7] Blake J.. Overcoming the Value – action – gap in Environmental Policy: Tension between National Policy and Local Experience [J]. Local Environment, 1999, 4 (3).

[8] Cameron L. D., Brown P. M., Chapman J. G.. Social Value Orientations and Decisions to Take Proenvironmental Action [J]. Journal of Applied Social Psychology, 1998 (28): 675 – 697.

[9] Darby S.. Social Learning and Public Policy: Lessons from an Energy –

conscious Village [J]. Energy Policy, 2006, 34 (17): 2929 –2940.

[10] De Young R.. Changing Behavior and Making It Stick: The Conceptualization and Management of Conservation Behavior [J]. Environment and Behavior, 1993, 25 (4).

[11] Druckman A., Jackson T.. The Carbon Footprint of UK Households 1990 – 2004: A Socio – economically Disaggregated, Quasimulti – regional Input – output Model [J]. Ecological Economics, 2009, 68 (7): 2066 –2077.

[12] Dwyer Wiluam O., Frank C. Leeming, et al.. Critical Review of Behavioral Interventions to Preserve the Environment [J]. Environment and Behavior, 1993, 25 (5): 275 –321.

[13] Ek. K., Soderholm P.. Households' Switching Behavior between Electricity Suppliers in Sweden [J]. Utilities Policy, 2008, 16 (4): 254 –261.

[14] Ek. K.. Public and Private Attitudes towards "Green" Electricity: The Case of Swidish Wind Power [J]. Energy Policy, 2005, 33 (13): 1677 –1689.

[15] Eriksson L. J. G., Annika M. N.. Interrupting Habitual Car Use: The Importance of Car Habit Strength and Moral Motivation for Personal Car Use Reduction [R]. Transportation Research Part F: Traffic Psychology and Behaviour, 2008 (11): 10 –23.

[16] Garling T., Fujii S., et al.. Moderating of Social Value Orientation on Determinants of Pro – environmental Behavior Intention [J]. Journal of Environmental Psychology, 2003 (23): 1 –9.

[17] Guagnano Gregory A., Paul C. Stern, Thomas Dietz. Influences on Attitude – behavior Relationships: A natural Experiment with Curbside Recy Cling [J]. Environment and Behavior, 1995, 27 (5).

[18] Hines J. M., Hungerford H. R., Tomera A. N.. Analysis and Synthesis of Research on Responsible Pro – environmental Behavior: A Meta – analysis [J]. Journal of Environmental Education, 1986, 18 (2).

[19] Hondo H., Baba K.. Socio – psychological Impacts of the Introduction of Energy Technologies: Change in Environmental Behavior of Households with Photovoltaic Systems [J]. Applied Energy, 2010, 87 (1): 229 –235.

[20] Jaber J. O., Mamlook R., Awad W.. Evaluation of Energy Conservation Programs in Residential Sector Using Fuzzy Logic Methodology [J]. Energy Policy, 2005, 33 (10): 1329 – 1338.

[21] John Thogersen, Folke Olander. Human Values and the Emrgence of a Sustainable Consumption Pattern: A Panel Study [J]. Journal of Economic Psychology, 2002, 23 (5): 605 – 630.

[22] Kahneman D., Knetsch J. L.. Valuing Public – goods – the Purchase of Moral Satisfaction [J]. Journal of Environmental Economics and Management, 1992, 22 (1): 57 – 70.

[23] Katzev R. D., Johnson T. R.. Promoting Energy Conservation: An analysis of Behavioral Research [M]. London: Westview Press, 1987.

[24] Kirsten Gram – Hanssen. Standby Consumption in Households Analyzed with a Practice Theory Approach [J]. Journal of Industrial Ecology, 2010, 14 (1): 150 – 165.

[25] Linden A. L., Carlsson – Kanyama A., Eriksson B.. Efficient and Inefficient Aspects of Residential Energy Behavior: What Are the Policy Instruments for Change? [J]. Energy Policy, 2006 (34): 1918 – 1927.

[26] Loren Lutzenhiser. A Cultural Model of Household Energy Consumption [J]. Energy, Volume 17, Issue 1, January 1992, Pages 47 – 60.

[27] Mahmoud M. A., Alajmi A. F.. Quantitative Assessment of Energy Conservation Due to Public Awareness Campaigns Using Neural Networks [J]. Applied Energy, 2010, 87 (1): 220 – 228.

[28] McCalley L. T., Midden C. J. H.. Energy Conservation through Product – integrated Feedback: The Roles of Goal – setting and Social Orientation [J]. Journal of Economic Psychology, 2002, 23 (5): 589 – 603.

[29] Munksgaard J., Pedersen K., Wier M.. Impact of Household Consumption on CO_2 Emissions [J]. Energy Economics, 2000, 22 (4).

[30] Olsen. Consumers' Attitudes toward Energy Conservation [J]. Journal of Social Issues, 1981, 37 (2): 109 – 131.

[31] Petersen J. E., Shunturov V., Janda K., Platt G., Weinberger K.. Dormitory Residents Reduce Electricity Consumption when Exposed to Real – time Visual Feedback and Incentives [J]. International Journal of Sustainability,

2007 (8): 16-33.

[32] Poortinga Wouter Steg, Vlek. Environmental Concern and Environmental Behavior: A Study into Household Energy Use [J]. Environment and Behavior, 2004, 36 (1): 70-93.

[33] P. C. Stern. Psychological Dimensions of Global Environmental Change [J]. Annual Review of Psychology, 1992 (43).

[34] Rosenquist G., Mcneit M., et al.. Energy Efficiency Standards for Equipment: Additional Opportunities in the Residential and Commercial Sectors [J]. Energy Policy, 2006, 34 (17): 3257-3267.

[35] Sardianou E.. Estimating Energy Conservation Patterns of Greek Households [J]. Energy Policy, 2007, 35 (7): 3778-3791.

[36] Sardianou E.. Household Energy Conservation Patterns: Evidence from Greece [EB/OL]. http://www.lse.ac.uk/colleetions/hellenicObservatory/pdf/2ndSymposium_ papers_ pdf/EleniSardi-anou_ paper. pdf 2005, June.

[37] Schuitema G., Steg L., Forward S.. Explaining Differences in Acceptability before and Acceptance after the Implementation of a Congestion Charge in Stockholm [R]. Transportation Research Part A: Policy and Practice, 2010, 44 (2).

[38] Singh Narendra. Exploring Socially Responsible Behaviour of Indian Consumers: An Empirical Investigation [J]. Social Responsibility Journal, 2009, 5 (2): 200-211.

[39] Stern P., Dietz T., Ruttan V., Socolow R., Sweeney J.. Environmentally Significant Consumption [M]. Washington, D. C.: National Academies Press, 1997.

[40] Stern P. C., Dietz T., Abel T. Guagnano, G. A., Kalof L.. A Value-belief-norm Theory of Support for Social Movements: The Case of Environmenalism [R]. Research in Human Ecology, 1999, 6 (2): 81-97.

[41] Stern P. C., Thomas D., Troy A., Gregory A., Guagano Linda K.. A Value-belief-norm Theory of Support for Social Movements: The Case of Environmentalism [J]. Human Ecology Review, 1999, 6 (2): 88-103.

[42] Stern P. C.. Toward a Coherent Theory of Environmentally Significant

Behavior[J]. Journal of Social Issues, 2000, 56 (3): 407 – 424.

[43] Stern P. S., Dietz T., Karlof L.. Values Orientation, Gender, and Environmental Concern [J]. Environment and Behavior, 1993, 25 (3).

[44] Triandis, Harry C.. Interpersonal Behaviour [M]. Monterey, CA: Books/Cole, 1977.

[45] Unander F., Ettestol I., Ting M., Schipper L.. Residential Energy Use: An International Perspective on Long – term Trends in Denmark, Norway, and Sweden [J]. Energy Policy, 2004, 32 (12): 1395 – 1404.

[46] Van Diepen A.. Households and Their Spatial – energetic Practices, Searching for Sustainable Urban Forms [D]. University of Groningen, 2000: 2 – 5.

[47] Van Raaij, Verhallen T.. A Behavioral Model of Residential Energy Use [J]. Journal of Economic Psychology, 1983, 3 (I): 39 – 63.

[48] Verplanken B., Wendy W.. Interventions to Break and Create Consumen Habits [J]. Journal of Public Policy & Marketing, 2006, (25): 90 – 103.

[49] Von Weizaecker E. U., Jesinghaus J.. Ecological Tax Reform [M]. New Jersey: Zed Books, 1992: 120 – 189.

[50] Weber C., Perrels A.. Modelling Lifestyle Effects on Energy Demand and Related Emissions [J]. Energy Policy, 2000, 28 (8).

[51] Wilhite H., Ling R.. Measured Energy Savings from a More Informative Energy Bill [J]. Energy and Buildings, 1995 (22): 145 – 155.

[52] Winett R. A., Love S. Q., Kidd C.. The Effectiveness of an Energy Specialist and Extension Agents in Promoting Summer Energy Conservation by Home Visits [J]. Journal of Environmental Systems, 1982, 12 (1): 61 – 70.

[53] 白光林, 李国昊. 绿色消费认知、态度、行为及其相互影响[J]. 城市问题, 2012 (9).

[54] 黎建新, 詹志方. 消费者绿色购买研究述评与展望[J]. 消费经济, 2007 (3).

[55] 芈凌云等. 城市居民能源消费行为低碳化的心理动因——以江苏省徐州市为例[J]. 资源科学, 2016 (4).

[56] 孙岩, 江凌. 城市居民能源消费的群体细分与行为特征[J]. 城市问题, 2013 (9).

[57] 于伟. 消费者绿色消费行为形成机理分析——基于群体压力和环境认

知的视角[J]. 消费经济, 2009 (4).

[58] 王国猛等. 环境价值观与消费者绿色购买行为——环境态度的中介作用研究[J]. 大连理工大学学报（社会科学版）, 2010 (4).

（执笔人：王蕾）

企业管理学科前沿报告篇

第六章 企业管理学科前沿研究报告

组织惯性与组织变革之间有着紧密的联系，但组织惯性对组织变革的影响并不是单一的阻碍或促进作用，而是随着变革发展阶段的不同，作用也有所不同。组织应根据不同阶段惯性的作用来采取不同的应对措施，当组织惯性对组织的发展和变革造成阻碍时，就应通过组织文化、组织学习及组织制度来克服，其目的是最小化组织惯性的不利影响，同时尽可能发挥其积极作用。

越来越多的中国企业通过跨国技术并购实现创新发展，并提升自己的核心竞争力。中国企业的跨国并购呈现"逆向"特征，吸收能力能够保证先进技术知识从"弱"到"强"的有效转移。知识基础、知识一致性、市场轨道稳定性是实现从"逆向并购"到"逆向吸收"的三个重要因素，也是决定中国企业跨国并购成败的前提条件。通过构建和提升吸收能力，实现从"逆向并购"到"逆向吸收"的跨越，有助于中国企业开拓全球市场。

有关人力资源管理系统与组织绩效关系的研究，为理解现代企业战略人力资源管理实践提供了有价值的理论依据和启示。综合以往研究，一方面，人力资源管理系统构成和组织绩效的测量缺乏统一性和有效性；另一方面，人力资源管理实践与组织绩效关联机制缺乏深入具体的分析。这也反映出人力资源管理实践的现实性与复杂性。

绩效评估是对组织、个人、活动的一种评价，具有引导、规范、优化的机制。就管理而言，绩效评价的目的是提高企业管理绩效。在传统型企业中，绩效管理的变化可能不大。但在新工业革命的背景下，传统企业转型升级是必然的，其绩效评估和绩效管理也会有所变化。

企业社会责任研究的方法不断充实，研究的内容逐渐宽泛，研究的议题也日益多元。在近两年的国内外学者对企业社会责任的研究中，研究领域逐渐呈现出学科交叉的特征，从近一年来国内外研究文献来看，企业社会责任问题逐渐与会计学、财务管理学、人力资源管理以及消费者行为学、市场营销战略等学科逐渐融合，探讨的问题日益多元化。

一、组织惯性研究前沿问题

1. 组织惯性的基本概念

（1）组织惯性的含义。惯性（inertia）本是物理学概念，指的是物体保持运动状态不变的一种趋势和特性。后来这一概念被引入管理学领域，最早由 Hanna 和 Freeman（1977）在其开创的群体生态学组织理论（也有学者称为组织生态学理论）中共同提出，该理论认为，惯性会对组织结构造成变革压力，但并没有明确定义惯性的含义。Schwenk 和 Tang（1989）认为惯性是指对存在问题的战略的持续承诺；现代管理学把它定义为能够对企业产生不利影响的短视行为（姜春林等，2014），它不仅存在于个人身上，而且存在于团队、项目和组织层面上（Genus、Jha，2012）。

组织惯性（organizationinertia）即反映在组织层面上的惯性，对此学者有着不同的定义：Miller 和 Friesen（1980）、Tushman 和 Romanelli（1985）等认为组织惯性是组织无法随着外界环境的重大变化而做出内部调整的现象，也即组织缺乏足够的实施内部变革的能力；Hannan 等（2004）认为，组织惯性是指考虑到变革的预期成本和收益后，组织对改变其结构的一种持续抵抗现象；赵杨等（2009）认为组织惯性是组织的一种属性，描述的是组织维持现状的趋势和对当前战略框架之外的战略性变化的抵制，通常表现为组织的思维惯性和组织的行为惯性；陈扬和陈瑞琦（2011）认为组织惯性是那些组织历史所导致的、不符合环境变化要求的行为和认知范式，它导致了企业对环境变化反应的迟钝性；范冠华（2012）则把组织惯性定义为，随着组织存在时间及经验的累积，组织经常偏好于过去的管理行为，倾向采取稳定的运作方式，因而当面临外部环境改变的冲击时，往往无法有效应对，甚至出现抗拒变革的现象。虽然定义不同，但这些观点具有明显的共识，即组织惯性是组织倾向于维持现状而不愿意或不能够做出改变的趋势和现象。

（2）组织惯性的分类。组织惯性问题不仅广泛存在于企业组织中，而且也常见于其他公共组织，例如医院、大学以及政府部门等（Asano、Eto等，2007），而一般的研究都主要关注于企业组织。对企业来说，常见的组织惯性包括结构惯性、资源惯性、知识惯性、文化惯性等。

结构惯性是指组织的行为能力与其所处环境的一种对应关系，当组织的重组速度小于环境变化速度时，就称该组织存在着结构惯性，小得越多惯性越大。这意味着某个组织可能在一种环境中惯性较大而在另一种环境中惯性却很小（Hanna、Freeman，1984），关键是要看行为相比环境的变化速度。

竞争惯性是企业在改变其竞争态势（定价、做广告、新产品介绍等）时所表现出来的行动能力，当企业做出的竞争行动变化较小时，就说明组织的惯性较大。竞争惯性受到管理者的行动意愿（动机要素）、对不同行动方案的辨别能力（知识要素）以及实际行动能力（能力要素）三方面因素的影响，如果管理者的动机、知识和能力水平低，则组织做出改变的可能性小，从而组织惯性大（Miller、Chen，1994）。

知识惯性是指人们在解决问题时偏向于使用现有知识和经验的一种策略倾向，包括程序惯性、资讯惯性和经验惯性三种。程序惯性指的是组织解决问题时会使用过去惯行的问题解决程序，咨询惯性指的是组织解决问题时会使用以往常用的知识源进行资讯搜索，经验惯性指的是组织处理问题时会使用过去的经验来解决当前的问题，程序惯性和资讯惯性又合起来构成了学习惯性（Liao等，2008；Liao，2002）。

文化惯性是指组织在面临外界环境变化时不愿采用一种不同的文化倾向，其产生原因是改变组织文化会产生高昂的成本，一旦组织文化发生变革，组织只有两种选择，要么让现有成员适应新文化，要么雇用适合新文化的员工，无论哪种情况都会使现有成员蒙受损失，因此抵制文化变革便成为自然，从而产生文化惯性（Carrillo、Gromb，2006）。

2. 组织惯性的来源和影响因素

（1）组织惯性的来源。关于组织惯性的来源，大体上可以分为三类解释，分别是组织生态学理论解释、委托—代理理论解释、组织行为理论解释。

组织生态学理论。该理论认为组织惯性产生的原因是利益相关者偏爱具有稳定绩效的组织，而组织为了维持这种绩效不敢进行变革。具体来说，组织惯性来自以下几个方面：一是设备和工厂的沉没成本及员工资产的专业化；二是决策者可获得的信息有限；三是内部政策固化的限制；四是长期形成的标准化程序的限制；五是进入或退出特定市场的法律和财务巨额成本的限制；六是与其他组织形成的交易关系无法轻松解除；七是激进的变革往往会威胁到本组织的合法性，同时面临着失去公众及其他组织支持的风险（Hannan、Freeman，1977、1984）。

委托—代理理论。该理论对组织惯性的解释分为两个方面：一方面，如果委托人要实施的变革损害到了代理人的利益，代理人就会对变革进行抵制，即使变革对企业是有利的，这种抵制是一种理性反应。另一方面，变革具有不确定性，存在着激励问题，如果企业变革失败，代理人可能要对损失负责，而如果变革成功，他们也不能直接获得好处。因此，代理人宁可沿用原来的行为模式也不愿做出改变，从而产生组织惯性（王俊，2015；苏博聪，2008；任凤玲等，2005）。

组织行为理论。该理论认为组织惯性的产生主要是因为有限理性，既包括认知的局限性，又包括决策的局限性。在认知上，管理者可能缺乏洞察力和足够的信息，同时对问题的认知风格和思维模式也已被固化，因此不能清醒地认识到组织应该做出的变革。而在决策方面，管理者往往由于个人能力的限制而无法全面地处理决策信息，再加上其偏向于选择过去成功的决策模式，抑制了创新动力，从而导致做出不利于组织变革和发展的决策，即落入决策陷阱（廖冰、欧燕，2012；简兆权、刘益，2001；王俊，2015；姜春林等，2014）。

（2）组织惯性的影响因素。组织惯性的大小受到诸多因素的影响，对不同企业来说，其惯性大小一般受到三种因素的影响，分别是组织年龄、组织规模和组织复杂性，有研究表明，组织惯性会随着组织年龄、组织规模和组织复杂性的增加而增大（Hannan、Freeman，1984）：第一，年龄较大的组织有充足的时间形成稳定的人际关系和标准的程序（Stinchcombe，1965），从而导致结构稳定性自然而然地增加；第二，随着组织规模的增大，它们会强调预见性、正式的角色以及控制系统（Downs，1967），从而使得组织行为变得可预测、刚性化而且不灵活（Quinn等，1983）；第三，组织复杂性是指组织内各部门之间结合的紧密程度，结合越紧密，部门在处理变革问题时越缺乏灵活性,组织对环境变化的反应时间越长,从而使变革更难发生(Kelly、Amburgey,1991)。

对同一个企业来说,其组织惯性大小也不是一成不变的,廖冰和欧燕(2012)认为,组织惯性受到组织资源的柔性程度、组织成员与组织的利益冲突程度、组织结构的稳定程度、组织文化的强式程度和组织惯例的稳定程度五个因素的影响:组织资源的柔性程度越小,组织惯性越小;组织成员与组织之间的利益冲突程度越大,组织惯性越大;组织结构越稳定,组织惯性越大;组织文化的强式程度越大,组织惯性越大;组织惯例越稳定,组织惯性强度越大。也有学者认为,组织惯性受"资源刚性"和"惯例刚性"两种因素的影响(Gilbert,2005),"资源刚性"源于组织不能对资源的投资模式做出调整(Christensen、Bower,1996;Henderson,1993),而"惯例刚性"源于组织不能改变利用这些资源的组织流程(Leonard-Barton,1992;Nelson等,1982),两种刚性共同决定了组织惯性的大小,但两种刚性会朝相反的方向变化,降低资源刚性的同时会增加惯例刚性,反之亦然,因此两者的变化幅度最终决定着组织惯性的增大或减小。

3. 组织惯性与组织变革

由于组织惯性是组织在面临环境变化时不愿做出改变的一种趋势和现象,因此它往往不利于组织变革的发生,很多研究表明,曾经成功过的企业在变化的竞争环境中之所以失利,很少是因为麻痹,而更多的是组织惯性所致(简兆权、刘益,2001)。Romanelli 和 Tushman(1986)认为,在企业外部环境,如市场、竞争、社会期望和责任等发生较大变化而需要进行组织变革时,竞争惯性会对其产生强大的阻碍作用。同样,弋亚群等(2005)认为,企业在进行战略创新和变革时面临着强大的组织惯性阻力,这是由两方面原因决定的:第一,管理者的战略思维惯性会阻碍战略创新,现有的战略框架将引发变化环境下的战略选择盲点;第二,企业中现有的认知风格、组织流程及关系网络很容易形成一种惯例,而这种惯例会对企业的战略选择和创新造成阻碍作用。姜春林等(2014)研究了民营企业的变革,认为组织惯性会对企业的运营和管理造成各方面的影响,阻碍企业的权力交接和管理创新,从而对民营企业的成功转型造成不利影响。王俊(2015)研究了上市公司的多元化并购问题,认为多元化并购是上市公司进行业务转型的重要方式,但组织惯性的存在(主要是组织结构和组织文化两个层面)严重阻碍着上市公司多元化并购的发生，从而不利于其业务转型。此外，谢康等（2016）通过案例研究发现，组织惯性会阻碍企业的互联网转型，在变革前后引发一系列的变革风险：首先，在变革前的突破组织惯性阶段，企业面临着模式、能力和资源的变异风险；其次，在变革后的新惯性形成阶段，企业又面临着模式、能力和资源的适应风险。但企业仍可通过多种风险控制机制有效地降低风险，成功实施互联网转型。

虽然不少学者认为组织惯性往往会对组织变革造成不利影响，但组织惯性也并非一无是处，有时候组织惯性也可能产生有利的影响，其对组织来说是利和弊共存的。吕一博等（2015）认为，组织惯性是所有成功发展的组织中普遍存在的现象，它会提升组织集群网络的可持续发展能力，增强集群网络的"集聚优势"，削弱集群网络演化的小世界现象，同时，组织惯性的存在会加剧集群网络演化的派系分化程度，从而促进派系内网络效率的提升，进而带动整个集群网络效率的提升。Hannan和Freeman（1984）通过对正式组织中的惯性研究发现，正式组织具备可靠性和义务性，组织正式的制度、目标和标准的活动模式能够稳定组织结构，保障组织的平稳运作，但同时也给组织变革造成强大的阻力，使改变组织的核心特征变得极其困难（赵杨等，2009）。Nickerson和Zenger（1999）研究了非正式组织的结构惯性对组织变革的影响，结果表明，在其他条件相同的情况下，具有更大惯性的组织从企业模式转换中获得的益处更大，因为非正式组织的结构惯性会使组织在选取理想的模式时，尽可能地吸收和保留原有模式的合理部分，这在一定程度上可以避免组织因变革过于剧烈而可能发生"失控"，使组织模式的转换更加平稳。而范冠华（2012）认为，组织惯性对企业变革既有不利的一面，也有有利的一面，不利是因为组织惯性是组织为了维持逐渐扩大的规模和逐渐复杂的运作而不得不走向官僚化与惯例化结构的结果，它会导致组织应对环境变化的桎梏；有利指的是组织惯性具有降低事件处理的不确定性、应对环境变动的稳定性、维持传统的价值观等优点，可以为组织在平稳环境下的持续发展提供保障。

总之，组织惯性对组织变革的作用不是简单的好与坏，而是一种辩证的关系：组织变革需要在未来形成惯性，今天的惯性正是过去实施变革所必然导致的结果，也即过去的变革形成当前的惯性，当前的惯性阻碍未来的变革，当前的变革又形成未来的惯性（Marcel等，2006）。因此，总体来说，惯性在变革完成后是有利于组织稳定的，而在组织进行变革时又成为阻碍因素，要想更成功地实施组织变革，就应该努力使组织惯性发挥其积极作用，同时降低其不利影响。

4. 组织惯性与组织创新和绩效

组织惯性不仅与组织变革联系紧密，而且也与组织创新和绩效存在着一定的关联。廖冰等（2013）以中国制造业企业为样本，对组织惯性、组织创新和组织绩效三者之间的影响机制和路径进行了实证研究，结果表明：制造业企业的组织惯性对组织创新有显著的正向影响，同时，组织惯性对组织绩效也有显著的正向影响，而且组织创新在组织惯性对组织绩效的影响中起部分中介作用。Liao等（2008）研究了知识惯性与组织创新之间的关系，结果表明：知识惯性在组织学习对组织创新的影响中起完全中介作用，其中学习惯性会削弱组织的学习承诺、共同愿景和开放思维，对组织学习起到阻碍作用，而经验惯性则会促进组织学习，组织要想提高学习能力从而提高创新水平，就应该努力降低学习惯性而增加经验惯性。周健明等（2014）对企业的知识惯性与新产品开发绩效之间的关系进行了研究，结果表明：企业的程序惯性和资讯惯性对新产品开发绩效都没有直接的显著影响，但会通过内外部知识整合对新产品开发的绩效产生不利影响，相比之下，企业的经验惯性不但会显著地直接提升新产品的开发绩效，而且还会通过内外部知识整合间接地促进新产品开发绩效的提升。范钧和高孟立（2016）研究了知识惯性与服务型企业绩效之间的关系，结果表明：程序惯性和咨询惯性都会阻碍企业绩效的提升，而经验惯性不仅不会阻碍企业绩效的提升，反而会通过利用式学习和探索式学习间接地促进服务企业绩效的提升，这与学者Liao和周建明等得到的结论是一致的。丁德明等（2007）从员工激励和公司治理的角度对组织惯性进行了研究，认为组织惯性是各利益群体之间形成的一组关系合约的集合，在组织中充当着非正式激励的角色，组织惯性在受正式激励机制影响的同时，又提供了正式激励机制所嵌入的组织社会情境，进而对组织的正式激励机制产生影响，两者的相互匹配为提高企业的治理绩效提供了保障。Šarūnas等（2013）从动态能力的角度出发，认为与稳定的环境相比，在动荡的环境中组织惯性会阻止战略变革的发生并导致动态能力刚性，从而减弱动态能力对企业财务绩效的积极影响。刘海建等（2009）通过上市公司样本研究组织结构惯性与企业绩效之间的关系，结果表明：组织的结构惯性发展存在着明显的拐点，在拐点之前，即组织结构惯性的正常发展阶段，随着组织结构惯性的增强，企业内部将逐渐培养出一定的组织资本（技术、经验、制度等），这种组织资本能够创造比较高的企业绩效；但当组织结构惯性发展到极端，即到达拐点之后时，惯性就会变成惰性，对企业绩效形成负面影响。

5. 克服组织惯性的方法

虽然组织惯性并不是完全有害的，但其通常还是会阻碍必要的组织变革，当组织惯性对组织变革造成不利影响时，就应该克服这些惯性。从现有的研究来看，组织惯性的克服可从组织文化、组织学习和组织制度三方面着手。

组织文化方面。要通过营造有利于变革的文化来削弱组织惯性的影响。首先，应该在组织中建立起创新型的组织文化，鼓励员工参与创新（王龙伟等，2004）；其次，要发挥组织中关键人物的作用，给他们更多的关注，减少关键人物对变革的排斥（范冠华，2012）；最后，必要时要人为创造适度的危机，激发组织的积极思考（简兆权、刘益，2001；任凤玲等，2005）。

组织学习方面。要通过加强组织成员的学习来提高其应对变革的能力。提高组织的学习能力显然能够提高组织的认知能力，从而减弱惯性的不利影响。组织应当倡导员工进行发散性思维，引导员工沿不同路径改变传统思维模式，同时，加强员工之间的团队合作，增进个体与组织之间的联系（姜春林等，2014；赵娅、付春香，2016）。

组织制度方面。要通过设计合理的组织结构和体制为组织变革提供便利。首先，建立良好的沟通和培训机制，使员工更好地发挥自己的才能（王龙伟等，2004）；其次，对员工进行激励，例如建立良好的参与机制、适度放权、改革绩效考核标准等（赵娅、付春香，2016）；最后，及时对组织行为进行监督和控制，不仅要监视财务状况，还要监视战略状况（简兆权、刘益，2001），及时对偏差进行修正。

6. 组织惯性研究评述

综合上述研究可以发现：组织惯性是组织无法随着环境的变化而对自身做出快速调整的趋势和现象，主要包括组织结构惯性、组织资源惯性、组织知识惯性和组织文化惯性四类。组织惯性的来源可以用三种理论来解释，分别是组织生态理论、委托—代理理论和组织行为理论，它们决定着组织为什么会产生惯性，而组织惯性的影响因素则决定着不同组织的惯性差别，以及同一组织不同时期惯性的大小。组织惯性与组织变革之间有着紧密的联系，但组织惯性对组织变革的影响并不是单一的阻碍或促进作用，而是随着变革发展阶段的不同，作用也有所不同，而且现有研究也表明，适度的组织惯性会促进企业的创新并提高组织绩效，但过量的惯性会产生不良影响。组织应根据不同阶段惯性的作用来采取不同的应对措施，当组织惯性对组织的发展和变革造成阻碍时，就应通过组织文化、组织学习及组织制度来克服，其目的是最小化组织惯性的不利影响，同时尽可能发挥其积极作用。

就现有研究来看，组织惯性的研究是从国外发起的，后逐步进入国内，研究历史比较久远，国外研究多偏向于定量方法，而国内的研究则定量分析和定性分析都较多，但有以定量研究为主导的发展趋势。从研究内容上看，对组织惯性的研究已经涵盖了组织惯性是什么、为什么产生、有什么影响，以及如何应对组织惯性这几个方面，其中组织惯性对组织变革的影响是被研究最多的问题，但如何真正克服组织惯性所造成的负面影响，以及如何发挥组织惯性的积极作用等方面的研究还不够成熟，这也是未来研究应该重点关注的领域，毕竟，了解组织惯性的目的是更好地应对以及对其加以利用。

二、并购管理研究前沿问题

2016年中国成为海外最大的投资者，高端制造业成为并购热点。在中国对外投资不断增加的同时，投资方向和形式也在不断发生变化，向多元化、高端化发展。但是，盈利能力和管理能力制约着中国企业的国际化进程。针对中国企业快速国际化的发展现象，国内外学者做出了相关研究和分析。

1. 中国企业海外并购以"逆向并购"为特征

"逆向并购"是指后发国家企业通过并购发达国家企业以获得战略性资源的国际化经营战略。在并购发达国家企业的过程中，知识转移呈现出从"弱"到"强"的知识流向，即由被并购方向并购方转移技术知识，可以把此现象称为"逆向知识转移"（Reverse Knowledge Transfer）。通常意义上，

"强"的是并购企业,"弱"的是被并购企业。但是,作为"强"的并购主体,中国企业却往往在技术上处于弱势。在并购企业处于技术弱势的情况下,实施"逆向并购"并不一定意味着"逆向知识转移"的顺利完成。只有通过构建并购企业的吸收能力,促进从"逆向并购"到"逆向吸收"的转变,才能实现后发国家企业跨国并购过程中的"逆向知识转移",并最终达到提升创新能力的目标。

通常"知识转移"发生在发达国家企业全球化扩张过程中,大型跨国母公司所拥有的知识积累和知识基础更为成熟,不断将先进技术、管理经验、品牌资源等关键知识向全球市场的被并购企业或者子公司进行转移。由于中国企业的跨国并购处于"技术追赶"情境下,"逆向知识转移"与此有一定的共性,但在转移动机、转移时机、转移方式等方面都存在诸多差异。首先,转移动机的选择性。中国企业并购发达国家企业的动机主要是获取目标企业的技术、品牌等战略资产,知识转移具有针对性和选择性。其次,转移时机的持续性。中国企业并购发达国家企业的"逆向知识转移"发生在并购以及整合过程的各个阶段,属于全过程知识转移。最后,转移方式的单向性。通常中国企业在创新能力和知识积累方面较被并购对象稍弱,试图通过被并购企业的知识逆向转移实现产业升级和技术创新的目标。

现有知识转移的相关研究还不够系统和深入,仍有待深化和完善(吴先明,2013)。首先,现有知识转移的相关研究主要基于发达国家企业的并购活动,聚焦于知识溢出效应,研究"从强到弱"的知识转移过程。知识转移效率决定了跨国并购的成败(Haspeslagh、Jemison,1991),然而现有文献对于"从弱到强"知识转移机制的研究稍显欠缺,尤其较少关注为了获取战略性知识资产而并购发达国家企业所引发的"逆向知识转移"现象。作为全世界最大的发展中国家,中国企业是实施"逆向知识转移"的主要主体,研究中国并购企业吸收能力与知识转移和价值创造的关系有着深刻的现实意义。其次,现有研究过于强调外部因素的影响,忽视分析并购企业本身的行业和技术特征。现有"逆向知识转移"研究主要关注一些跨国并购过程中的特定因素,例如文化差异、沟通程度、知识基础、组织自治等维度,研究结论不一,不能令人信服地解释"逆向知识转移"的作用机制。最后,现有研究忽视国内市场需求规模对于知识转移和价值创造的拉动作用。为了在激烈的市场竞争中保持优势,中国企业不仅要吸收和利用现有的技术能力,还需要开发适合中国市场特征的新技术能力。在很多情况下,中国企业的跨国并购并不是为了实现全球化经营，而是将并购所获得的战略性资源，尤其技术资源用于满足国内市场需求，从而建立基于国内市场的竞争优势。中国企业的并购目标选择通常是技术范式比较稳定的先进制造领域，该领域的技术创新和产业升级原本主要依赖于企业长期的能力积累，而通过跨国并购实现技术升级和创新发展成为一条"捷径"。例如在工程机械领域，国内企业迅速成长但缺乏核心技术，发达国家企业技术领先但本土市场需求逐渐萎缩，作为快速增长的新兴市场，"中国机会"也成为它们接受中国企业"逆向并购"的潜在因素。

我国企业对发达国家企业的技术寻求型并购发展迅猛，而现有的理论对这一问题缺乏逻辑一致的解释。中国企业"逆向并购"实践的快速发展亟须并购理论创新，以摆脱现有研究对企业在逆向并购过程中如何实现知识吸收和转移等问题知之甚少的困境。在中国企业逐渐成为跨国并购主体的背景下，对后发国家企业跨国并购引发的"逆向知识转移"机制进行深入研究，找到影响知识转移效率的关键因素，显得尤为紧迫和重要。

2. 中国企业通过"知识转移"提升创新能力

中国企业不只注重眼前的投资回报，而是探索更长期的投资模式，通过并购发达国家的目标企业获取技术、资源和品牌。这是中国企业发展进程中的一个崭新阶段，它意味着，一大批中国企业正在将跨国并购作为能力跃升的杠杆，从立足本土或区域性的企业演变成为全球化企业。事实上，跨国并购的追赶效果是十分明显的，许多企业已经通过跨国并购实现了对行业领先企业的追赶。吴先明（2014）认为，中国企业并不是简单地跟随发达国家技术发展的路径，他们可能跨越某些阶段，甚至创造自己特有的路径。

中国企业的跨国并购以寻求先进技术、管理经验、营销渠道等战略性资产为目标，并购对象多为发达国家企业。中国企业正将跨国并购作为获取战略资产、实现产业升级、寻求全球价值链定位优势的重要途径（Mathews, 2006）。从跨国并购研究的视角看，企业间的知识转移是构建竞争优势的基础。通过技术并购，企业能够因知识转移而获得关键性的战略资源并构建创新能力。从创新研究的视角来看，收购者和被收购者之间技术能力的差异以及知识基础的不同都会增加组织学习与技术创新机会。通过并购企业之间相互学习和吸收知识，完成知识转移过程，提升并购企业的创新能力。

对于技术追赶国家，创新是技术获取和吸收能力的协同产物（Liu、

White，1997）。缺乏吸收能力，企业的跨国技术并购将变成设备、器材或专利的简单购买，不会提升并购企业的创新能力。技术并购是企业获取外部知识资源、提升创新能力的捷径，吸收能力是企业获取的外部知识资源的消化系统，是转化外部技术为企业能力的"孵化器"，而企业长期积累的知识基础是获取外部战略资源过程中最核心的能力支撑。

（1）知识积累是形成吸收能力的基础。知识具有累积性，知识积累是形成吸收能力并促进并购创新的重要因素。知识积累是指并购企业在行业背景、市场知识、技术能力等方面的经验和熟悉程度。知识积累的作用在跨国技术并购和资源并购过程中展现出不同的重要性（Ahuja、Katila，2001）。在技术并购过程中，知识积累的作用更加明显，并购企业的知识积累能够促进吸收能力形成（Utterback，1994），以吸收能力为基础的知识转移又巩固了并购企业的知识积累。所以，知识积累能够影响并购企业的创新绩效。也就是说，在知识"逆向转移"的过程中，并购企业作为知识转移的接受方，其自身的知识积累和吸收能力都会影响知识转移的效率。只有当吸收能力充分发挥作用时，通过跨国技术并购才能显著提升并购企业的创新绩效。因为外部知识来源和企业知识积累程度、学习努力程度共同决定了"逆向并购"的整体知识转移效率。当并购企业间的知识积累具有一定的相关性时，双方更加能够清晰地理解各自所拥有的知识价值，并能够各自做出针对性的整合与应用（Zahra、George，2002）。因此，在通过并购获得外部知识或技术资源时，需要并购企业具有一定的知识基础和吸收能力。吸收能力基于企业以往的经验随时间积累而形成，知识基础决定了企业吸收新知识、应用新知识的能力以及继续进行创新的能力和绩效。知识积累促进"学习与吸收"的快速发生，从而使得并购企业能够获取新的创新知识和创新能力，并在应用新知识和新能力的过程中加快学习，提升创新绩效。

知识积累和知识基础是中国企业开展跨国技术并购的前提。中国企业在跨国逆向知识转移中应注重利用已有的知识基础，侧重于已有知识发现与外部知识的相关性和互补性，着眼于提升知识吸收能力，而不是仅仅通过并购从海外获得有形的技术设备。

（2）知识一致性促进吸收能力的形成。知识一致性是指并购企业双方所拥有的知识资源的互补性和重叠程度。跨国并购的首要动因正是快速获得企业创新所需的新技术（Hagedoorn、Duysters，2002），即利用并购获得的新知识促进企业创新。值得注意的是，影响并购企业创新的关键并不是知识资源本身，而是通过吸收能力完成知识转移，以最终实现技术能力的提升。并购企业间的知识一致性程度影响吸收能力（Sears、Hoetker，2014）。当企业拥有与学习对象具有相关性和一致性的关键知识资源时，吸收和转移的效果会更好。逆向知识转移容易发生在一致性较高的知识环境中，例如，于开乐和王铁民（2008）认为，通过技术并购实现创新的条件是知识积累的互补性和"内生创新力量"，这种内生创新力量就是通过吸收能力使得互补性知识"内化"为企业新知识，并能够实现新产品创新。缺乏吸收能力等因素会提高知识转移的成本，并影响价值创造（Lane、Lubatkin，1998）。究其根本而言，还是由于知识的输送和接受单元之间缺乏"知识一致性"，提升了知识转移成本。对于并购企业的管理者而言，发现知识一致性，保证他们对于知识转移的收益预期，才能够有激励促进知识转移的发生。

知识一致性是影响吸收能力的主要因素，进而影响并购企业间知识转移效率及创新绩效。知识一致性意味着并购双方知识资源的互补性和高重叠程度，并购双方能够进行技术和知识互补协作。逆向知识转移和吸收更加容易在具有知识一致性的并购企业双方之间发生，因为知识一致性意味着并购企业具备互补的知识，能够吸收和利用被并购方的知识资源（Cohen、Levinthal，1990），并最终提升并购绩效水平。在逆向知识转移过程中，知识一致性决定潜在吸收能力，并购企业间知识一致性程度越高，并购企业的潜在吸收能力就越大，知识转移也越有可能发生。

（3）市场轨道稳定性影响吸收能力水平。市场轨道为后发国家创造了新的追赶机会，尤其在技术范式稳定的情况下，巨大的市场需求能够影响吸收能力的形成和知识转移的效率。熊鸿儒（2012）认为，技术范式和技术轨道的概念忽略了以市场需求为代表的诸多重要因素，后发国家的"追赶"过程不一定非得建立在新的技术轨道上不可，结合本土市场需求特征就可以发现，除技术轨道以外还存在着"市场轨道"为后发国家创造新的追赶机会。所谓通过"市场轨道"进行追赶和创新，主要是在同一技术范式下基于本国市场需求进行创造性学习，充分挖掘和利用市场轨道的多样化创新，降低或突破现有的产业壁垒（熊鸿儒，2012）。在"市场轨道"思路下，中国企业要想瞄准本国市场需求，针对性地引进或者并购先进技术，吸收能力就成为决定知识"逆向转移"的关键因素。

技术范式的稳定性也会影响并购对象的选择。在稳态的技术范式中，拥有较高市场集中度的企业具备规模化的知识积累，易于选择并购那些具有产业发展确定性的技术资源。对于中国企业来说，并购目标企业的技术资源都是未来国内产业升级发展的主要方向，企业倾向于沿着固定的技术轨道或者渐进性创新方向实施并购。因为自身知识积累程度较高，知识吸收和转移的风险较小，在市场轨道保持"顺轨"发展，或者技术范式稳定的情形下，吸收能力和知识转移效率能够得到确定性提升。

（4）吸收能力提升了知识转移的效率。吸收能力是企业识别、吸收、同化和运用外部知识以提升创新绩效的能力（Cohen、Levinthal，1990）。吸收能力是一个多元结构，吸收和利用外部知识的能力是创新能力的重要组成部分（Zahra、George，2002）。创新企业的成功不仅依赖于内部知识资源，还要求其能够获取和整合外部知识资源（Capron、Mitchell，2009；Chesbrough，2003）。Deng（2010）从吸收能力的视角解释中国企业通过跨国并购获取技术知识和战略资产失败的原因，指出吸收能力较弱的企业进行跨国并购会损害其吸收、整合和应用外部知识的能力。因为，企业通过技术并购获得目标企业的设备、图纸和专利等有形知识资源，并不会自发地引起技术创新能力的提升（侯汉坡、刘峰，2007）。从获得目标企业的战略性技术资源到技术能力的真正提升之间有一个跨越阶段，即"吸收能力"阶段，在此阶段实现能力、知识的转移、扩散以及同并购企业原有能力、知识的整合，从而形成新的创新能力。

跨国并购后的整合过程实质上就是对目标企业所拥有的关键技术和知识资源进行学习和转移的过程。尽管技术并购是有效获得外部知识资源的主要方式，但并不意味着并购实施后技术知识能够顺利转移。通过构建吸收能力机制，外部知识的潜在价值可以内化为企业的创新能力（Cohen、Levinthal，1990）。决定逆向并购成败的关键是"吸收"能否顺利实现，一是能否实现技术转移，二是能否成功整合价值链，最终形成具有竞争优势的创新能力。吸收能力促进知识转移效率提升的结果，最终表现为并购企业能够将知识资源应用并转化为具体的产品设计，并进行产品创新和模式创新（Carlile，2004；Smith、Collins、Clark，2005）。

3. 中国企业通过海外并购实现产业转型升级

从并购效果来看，因为国内企业已经积累了一定程度的知识基础，形成了强大的吸收能力，并购的技术资源能够在国内市场迅速获得应用。中国企业选择跨国逆向并购方式，快速获取和利用国外先进技术、管理经验等要素，通过知识吸收和转移，加快工程机械技术创新和工程化、产业化，发挥国内外资源的协同效应，实现跨越式发展。同时，以并购后实现全资控制的海外目标企业为"根据地"，在全球市场上再度进行企业并购和资源整合，进一步巩固和扩大中国企业的影响力和控制力。通过完成从"逆向并购"到"逆向吸收"的跨越，中国企业基本实现从"买得来"到"管得住"的提升，把发达国家企业拥有的技术和管理资源转移到国内市场，与企业拥有的本土化生产资源和市场资源进行有效的整合，提升了企业的整体创新能力。

中国快速的经济发展和庞大的市场需求，不仅为中国企业"走出去"提供了资本准备，也为跨国技术并购形成了很好的"中国概念"。在互联网和智能制造等新技术革命推动下，全球产业结构重组在加速进行，发达国家跨国公司继续剥离非核心业务，我国企业在医药制造业、专用设备制造业、计算机通信和其他电子设备制造业等领域开展并购，获取专利技术、品牌、营销渠道，在全面提升我国制造业发展能力的同时，推进了中国这个世界最大制造业基地与全球产业体系的融合。欧美发达国家的高端制造业之所以成为我国对外直接投资的热点，主要是因为中国企业试图通过对外直接投资获得向价值链高端延伸的捷径，同时，投资对象也获得了进一步发展的新动力。

在逆向知识转移过程中，作为收购方的中国企业处于"强"势，但又缺少国际化经验。在以寻求战略性资源为主要目标的海外并购过程中，如何才能有效保证技术和知识资源的跨组织边界转移？中国企业的吸收能力是实现从"逆向并购"到"逆向吸收"的关键要素，能够有效提升跨国并购过程中逆向知识转移的效率，并最终提升并购绩效。

中国企业对吸收能力的累积应该是连续的，实施跨国技术并购不应是"临时抱佛脚"。站在中国企业的角度，这些成功实施并购的企业经过多年的发展，已经拥有了相对成熟的技术基础和创新能力，同时所处行业的市场轨道和技术范式的稳定性也降低了逆向跨国并购的风险。在国内产业升级压力和庞大市场需求的拉动下，通过并购发达国家的高端产品和技术资源实现产业升级，可以迅速提升我国企业的创新能力和经营业绩。

4. 中国企业国际化运营的管理能力有待提升

虽然我国企业已经积累了一定的技术和市场优势，但中国企业的海外并购远未达到不计任何风险的"龙吞象"阶段。考察当前一些中国企业成功实施跨国并购案例的特征，并购战略的实施依旧处于"追赶"情境下，主要因为国内快速增长的市场需求创造出"中国机会"的概念,那些拥有先进技术知识但缺少市场机会的发达国家企业才容易接受中国企业的并购要约。中国企业因此而"独具魅力",表现为中国企业有巨大的国内市场需求为依托,与中国企业合作可以借机开拓中国市场。国外企业被中国企业并购成为"中国企业"后,从资源利用潜力角度讲,双方都将获得极大的战略协同。中国企业获得了发达国家企业的关键技术资源,同时对方也获得了中国企业能够提供的互补性资源,其中包括适应中国市场的能力、在长期经营过程中建立的国内商业网络等资源,双方都只有通过并购模式合作才能获得相互的资源。这种资源获取的相互性,可以成为中国企业并购那些想进入中国市场的外国企业的重要筹码,提高并购成功的概率。所以,在现有市场轨道下,以战略性资源为目标的中国企业"顺轨"技术并购往往能够取得成功,发达国家的企业也有进行知识转移的主动性意愿。而那些以能源资源、市场进入、新兴技术等为目标,或者单纯财务性投资的跨国并购往往并不能够取得圆满的结果。

通过针对性地实施跨国技术并购,国内企业可以逐步构建吸收能力从而完成逆向知识转移。知识转移的完成可以体现在技术能力、架构能力、管理能力等不同的层面。吸收能力能够将外部知识内部化从而提升企业的技术能力,因此,并购整合的过程就是企业学习和吸收外部技术知识和资源的过程,技术资源的吸收和整合能够增加并购企业的知识吸收能力和利用能力。对被并购企业的核心能力进行管理,使它们融入并购企业的业务体系,充分发挥它们的潜力,为并购企业创造价值成为并购成功的必要条件。更加重要的是,并购企业可以通过整合目标企业的知识资源形成架构能力(Architectural Competence)并提升创新绩效(Henderson、Cockburn,1994)。通过构建吸收能力,我国企业可以增强市场竞争力,在产品开发上摆脱传统的模仿或者跟随战略,在产品结构、性能或生产工艺等关键技术上不断有所突破和发展,获取领先地位并最终通过知识产权保护成为标准的制定者。在架构能力的形成和构建方面,国内企业已经有所突破,但还需要进一步的努力。

现阶段国内企业在跨国管理能力提升方面显得办法不多。以技术并购为目标的国内企业跨国并购过程中,作为权宜之计,通常采用的做法是保持被并购企业独立运营以降低整合的风险。国内企业在保持被并购企业相对独立自治经营的同时,还是尽可能获取其产品和技术资源以发挥协同效应。这种普遍现象也从某种程度上说明,我国企业暂时还缺乏对外并购的"软实力",这有可能会导致我国并购企业和管理层都不能很好地进入角色,有效管理知识转移过程难以实现从"逆向并购"到"逆向吸收"的跨越。

三、人力资源管理研究前沿问题

企业如何有效管理人力资源,以提升组织绩效和获取竞争力,一直是人力资源管理研究的热点课题。国内外学者针对人力资源管理系统与组织绩效的关联机制进行探讨,在该领域产生了一系列研究成果(Guest,2011)。一是人力资源管理系统构成与组织绩效关系的研究。如高绩效工作系统、高承诺工作系统和高参与工作系统研究,阐明了人力资源管理系统包含哪些实践以及通过怎样的途径影响组织绩效。二是人力资源管理过程促进系统影响组织绩效的研究。如人力资源管理系统强度研究,揭示了人力资源管理系统该如何设计与执行以增强对组织绩效的影响力。

1. 影响组织绩效的人力资源管理系统构成

企业通过运用包括人力资源在内的各种资源来实现组织绩效。企业对人力资源的运用做出怎样的决策会直接影响组织绩效。学者们通过分析大样本数据发现,能够提升组织绩效的人力资源管理系统通常包含特定的内容结构,由一组不同但高度互补的管理政策和活动组成,并且通过协同效应而不是单个效应影响组织绩效。这方面的研究有高绩效工作系统、高承诺工作系统和高参与工作系统研究。

高绩效工作系统可从广义和狭义两方面界定。从广义上看,高绩效工作系统是指将人力资源与技术、组织结构相匹配,以促进企业绩效提升的组织系统(Nadler、Gerstein、Shaw,1992;Neal、Tromley,1995;Noe 等,2004)。从狭义上看,高绩效工作系统则包含一系列不同但高度互补的人力资源管理实践(Pfeffer,1994;Huselid、Jackson、Schuler,1997),并且涵盖人力资源管理工作的重点领域,为企业带来良好绩效。例如,严格的员工选聘程序、激励性薪酬、绩效管理系统、广泛的员工参与和培训措施,能够提升员工知识、技能与能力,增强员工积极性,减少怠工行为,留住高素质员工,从而促进组织绩效提升(Huselid,1995)。目前学者们在高绩效工作系统的构成上持有不同的看法。但多项分析表明,广泛的培训与发展、激励性薪酬、员工参与与选拔和绩效管理是高绩效工作系统不可缺少的组成部分。如张正堂和李瑞(2015)对截至2012年的187篇实证论文进行分析,总结出30项高绩效工作系统的实践项目,其中被研究最多的5项依次是薪酬与奖励、培训、招聘与选拔、参与与授权以及绩效管理。

高承诺工作系统由一系列旨在促进内部开发和组织承诺的人力资源管理实践构成。多数研究认为,严格的招聘和选拔、丰富的工作设计、广泛的培训与开发、内部晋升、激励薪酬、员工参与、团队协作是高承诺工作系统不可或缺的成分,它们能够积极影响员工态度,如组织承诺、组织支持感、信任感等,提高员工满意度,减少工作压力,并将一系列积极态度转化为利于组织的行为产出,如组织公民行为、知识分享行为和创新行为(Keboe、Wright,2013;Zhou、Liu、Hong,2012)。日本大企业的管理方式通常被认为具有高承诺工作系统的特征。

高参与工作系统是指通过增强员工责任感和权力、发挥员工自主性来提高组织绩效的人力资源管理实践组合。高参与工作系统通常包含员工参与和授权、工作设计的丰富化、工作范围的扩大化、强调团队的自我管理和团队内部合作、开放的信息与沟通渠道等内容。它们能够增强员工积极性,发挥员工能力,从而提升组织绩效。

学者们有时把高绩效工作系统、高承诺工作系统和高参与工作系统相提并论。但这三者之间在目标、手段上存在着差异。在目标方面,高绩效工作系统旨在提高企业绩效,而高承诺工作系统强调增强员工组织承诺(Baron、Kreps,1999),高参与工作系统强调对员工授权,让员工充分发挥作用(Xiao、Bjorkman,2006)。在手段方面,高绩效工作系统侧重于生产运作方面,强调通过人力资源实践、工作结构和过程的组合来提升生产运作效率;高参与工作系统侧重于工作组织层面,即对基于知识、观念和抽象劳动的组织活动进行管理,强调通过员工参与机会、利用隐性知识来提升组织绩效;高承诺工作系统侧重于员工关系层面,兼顾生产运作和组织维系两方面,通过改善员工雇用环境、获得员工承诺来实现组织目标(张正堂、李瑞,2015)。

2. 人力资源管理系统对组织绩效的影响机制

人力资源管理系统不是直接影响组织绩效,而是通过改变组织构成要素来释放影响力。Appelbaum 等(2000)指出,组织结构是由员工能力、动机和参与机会三要素组成，它们通过单独作用或交互作用为组织带来绩效。因此，人力资源管理系统对组织绩效的影响机制是通过改变员工能力、动机和参与机会来体现的。从这个意义上看，凡是能够改进组织绩效的人力资源管理系统，都应包含与员工能力、动机和参与机会相对应的三方面内容：一是旨在提高员工能力的实践组合，如严格的招聘与选拔、广泛的培训与开发等；二是旨在提升员工工作动机的实践组合，如激励性薪酬、绩效管理、内部晋升与选拔等；三是旨在增强员工自主性和责任感的实践组合，如广泛的参与与授权、工作设计的丰富化、工作范围的扩大化、开放的沟通与信息渠道等。在人力资源管理系统与组织绩效之间起中介作用的因素有很多，如组织承诺、组织自尊、组织学习能力、知识分享行为等。

研究表明，以严格的招聘程序、广泛的培训与开发、激励薪酬、内部晋升等措施为特征的高承诺工作系统，通过影响组织承诺和提高工作动机，促进知识分享与团队合作，对组织绩效产生正向影响。高承诺人力资源实践向员工传递了信任和投资的信号（Kalsboven、Boon，2012），根据社会交换理论，这会拉近员工与组织之间的心理距离，增强员工对组织的信任感。而出于对组织的信任，员工会更愿意努力工作，提高参与合作和分享知识的意愿（Jarvenpaa、Majchrzak，2008；Cai et al.，2013），从而给组织绩效带来好的效果。还有研究指出，高承诺工作系统或高参与工作系统反映出组织管控导向不是控制员工而是激励员工。它们大都强调员工自我管理，并提供员工表现自我和发挥作用的机会，因此，能够向员工传递被信任和被认可的信号，使员工感知到自己对于组织的重要性和价值。根据自我一致理论，高自尊感的个体会努力维持其正面的形象，他们通过工作投入和个人产出来证明自己是有价值的、有意义的员工，进而影响组织绩效（李燕萍、刘宗汉，2015）。

高绩效工作系统的引擎是员工的组织学习能力。组织学习能力，指组织成员作为整体持续地更新知识、改善个体行为和组织体系并使组织在变化的内外环境中持续发展的能力。组织学习能力培养的具体办法有重视应聘者的潜在学习能力和团队合作精神；入职后实施有计划的培训，为员工学习创造条件；规范考核制度，按照能力标准进行晋升；建立考核反馈系统，帮助员工反思和总结，激励员工掌握新知识和技能；建立技能数据库，促进员工之间的知识分享。这些既是高绩效工作系统的特征，又是提升组织学习水平的有效措施，会促进企业不断创新，在激烈的市场竞争中立于不败之地（颜爱民等，2015）。

高绩效工作系统可提高包括人力资本、社会资本和组织资本在内的智力资本存量，推动组织的知识创造，对组织创新与绩效提升产生正向影响。在这个过程中，以智力资本为基础的知识交换和整合能力发挥重要的中介作用。高绩效工作系统由能力、动机和参与机会三个子系统构成。能力系统措施，如注重能力的招聘政策有利于雇用高素质员工，提高员工的整体知识与能力水平。动机系统措施，如基于能力的薪酬水平、绩效考核增强员工提升新知识与能力的动机。参与机会系统措施，如员工参与与授权、工作再设计、开放式信息沟通等为员工运用知识、发挥能力创造条件。这些系统都会单独提升组织的人力资本存量。同时动机系统措施与参与机会系统措施的交互作用，还将促进员工良好关系的培育，增进员工之间的信任和知识分享，提升组织的社会资本。能力系统、动机系统和参与机会系统的交互作用，将不断促进员工学习和创造新知识并转化为组织知识，从而提高组织资本存量，为组织创新奠定基础（李辉等，2015）。

3. 人力资源管理系统强度与组织绩效的关联机制

人力资源管理系统对组织绩效的影响机制，不仅取决于系统构成本身，即由哪些实践构成，而且还和系统的设计与执行相关，如人力资源政策、措施和程序是否设计得清晰易懂、各项政策之间是否协调一致、员工是否容易获得和充分了解相关信息、员工是否认同人力资源政策、政策决策者之间是否形成共识等。许多人力资源管理系统，由于设计与执行过程中存在不合理、不透明、不一致等缺陷，无法改善员工的工作态度和激发他们的工作动机。因此，重视人力资源管理系统的设计与执行对于提升组织绩效有着重要意义。

Bowen 和 Ostroff（2004）提出了"人力资源管理系统强度"的概念，以衡量人力资源管理系统在设计与执行方面是否达到使员工了解、理解和认同该系统所包含的政策、措施与程序的目的。在操作层面上，人力资源管理系统强度可用3个元特征下的9个子维度来衡量。这3个元特征是可辨别性、连贯性和共识性。

可辨别性，是指人力资源管理系统所具有的能够引起员工关注并激发他们工作动机的特征，包括可视性、可理解性、职权正当性和相关性四个方面。可视性指员工获得系统信息的难易程度。可理解性指员工理解系统信息的难易与充分程度。职权正当性指员工理解政策正当性的难易程度。相关性指政策目标与员工利益的相关程度。如果员工能够容易获得并充分理解人力资源管理系统的信息，对信息所包含的合法性表示认同，并认为组织目标与员工目标是一致的，他们就会按照组织意愿行事。因此，人力资源管理实践就会得以顺利实施。

连贯性，包括统一性、有效性和信息一致性三个方面，是指人力资源管理系统的各项实践及其执行过程所具有连贯性的程度。强的人力资源管理系统应该能够确保员工获得统一的人力资源管理信息，确保人力资源管理达到各项制度所设定的目标，并使各项人力资源管理制度的内容和实施措施之间互不冲突。

共识性，指人力资源管理系统能够获得组织成员认同的程度，又可分为管理决策者之间的共识和员工对管理制度公平性的感知两个方面。人力资源管理制度的决策者分布在组织的各部门和层级，如果他们对制度持有相同的理解和解释，就容易在员工中形成一致的价值观念，从而利于制度的执行。如果人力资源管理制度能够在操作与执行过程中汲取员工意见，就会在制度公平性上获得员工的好评，从而顺利推动制度实施。

人力资源管理系统强度研究表明，在人力资源管理制度的设计与执行过程中，通过创造信息开放的环境，让员工充分知情、理解和参与，可以在员工与组织间营造相互信任的氛围，获得员工对制度的认同与支持。员工越是认同和支持制度，制度实施就越顺利，就越能改进组织绩效。Khilji 和 Wang（2006）发现，相同人力资源管理政策的执行情况在不同部门、不同时点之间存在差异，政策与组织绩效的正向关系受到制度执行因素的制约。这说明在研究人力资源管理系统与组织绩效关联机制问题中需要把设计与执行作为考量因素。

4. 以往研究评价及展望

综上所述，有关人力资源管理系统与组织绩效关系的研究，为理解现代企业战略人力资源管理实践提供了有价值的理论依据和启示。但是，以往研究还存在着以下问题。第一，人力资源管理系统构成和组织绩效的测量缺乏统一性和有效性。研究者对人力资源管理实践项目采用不同术语、不同维度、不同解释，造成研究之间各说各话，无法比较，无法形成统一的理论。这也反映出人力资源管理实践的现实性与复杂性。第二，对人力资源管理实践与组织绩效的关联机制缺乏深入具体的分析。以往很少有研究对人力资源管理实践的具体内容进行解释和分析，并且多采用定量研究方法，通过列举人力资源管理项目让调查对象勾选是否采用。按照这样的方法很难搞清楚到底是什么样的管理实践影响了组织绩效，以及它们是如何影响组织绩效的。从这个意义上看，人力资源管理与组织绩效的关联机制仍然处于"黑箱"之中。因此，未来的研究，一是要努力构建统一的理论框架和分析模式，二是要增强对管理实践具体内容以及其与组织绩效关联机制的研究，三是要创新研究方法，在定量分析之外探索有说服力的质性分析方法。

四、绩效管理研究前沿问题

管理学的发展，从1911年泰罗出版《科学管理原理》算来，已经走过了105年。长期以来，人们将泰罗科学管理理论理解为一种单纯的"效率至上主义"管理，尽管这种理解稍有偏颇，但绩效始终是管理的核心问题之一。绩效评估或绩效评价目前已经延展到企业管理的各个方面，如企业绩效评估、创新绩效评估、学习绩效评估、供应链绩效评估、并购绩效评估，等等。绩效评估在社会的各个领域也得到应用，如扩大开放绩效、区域创新绩效、创新扶植政策绩效、能源绩效、城市经济转型绩效评价、环保资金绩效审计评价、技术创新绩效的区域性评价、公共服务绩效评价、农民专业合作社绩效评价、地方政府社会保险服务绩效评价、创新补贴政策的绩效评估、应急管理绩效评价、绿色创新绩效影响效果评价，等等。

各种绩效评价的目的，就管理而言，最终都是为了提高绩效。提高绩效有三种不同的路径：路径一是通过激励来提高绩效，即绩效评价—激励先进—提高绩效；路径二是通过整改来提高绩效，即评价—整改—再评价，往复循环；路径三是通过改变影响因素来提高绩效，即绩效评估与相关因素分析—决策—提高绩效。路径一和路径二在管理实践中经常结合在一起，但在逻辑上能够有所区分，同时管理实践和管理研究也各有侧重。关于路径三的绩效评估与相关因素分析的研究，占绩效问题研究的多数。严格地说，这类研究并不是单纯的绩效评估研究，但也涉及绩效评估。

根据绩效评价对象不同，可以把其分为组织绩效评价、个人绩效评价和活动绩效评价三种，组织绩效评价是对一个组织进行综合的或整体的评价；个人绩效评价既有对组织中的关键人物的评价，也有对全体员工的评价；活动绩效评价是对组织中一项活动进行评价，如创新绩效、学习绩效、工作绩效。无论哪类评价或评估，都要选择一定的评价指标或指标体系，采取一定的计量分析方法。

1. 绩效评价与激励有效性的研究

绩效评价与激励，也称为绩效管理或绩效考核。其目的是挖掘员工潜力，提高企业运营效率。绩效考核是最重要的人力资源管理实践之一，绩效考核对于提升员工个体和组织整体的绩效水平有重要作用。

在管理实践中，绩效考核的实际效用与预期效用两者间往往会有一定偏离。汪洪艳和陈志霞（2015）认为，考核者的主观故意，是影响绩效考核实际效用的重要影响因素。考核者对绩效考核结果进行故意扭曲，既是一个客观存在的现象，也是可以预见且不能消除的。产生的主要原因是考核者企图维护和获取个人、他人或组织的特定利益，如维护上下级关系、满足个人偏好、照顾有社会关系背景的员工等。从组织政治的学术视角来看，这就是绩效考核政治性。他们从绩效考核政治性的概念、内涵、结构与测量、前因及结果等方面对该领域的相关文献进行了系统的梳理。胡蓓和邱敏（2016）认为绩效考核可以分为两种：一种是评估型考核，另一种是发展型考核。评估型考核是员工间的横向比较，发展型考核是员工本人纵向的发展比较。他们通过问卷调查和数据分析研究，发现发展型考核对员工的内在激励和工作热情具有正相关影响，而评估型考核则具有负相关影响。陈丽芬（2015）则讨论了绩效工具的可感知性。其认为在绩效评价与激励活动中，绩效工具的可感知性低，会导致信息的透明度低，那么绩效评价与激励的有效性也会降低。

2. 绩效的评估—整改循环的研究

绩效评估—整改—再评估—再整改的绩效管理，强调的是周而往复的循环提高。有六步骤和 PDCA 循环等，已经被应用多年。PDCA 循环也称"戴明环"，它原来是全面质量管理的一个标准程序，由美国的质量管理专家戴明博士提出和推广。PDCA 循环能够有效改进和完善任何一项活动或工作，当然也就可以在绩效管理活动中得到应用。它的精髓在于揭示了持续改进的原理，表明任何成功的活动或工作，都是由计划（Plan）、实施（Do）、评估（Check）、反馈（Action）四个阶段构成，循环往复并且呈螺旋式上升。六步骤则是把 P 阶段又细分为 3 个步骤：战略定位、战略分解、计划制订。许婉莹（2016）认为，循环绩效管理方法可以提高员工、团队、组织的绩效水平，但在应用实践中还存在一定的问题。文章提出，在 P 阶段，应加强子计划与企业总体战略的联结和呼应；在 D 阶段，除实施外还应加强对实施过程的信息监控；在 C 阶段，应注意评价的公平和准确；在 A 阶段，要注意整理需要改进各个方面，从而在进入下一循环时有所提高。冯海燕（2015）提出，PDCA 应该是镶嵌结构，个人、部门都要有自己的不同层级的 PDCA 绩效管理循环。

3. 绩效与相关因素分析

对影响绩效的相关因素进行研究，占绩效问题研究文献的多数。严格地说，这类研究并不是专门的绩效评估研究，但也涉及绩效评估。这类研究一般是把绩效作为因变量，把相关影响因素作为自变量，然后进行相关性分析并找出主要的影响因素，提供给管理者参考。以企业绩效和创新绩效作为研究对象的研究最多。在这类研究中，绩效评价指标的设计一般都相对简单，同时，在这类研究中的不同文献中，选取的绩效指标差异较大，有的研究采用单指标，有的研究采用多指标；有的研究采用客观指标，有的研究采用主观指标（见表 6-1）。

表 6-1 企业绩效和创新绩效的评价指标

企业绩效	客观指标	总资产收益率、净资产收益率、销售收益率等
	主观指标	营运能力、盈利能力、发展能力等
	综合指标	利润水平、总销售量、总销售增长率、市场占有率、员工士气、总资产增长率、在行业中的竞争地位等
创新绩效	客观指标	申请专利数、新产品数、新产品销售占比、研发投入资金、研发投入与销售额比例等
	主观指标	更快研发速度、更快改进速度、更多新产品、更多个性产品；更快物流、更强的流程优化能力、更低成本、更好质量；用人灵活、组织结构可变、有盈利能力、有竞争优势等

4. 绩效评价体系或指标研究

（1）企业绩效评价指标。企业绩效的评价指标一般可以分为经济指标和社会指标两类。经济指标又可以分为市场指标和会计指标两种，分别从外部资本市场绩效角度和内部资本运营效率角度反映企业的经济绩效。张琦和刘克（2016）基于利益相关者关切的视角，提出了一个综合经济指标和社会指标的企业绩效评价指标体系，具有一定的新意。这个绩效评价指标体系的特点是考虑了企业不同相关利益者的关切点（见表6-2）。

表6-2 基于利益相关者关切的视角的企业绩效评价指标体系

主体		指标
直接利益相关者	股东	总资产报酬率、权益净利率、权益乘数、总资产周转率、主营业务利润率
	债权人	利息保障倍数、流动比率、资产负债率、总资产周转率、主营业务利润率
	经理层	可持续增长率、薪酬及奖励、企业的信任与支持、主营业务利润率
	员工	工资及福利、员工奖励计划、技能培训、工作环境舒适度
间接利益相关者	供应商	现金比率、逾期付款次数、存货周转率
	客户	产品与服务性价比、售后服务水平、存货周转率
	政府	合规性、净利润
	社会	污染处理、社会就业率贡献、社会政策参与度

（2）科研项目绩效评价指标。世界主要发达国家都对科技项目的绩效进行评价。美国的科技绩效评价工作已成为制度化的经常性工作，评估结果与教师的奖惩、晋升、聘任和工资待遇等挂钩。日本在20世纪90年代也建立了开放型研究评价体制的基本框架，评价体制的"开放性"主要表现在四个方面：评价标准的开放性；评价主体的开放性；评价结果的开放性；评价结果利用的开放性。法国于1989～1990年先后成立了国家科研评价委员会、总理府技术风险预防评议团和法国科技瞭望台，建立了相对完整的科技项目评价体系。英国高校科研评价体系（Research Assessment Exercise，RAE）是一项具有较大影响的评价活动，用来衡量英国高等教育机构的科研水平及其学位教育质量。

王仲梅、仝逸峰和荆新爱（2015）构建了一个科研项目绩效评价指标体系。他们参考了美国国际开发署提出的项目逻辑模型，提出了科研项目绩效指标确定原则，确定了科研项目绩效指标体系框架，并分析研究了产出指标和效益指标,将产出指标中的数量、质量、时效3类二级指标进行关联分析,确定了22项产出二级指标和15项效益二级指标,作为科研项目的通用绩效指标。刘华海(2016)也构建了一个科研项目绩效评价指标体系。该科研项目绩效评价指标体系分为两层、一级评价指标有4个,分别是科研项目基础、科研项目水平、科研项目效果、科研项目特色;二级评价指标有21个。朱娅妮、余玉龙和汪海燕(2016)探究协同创新绩效评价的内涵,并构建了一个3层科技协同创新的绩效评价指标体系:第一层是目标层;第二层是领域层;第三层是指标层。各种指标共21个。

(3)个人绩效评价。方征(2105)介绍了目前在美国广泛运用的Stronge校长绩效评估体系,这个Stronge体系的特点有:以校长专业标准为依据和出发点、评估指标设计合理、校长全程浸入式参与、评价者深度介入、评价结果与绩效改进循环嵌入。

张建军(2015)研究了科研人员绩效评价体系。他认为,企业或组织的战略目标应该是科研人员绩效评价的出发点和归宿点。绩效评价指标不仅要反映企业战略目标多方面、多层次的内容,而且要反映与企业战略目标相适应的评价要求,使每个科研人员通过绩效评价系统,了解企业所希望的自己的工作方向和要求,发现自己的知识、技能和能力的不足,进而加以改进和完善。

5. 绩效评估的方法

进行绩效评估需要借助于一些计量统计方法对指标分配权重和计算分值等,以下是一些在绩效评估中所使用的较新的方法:

(1)层次分析法。层次分析法是一种将半定性、半定量问题转化为定量问题的拟定量方法。基本原理是通过对大系统中涉及的多个元素进行分析,确定各因素之间的层次关系,再对每个层次中的全部元素进行客观比较,建立判断矩阵,分析同层次中各元素之间的相对重要性,最终定量地表示出来,从而得到层次之间以及每一层次中所有元素的权重比例系数。层次分析法也经常与专家咨询法(德尔菲法)结合使用。

(2)模糊综合评价法。在进行绩效评价时,构建的绩效评价指标往往包括定性指标和定量指标,这会导致绩效评价存在一定的不确定性和模糊性。模糊评估是在不确定的环境下最大限度地消除不确定性因素的影响,最终做出综合评价和合理决策的方法。

（3）验证性因子分析。验证性因子分析简称 CFA，测试一个因子与相对应的测度项之间的关系是否符合研究者所设计的理论关系，是一种降维、简化数据的技术手段。

（4）灰色关联度分析方法。灰色系统是指部分信息已知而部分信息未知的系统，灰色关联度分析方法是一种根据变量间发展趋势的相异程度来衡量变量之间关联度的方法，可以量化度量系统的发展态势。

（5）人工神经网络分析法。人工神经网络是一种交互式的评价方法，根据系统的期望输出来不断修改指标的权重，直至满意为止。一般来说，此方法得到的结果比较符合实际情况，但网络收敛速度慢会影响评价工作效率。

（6）数据包络分析法。数据包络分析法是一种多指标综合评价方法，通过对策单元（DMU，即样本）的投入产出数据来测算分析各决策单元的相对有效性，适用于多投入、多产出的绩效评价，免除了通过主观因素确定指标权重的困难。数据包络分析的本质是对投入—产出的数据进行处理研究，判断决策单元是否有效，然后通过对无效单元的因果分析，找出无效的根本原因。

（7）主成分分析法。主成分分析也称主分量分析，用于把多指标转化为较少的几个合成指标（即主成分），其中每个主成分都能够反映原始指标的大部分信息，且所含信息互不重复。这种方法使问题简单化，同时得到的结果具有更加科学有效的信息。

6. 绩效评估研究评价及未来研究展望

综上所述，绩效评估是对组织、个人、活动的一种评价，具有引导、规范、优化的机制。绩效评估运转过程中存在各种扰动因素，绩效评估的指标体系设计的客观性和科学性也会影响评估的准确性。绩效研究的目的在于完善绩效评估和提高绩效。在传统型企业中，绩效管理的变化可能不大。但在新工业革命的背景下，传统企业转型升级是必然的，其绩效评估和绩效管理也会有所变化。

五、社会责任研究前沿问题

从20世纪60年代个别学者的初步探索到21世纪众多学者的广泛关注,企业社会责任问题的研究已经走过了近60年,在这不断发展的过程中,其研究的方法不断充实,研究的内容逐渐宽泛,研究的议题也日益多元。尽管研究主题的深度与广度都在逐步拓展,但是对于企业社会责任基本问题的研究仍然在持续,在近两年的国内外学者对企业社会责任的研究中,研究领域逐渐呈现出学科交叉的特征,从近一年来国内外研究文献来看,企业社会责任问题逐渐与会计学、财务管理学、人力资源管理以及消费者行为学、市场营销战略等学科逐渐融合,探讨的问题日益多元化。近一年来,从笔者所检索的文献可以看出,企业社会责任问题研究的热点聚焦于企业社会责任的影响因素、企业社会责任的影响效应、企业社会责任信息披露等领域。

1. 企业社会责任的影响因素

从已有的文献来看,企业社会责任的影响因素可谓是纷繁复杂,国内外学者对企业社会责任影响因素的探讨逐步深入。从宏微观的视角来看,近年来对企业社会责任影响因素的探讨已经逐步由宏观领域转向微观领域,对企业社会责任影响因素微观领域的探讨已经成为当下国内外学者研究的重点,国内外学者对于企业社会责任影响因素的探索重点主要集中于组织内部的四个方面:公司治理的影响、管理者特征的影响、政治资本的影响和组织特征与市场环境的影响。

(1)公司治理对企业社会责任的影响。从国外研究来看,Cui 等(2016)研究了家族企业的内部治理与企业社会责任的关系,使用普尔500指数家族企业2003~2010年的相关数据进行实证分析,结果表明家庭成员作为首席执行官的家族企业有更好的社会责任表现。Muttakin 等(2016)研究了董事会资本(人力资本与社会资本)和以 CEO 二元性、所有权、CEO任期所构成的 CEO 权利指数对企业社会责任实践的影响,研究发现尽管董事会资本能够改善企业社会责任实践,但是 CEO 权利也能够对企业社会实践活动产生抑制效应。Chang 等(2015)对董事会特征和企业社会责任之间的关系进行了重新审视,专注于三个重要的董事会特征(如董事会的独立性、社会关系和多样性),运用大型韩国企业的面板数据进行回归,发现董事会特征对企业社会责任的影响并不是线性的,具体来说,实证结果表明企业社会责任和董事会的独立性之间呈现指数增长的形状,社会关系与企业社会责任之间呈现倒 U 形的关系,董事会多样性与企业社会责任呈现 U 形关系。Andy 等(2015)从由多数控股权和独立董事在董事会的比率这一维度探究其对企业社会责任行为的影响,利用在中国台湾公开上市的公司面板数据(2007~2012)进行实证研究发现,整个社会情感财富(由多数所有权和独立董事在董事会的比率)对企业社会责任行为表现产生正向促进作用。Zhu 等(2016)运用中国社会科学院所开发的两套绩效评价系统,分析 2011 年社会责任报告中涵盖的 100 家中国国有企业的相关数据,使用偏最小二乘(PLS)方法,通过结构方程模型(SEM)获得的回归结果表明,公司组织内部治理对其社会责任实践表现有正面影响。Nollet 和 Filis(2016)认为公司治理是影响企业社会责任绩效与企业财务绩效两者关系的关键驱动因素,企业社会责任的投资应考虑这一因素。Eunjung(2016)使用 2000~2009 年标准普尔指数 1500 家公司为研究样本,实证研究了董事会组成对企业社会责任评级数据的影响。研究结果发现女性独立董事的数量(或比例)与一个公司的社会责任评级存在正相关关系,这种关系的强度取决于公司的消费市场取向的水平。

在国内研究中,吴德军(2016)以 2010~2013 年沪深 A 股上市公司为样本,从公司治理与媒体关注两个角度实证研究了两者对企业社会责任的影响,研究发现公司治理越好,企业社会责任水平越高,这种显著的正相关关系主要体现在非国有企业中,在国有企业中并不显著。吕素莉等(2016)以我国 2008~2014 年全部 A 股非金融类上市公司为研究样本,实证研究高管持股激励机制能否影响社会责任承担水平,研究结果发现高管持股比例低于 30.11% 时,利益趋同效应占主导地位,管理层与股东利益目标一致,愿意承担更多的社会责任;而持股比例高于 30.11% 时,高管持股对社会责任承担起到消极作用,非国有企业的高管持股与社会责任承担的非线性关系更显著。王帆和倪娟(2016)研究了公司治理对企业社会责任绩效的影响,研究结果发现,机构投资人持股较多或者独立董事较多对企业社会责任绩效具有显著正面影响。

(2)管理者特征对企业社会责任的影响。从国外研究来看,Peng 和

Chen（2015）采用美国 KLD 数据库中 2003~2011 年的美国企业的相关数据进行研究发现，具有长远考量的 CEO 的薪酬水平能够对企业社会责任行为起到调适作用。Pedrini 和 Bramanti（2015）探讨了移民创业过程中诞生的移民企业的社会责任的影响因素，通过收集移民企业家的相关数据，运用 OLS 回归分析发现移民企业家的权力距离，个人主义/集体主义对企业社会责任实践产生负向影响。Jiang 等（2015）探究了政治意识形态的经理人如何影响企业社会责任的选择策略，研究结果表明，有更强的社会主义意识形态的管理者可能会开发一个有利于企业社会责任的心态取向，导致采用积极的企业社会责任战略。He 等（2015）探讨了高层管理者的特点和企业社会责任绩效之间的关系，研究发现高层管理者的工作经验和社会责任之间呈现正相关关系，同时发现家族控制型的公司会影响高层管理者特性与企业社会责任绩效之间的关联性；Tanaka（2015）以 2008~2011 年日本公司为样本，研究发现对于部门经理中女性的比例更高的公司，外国投资者表现出更强烈的偏好，研究结果表明，女性管理者对改善企业社会责任活动具有重要作用，进而可以吸引更多的外国股票市场投资者。Shaukat 等（2016）运用结构方法研究发现董事会的独立性、性别多样化以及财务专业的知识量对全面的企业社会责任战略具有积极影响。Yin 等（2016）研究了管理者对道德和社会责任的重要性的认知对于企业社会责任实践的影响，通过对中国企业领袖的调查，发现管理者的个人价值观对企业社会责任的实践具有重要的影响作用。Petrenko 等（2016）利用财富 500 强的 CEO 为样本数据，研究了 CEO 的自恋倾向与企业社会责任行为的关系，研究发现 CEO 的自恋倾向会削弱企业社会责任绩效。

（3）政治资本对企业社会责任的影响。从国外的研究来看，Lin 等（2015）探究了政治网络对企业社会责任的影响，评估了市长更换如何影响中国上市公司企业社会责任的选择，研究发现当市长被替换时，企业社会责任活动会有增加的倾向。Huang 和 Zhao（2016）发现中国民营企业的社会责任履行情况明显得到改善，尤其是在慈善领域，但是民营企业的社会责任意识与国有企业之间仍然存在很大的差距，因此从政治联系的角度探讨如何改变经理人知晓利益相关者的相对重要性，从而导致利益相关者满意度变化这一企业社会责任要求，研究结果发现，政治联系对民营企业的社会责任产生显著的正向影响，在顾客导向与社会导向责任上有政治联系的企业明显好于无政治联系的企业。

在国内的研究中，陈汉辉（2016）通过整合社会责任与社会资本理论，以 177 份企业调查问卷为样本，从政治关联视角实证考察社会责任实践与社会资本的关系，以及政治关联的中介效应，研究发现政治关联有助于企业获取关键性资源、增加社会资本、提升企业价值，与此同时，企业被要求履行更多的社会责任。杨莎莎（2016）选取 2013 年 A 股上市公司样本 513 家，通过企业高管的简历筛选建立政治资本指数，对企业政治资本与慈善捐赠关系进行研究。企业政治资本每提高 1%，企业履行慈善捐赠的概率就会减少 3% 左右，企业捐赠数量会减少 10% 左右，从而证实了企业政治资本对社会责任的挤出效应，企业拥有政治资本会降低其通过慈善捐赠获取社会声誉的激励。李孔岳和叶艳（2016）提出了先赋性政治关系与后致性政治关系，先赋性政治关系是企业家在进入企业之前拥有的关系，后致性政治关系是指企业家在企业成立后具有的政治关系，并选取 2012~2014 年沪深 A 股重污染行业的上市民营企业作为研究样本，探究不同类型的政治关系对企业履行社会责任的影响，实证研究结果表明，企业家政治关系对民营企业履行社会责任有正向促进作用；先赋性政治关系和后致性政治关系对社会责任的影响存在明显差异。企业家的先赋性政治关系对企业综合社会责任有正向促进作用，而后致性政治关系对企业综合社会责任没有显著影响。

（4）组织特征和市场环境对企业社会责任的影响。组织特征和市场环境对企业社会责任的影响带有外生性，对企业社会责任的履行意愿与表现的影响逐渐成为国内外学者探讨的热点问题。从国外研究来看，Jha 和 Cox（2015）认为，通常企业做出超越法律要求其对社会负责的努力时被描述为一种股东或经理人的战略行为，然而企业社会责任行为是否来自该地区的社会资本培育的一种利他主义倾向？进而该利他倾向是否会产生对企业社会责任的激励效应？文章认为股东或经理的自我利益并不能解释所有的企业的社会责任，但该地区的利他倾向也可能会起到一定的作用。Tang-Lee（2016）研究了跨国企业在投资国履行企业社会责任的影响因素，研究发现企业社会责任履行受到公众参与渠道的影响，还探讨了外国公司的企业社会责任活动受到东道国当地的权力和治理结构的影响。Du 等（2016）以 2007~2009 年中国股市的 4186 家公司为观察样本，实证研究宗教氛围对企业社会责任的影响，实证研究结果表明，宗教气氛与企业社会责任呈现显著的正相关效应，这表明宗教气氛在加强企业社会责任方面的重要作用。Withisuphakorn 和 Jiraporn（2016）基于企业的生命周期理论，探讨企业成熟度对企业社会责任的影响。基于26000个观测数据，研究发现随着企业的成长，它们在环保意识方面变得更加负责任，而公司老化对人权和产品安全性方面的企业社会责任表现较弱。Baz（2016）分析了国家机构对法国和摩洛哥食品加工业的小型和中小型企业的企业社会责任实践的影响，通过半结构式访谈收集定性数据，调查结果显示，在法国基于规则的管理制度下，大多数中小企业将企业社会责任作为经济工具，它被用作在寻找全球绩效挂靠的机会寻求视角。调查结果还显示，在摩洛哥的关系型治理体制下，中小企业主要将企业社会责任看作约束。

在国内研究中，买生（2016）以东北地区企业为样本，采用单因素方差分析与Tamhane/LSD方法深入分析了企业性质、规模、上市与否等特征对企业社会责任实践的影响差异以及影响机制，结果表明，中央企业、地方国有企业在企业社会责任方面比民营控股企业表现更为突出；企业规模影响企业社会责任实践，大型企业的企业社会责任实践能力优于中小企业；上市企业在企业社会责任实践方面的表现更佳，依旧是我国企业社会责任实践的第一梯队。陈丽等（2016）以我国124家制造业上市公司为样本，研究了市场化进程与企业社会责任之间的关系。研究结果表明，区域市场化程度越高，企业社会责任履行状况越好；市场化进程的加快能显著增加企业在战略制定和决策中对社会责任的考量。臧红敏等（2016）使用东北地区制造业上市公司数据对企业技术创新绩效、财务绩效与企业履行员工社会责任的关系展开实证研究，并对国有企业和民营企业分别进行探讨。结果显示，国有企业技术创新绩效对履行员工社会责任具有负向作用；民营企业技术创新绩效对履行员工社会责任有正向作用；企业规模与履行员工社会责任情况负相关，且国有企业比民营企业能更好地履行员工社会责任。

2. 企业社会责任的影响效应

效用一直以来是经济学与管理学所探讨的基本问题，企业社会责任履行能否给企业带来效用以及带来何种效用一直是国内外学术界所关注的焦点，这在很大程度上回答了企业履行社会责任的目的性与正当性。同时，企业社会责任与绩效之间的关系一直以来是学术界争论的话题，然而，绩效既带有客观性，也带有主观色彩，在客观方面主要表现为企业的财务与业绩，在主观方面主要体现在组织内部员工的满意度、客户忠诚度、企业品牌与企业价值等。最近两年，企业社会责任的影响效应研究不仅继续将企业社会责任与企业财务绩效的关系（财务效应）作为重点，而且越来越多的研究聚焦于企业社会责任与企业非财务绩效之间的关系（非财务效应）。

（1）财务效应。企业社会责任与企业财务绩效的关系一直是学者们无休止辩论的主题。由于研究选取的样本数据不同和研究视角的差异，目前并没有呈现出统一的观点，实证结果既有正相关、负相关和双向相关关系，亦有U形和倒U形关系的结论。Kang等（2016）从冗余资源机制、良好的绩效机制、忏悔机制与保险机制探究了企业社会责任与公司业绩的关系，利用4500家企业的数据构建一个结构面板向量自回归模型，研究发现企业从事企业社会责任活动能够获得良好的经济效益。此外，没有发现支持冗余资源或保险机制的关系，由于企业负面社会责任行为的影响，忏悔机制是无效的。Choi和Moon（2016）认为，如果一个企业重视信誉，企业社会责任的管理者将从盈余管理克制，以避免其名誉上的损害，并利用2002~2011年韩国上市公司的样本数据进行分析，结果表明资本市场参与者认为企业社会责任是改善盈余质量的重要信号，当企业参与社会责任时，盈余质量较高。Gao等（2015）认为企业社会责任实践被证明是可取的，发现具有社会责任行为的企业在盈余管理与财务报告方面明显区别于其他公司，并通过实证检验表明具有较高的企业社会责任的企业拥有高收益回报率，企业社会责任行为对企业的估值非常有用。Chetty等（2015）利用南非约翰内斯堡证券交易所2004~2013年的相关数据，利用回归分析探讨了企业社会责任活动与企业财务业绩之间的关系，研究结果表明，企业社会责任活动与企业财务业绩并没有显著相关性。Harjoto（2016）研究了企业社会责任与公司财务杠杆之间的关系，实证研究表明，企业社会责任与财务杠杆率呈现正相关关系，也发现企业社会责任与企业的运营成本之间呈现正相关关系。Cheung（2016）使用1991~2011年2364个公司的年度数据，考察企业社会责任可能会影响公司现金持有的相应机制，企业社会责任经系统性风险渠道对现金持有具有较强的积极作用。

在国内的相关研究中，冯钰宸和郑苏晋（2016）以我国2009~2014年54家保险公司的动态面板数据为依据，利用系统GMM估计方法，分析保险企业社会责任与财务绩效之间的相互关系，研究结果表明，保险企业履行社会责任和提高财务绩效之间存在正相关关系，两者相互促进、互相影响，但是寿险公司和产险公司存在明显差异。朱文莉和邓蕾（2016）选取2011~2013年深市和沪市剔除金融业的A股上市公司为样本，实证研究了上市公司的社会责任承担与权益资本成本之间的关系,得出了五大结论:①企业对于国家社会责任的承担会降低企业的权益资本成本;②企业对于员工社会责任的承担会增加企业的权益资本成本;③企业对于投资者社会责任的承担会降低企业的权益资本成本;④企业对于供应商社会责任的承担会降低企业的权益资本成本;⑤企业对于消费者社会责任的承担会降低企业的权益资本成本,并且上市公司社会责任的承担对企业权益资本成本不存在明显的滞后效应。嵇国平等(2016)对2009~2013年沪深主板和中小企业板188家上市公司进行了实证研究,发现社会责任履行较好和较差的企业的财务绩效比社会责任履行一般的企业的财务绩效好,即企业履行社会责任对企业财务绩效的影响呈U形。肖红军和张哲(2016)首次对企业社会责任寻租的概念、特征、前提假设、租金来源和影响后果进行系统研究,认为企业社会责任寻租行为可能会造成严重的经济后果,并构建了以企业、权力主体和终端决策者为主体组成的社会责任寻租的网络治理框架。

(2)非财务效应。企业社会责任非财务效应的研究主要集中在几个方面:企业社会责任对组织内个体行为的影响、企业社会责任对组织声誉与形象的影响和企业社会责任对消费者行为以及品牌形象的影响。这也表明了企业社会责任越来越多地与组织行为学、人力资源管理以及消费者行为学、市场营销学等众多学科融合进而出现学科交叉特征。

在国外的相关研究中,关于企业社会责任对组织行为的影响的研究集中于探究企业社会责任对企业员工的工作满意度、组织承诺的影响等,Wisse等(2016)认为企业社会责任对员工态度有积极的影响。然而,并非所有的员工都对企业社会责任行为有同样的反应,基于社会情绪选择性理论,与年轻的员工相比,企业社会责任对老年员工满意度的影响将更加明显,并基于500个数据使这一结论得到了实证结果的支持,表明从事企业社会责任可以组织一个有吸引力的工具,旨在保持其老化的员工对他们的工作感到满意。Mory等(2015)探究了企业内部社会责任如何影响员工的承诺,通过对国际制药公司2081个员工的回应的调查,发现企业内部社会责任对员工的情感性组织承诺有显著的影响,而对规范性的组织承诺有着相对温和的影响。Cahan等(2015)探究了企业是否承担更多社会责任以获得更多有利的媒体报道,以及是否使用企业社会责任积极管理他们的媒体形象,研究发现,展示出优秀的企业社会责任能够获得更多有利于公司形象的新闻报道,社会责任和媒体的好感度之间有一个重要的互动,能够增加(减少)一个公司的股票估值（资本成本）。Huang（2016）认为，现有的研究大部分探讨企业社会责任对财务表现或消费行为的影响，而很少关注企业社会责任对企业的利益相关者和员工的影响。通过收集368份调查问卷发现，员工关于企业社会责任的认识对组织承诺有显著的积极作用。Malik等（2015）通过收集银行员工的相关数据，利用相关、回归和方差分析方法分析了企业社会责任活动和组织员工绩效意识之间的关系。Mukasa等（2015）探讨企业社会责任活动与企业的声誉之间的关系，研究采用2010年和2012年之间韩国可持续发展指数数据库报道的韩国企业为研究样本，实证结果显示，目前的股东回报很可能受到过去的企业慈善捐赠和有毒排放物的影响，这表明企业有利用过去的企业社会责任活动发展当前声誉的能力。Chuang（2016）利用中国台湾358家公司的数据探讨了环保的企业社会责任对绿色信息技术资本的影响。结果证实，环保的企业社会责任对绿色信息人力资本，绿色信息结构资本和绿色信息关系资本有显著的积极影响。

在国内的相关研究中，徐芳和王静（2016）提出组织因素中的企业社会责任履行状况可能会影响人才敬业度的假设，对北京市15家不同规模、不同性质企业在职员工的387份有效问卷数据进行实证研究的结果表明，企业社会责任履行状况与人才敬业度呈正相关关系。颜爱民和李歌（2016）基于1308名员工的一手数据采用多层线性模型实证分析了企业社会责任对员工角色内行为、组织公民行为的影响以及组织支持感和外部荣誉感的中介作用。结果表明，企业社会责任对员工角色内行为、组织公民行为均有显著的正向影响，在企业社会责任与组织公民行为之间起完全中介作用。李歌（2016）对980名中小企业员工进行问卷调查，构建了一个被调节的中介模型，在此基础上，探讨员工感知的企业社会责任同离职倾向的关系。研究结果表明，员工感知的企业社会责任对离职倾向有显著的负向影响。刘远和周祖城（2015）基于32家中小企业592名员工的调查问卷，运用多层线性模型对跨层数据进行统计分析，考察了员工感知的企业社会责任对组织公民行为的影响机制、情感承诺的中介作用以及承诺型人力资源管理实践的跨层调节作用，研究发现员工感知的企业社会责任通过提升员工的情感承诺，进而正向影响员工的组织公民行为。邓新明等（2016）选择武汉和上海的两所重点大学的349个学生作为调查样本，探究企业社会责任对消费者购买意愿的影响机制，研究结果表明，企业社会责任不仅对消费者购买意愿产生直接的正向影响，而且通过动机归因对消费者购买意愿产生间接的正向影响；企业社会责任对动机归因的影响过程受到了消费者利他倾向的正向调节作用。

3. 企业社会责任信息披露

企业通过报告的披露与利益相关者进行沟通并影响着企业与利益相关者的关系，企业通过披露相关社会责任信息，如定期发布企业社会责任报告能够使企业的利益相关者获取企业社会责任履行信息，若企业社会责任未能及时披露，则有可能削弱投资者、消费者等利益相关者对企业的信心，甚至影响到企业的声誉并使企业产生经济损失，因此企业社会责任信息披露尤为重要。企业社会责任信息披露成为近两年来企业社会责任领域的研究热点，相关研究主要集中在企业社会责任信息披露的前因后果方面。

（1）企业社会责任信息披露的前置因素。企业社会责任信息披露既受到企业特征等组织自身因素的影响，也会受到制度供给等外部环境的影响。从国外研究来看，Nawaiseh 等（2015）回答了公司规模和盈利能力对企业社会责任信息披露是否存在影响效应，并基于约旦银行的相关数据，实证研究发现 ROA、ROE 企业规模对企业社会责任披露的影响效应并不显著，ROA 对企业社会责任披露的影响效应可能更为明显。El–Halaby 等（2015）分析了 25 个国家 138 个伊斯兰银行年度报告，考察企业社会责任信息披露的决定因素，发现 CSRD 水平和会计准则之间存在正相关关系。Cheng 等（2016）实证研究了企业社会责任报告发行与企业绩效的关系，基于 2008～2009 年中国上市公司的相关数据，发现公司的历史绩效对独立的企业社会责任报告的发行具有重要和积极的影响，而且当前的企业社会责任信息披露和后续绩效之间呈现正相关，这在一定程度上证实了在像中国这样的发展中国家企业社会责任是一个有用的商业策略，也为新兴市场经济国家倡导企业社会责任实践与改变企业社会责任态度提供了证据支持。

在国内的研究中，李诗田和宋献中（2015）采用行为、实验经济学的亲社会偏好理论和社会学的合法性理论解释企业社会责任信息披露的动因，以 2010～2011 年中国民营上市公司社会责任报告为研究样本，实证结果表明，管理者亲社会偏好特征对上市公司社会责任披露水平有显著的正影响，企业合法性压力对上市公司社会责任披露水平有显著的正影响，上市公司的社会责任披露水平对于合法性压力的敏感程度更高。吕牧和尹世芬（2015）实证研究了我国 2011～2013 年全部 A 股上市公司的股权结构中国有持股比例的提高对企业披露企业社会责任信息的影响，结果表明民营企业的大股东持股比例越高,其披露企业社会责任信息的水平越低,外资参股的比例和国有控股的比例越高,企业披露企业社会责任信息的可能性越高,披露水平越高。冯丽艳和肖翔(2016)采用润灵环球社会责任报告评级来度量企业社会责任信息披露水平,实证研究了披露制度环境对经济绩效与社会责任信息披露关系的影响,在我国自愿和强制披露并行的特殊制度环境下,经济绩效依然是目前我国企业社会责任信息披露决策的重要影响因素,良好的经济绩效可以促进企业提高社会责任信息披露水平。徐成尚等(2016)选取来自冶炼、制造等16个重污染项目的77家上市公司为研究样本,实证研究发现股权制衡度、两职分离、独立董事比例、监事会规模、监事会持股比例均与企业社会责任的披露水平呈正相关,而控股股东持股比例和高管持股比例与之呈负相关,表明公司在股权结构和治理结构方面的差异对企业社会责任信息的披露有一定的影响。

(2)企业社会责任信息披露的影响后果。企业社会责任信息披露将会对企业的直接经济效益和非经济效益产生影响。从国外研究来看,Gatsi等(2016)使用加纳证券交易所上市公司的数据进行实证分析,实证结果表明,企业社会责任信息的披露水平与公司业绩产生显著的负相关关系。Barakat和López(2016)评价分析了巴勒斯坦和约旦企业社会责任信息披露的做法,以101家公司为研究样本,发现企业社会责任信息的披露水平与外部审计公司特征和公司治理(如董事会规模和董事会审计委员会)之间呈现正相关关系。Platonova(2016)以2000~2014年伊斯兰银行的海湾合作委员会(GCC)地区银行披露的年度报告为分析样本,实证研究了企业社会责任信息披露与财务表现之间的关系,研究结果表明,企业社会责任信息披露和伊斯兰银行的财务业绩之间存在显著正相关关系,同时回归结果发现企业社会责任信息披露指数的各个维度只有"使命和愿景"与"产品和服务"两项和当前财务业绩衡量没有统计上的显著效应。

在国内的相关研究中,邹鹏和苟晓霞(2015)选择中国公司社会责任信息披露的数据,采用因子分析法划分企业社会责任活动,采用面板数据回归分析每种社会责任活动及其交互作用对企业财务绩效的影响。研究结果表明,与价值链基本活动相关的社会责任和与价值链支持活动相关的社会责任对财务绩效有积极影响,与价值链活动无关的一般性社会责任对财务绩效有消极影响,它们的交互作用对财务绩效也有方向不同的显著影响。权小锋和肖红军(2016)系统分析了社会责任信息披露与股价崩盘风险之间的内在关系及其形成机理，以 2009～2013 年上市公司 A 股披露社会责任报告的公司作为研究样本，结果显示社会责任信息披露水平与条件性会计稳健性存在显著负相关关系，会计稳健性是社会责任信息披露与股价崩盘风险之间的部分中介因子，证实了我国企业社会责任信息披露体现了"机会推动"而非"价值驱动"的假说。钟马和徐光华（2015）基于公司投资效率的视角，采用准自然实验的双重差分研究方法，对强制披露公司社会责任报告制度进行评估，发现被强制要求披露社会责任的公司在披露后投资效率显著提升，在财务信息质量较差、所处区域市场化程度较低的被强制要求披露社会责任的公司中，投资效率的提升效果更加明显。张太海等（2016）在申银万国证券公司处采用实地发放问卷的形式对部分股民进行问卷调查，分析企业社会责任报告对消费者品牌态度及购买意愿的影响。研究结果表明，企业社会责任报告的信息质量各维度对消费者购买意愿具有正向影响，但影响存在差异；企业社会责任报告的信息质量各维度对消费者品牌态度具有正向影响，但影响存在差异；消费者品牌态度在企业社会责任报告的信息质量对消费者购买意愿的影响中起到了中介作用。

参 考 文 献

[1] Ahuja G. , Katila R. . Technological Acquisitions and the Innovation Performance of Acquiring Firms: A Longitudinal Study [J]. Strategic Management Journal, 2001, 22 (3): 197 - 220.

[2] Appelbaum E. , Bailey T. , Berg P. , Kallebergerg A. L. . Manufacturing Advantage: Why High - Performance Work Systems Pay off [M]. Ithaca: Cornell University Press, 2000.

[3] Asano A. , Eto T. . Organisational Inertia in Japanese Institutions [J]. Journal of Asian Economics, 2007, 18 (6): 915 - 933.

[4] Andy Yu, Ding Hung - Bin, Chung Hsi - Mei. Corporate Social Responsibility Performance in Family and Non - family Firms: The Perspective of Socio - emotional Wealth [J]. Asian Business and Management, 2015, 14 (5).

[5] Barakat F. S. Q. , López Pérez M. V. . Corporate Social Responsibility

Disclosure (CSRD) Determinants of Listed Companies in Palestine (PXE) and Jordan (ASE) [J]. Review of Managerial Science, 2015 (9).

[6] Baron J. N., Kreps E. D.. Strategic Human Resources [M]. New York: John Wiley and Sons., 1999.

[7] Bowen D. E., Ostroff C.. Understanding HRM – firm Performance Linkages: The Role of the Strength of the HRM System [J]. Academy of Management Review, 2004, 29 (2): 203 – 221.

[8] Boyer M., Robert J.. Organizational Inertia and Dynamic Incentives [J]. Journal of Economic Behavior & Organization, 2006, 59 (3): 324 – 348.

[9] Cahan S. F., Chen C., Chen L.. Corporate Social Responsibility and Media Coverage [J]. Journal of Banking & Finance, 2015 (59).

[10] Cai S., R. de Souza, Li G.. Knowledge Sharing in Collaborative Supply Chains: Twin Effects of Trust and Power [J]. International Journal of Production Research, 2013, 51 (2): 2060 – 2076.

[11] Capron L., Dussauge P., Mitchell W.. Resource Redeployment Following Horizontal Acquisitions in Europe and North America, 1988 – 1992 [J]. Strategic Management Journal, 1998, 19 (7): 631 – 661.

[12] Carlile P. R.. Transferring, Translating, and Transforming: An Integrative Framework for Managing Knowledge Across Boundaries [J]. Organization Science, 2004, 15 (5): 555 – 568.

[13] Carrillo J. D., Gromb D.. Cultural Inertia and Uniformity in Organizations [J]. Journal of Law Economics & Organization, 2006, 23 (3): 743 – 771.

[14] Chang Y. K., Oh W., Park J. H.. Exploring the Relationship between Board Characteristics and CSR: Empirical Evidence from Korea [J]. J. Bus Ethics, 2015 (14): 1 – 18.

[15] Cheng S., Lin K. Z., Wong W.. Corporate Social Responsibility Reporting and Firm Performance: Evidence from China [J]. Journal of Management & Governance, 2015: 1 – 21.

[16] Chesbrough H.. Open Innovation: The New Imperative for Creating and Profiting from Technology [M]. Boston: Harvard Business School Press, 2003.

[17] Chetty S., Naidoo R., Seetharam Y.. The Impact of Corporate Social

Responsibility on Firms' Financial Performance in South Africa [J]. Contemporary Economics, 2015, 9 (2).

[18] Cheung A. W. K.. Corporate Social Responsibility and Corporate Cash Holdings [J]. Journal of Corporate Finance, 2016 (37).

[19] Choi H., Moon D.. Perceptions of Corporate Social Responsibility in the Capital Market [J]. Journal of Applied Business Research (JABR), 2016, 32 (5).

[20] Christensen C. M., Bower J. L.. Customer Power, Strategic Investment, and the Failure of Leading Firms [J]. Strategic Management Journal, 1996, 17 (3): 197–218.

[21] Cohen W. M., Levinthal D. A.. Absorptive Capacity: A New Perspective on Learning and Innovation [J]. Administrative Science Quarterly, 1990, 35 (1): 128–142.

[22] Cui V., Ding S., Liu M.. Revisiting the Effect of Family Involvement on Corporate Social Responsibility: A Behavioral Agency Perspective [J]. Journal of Business Ethics, 2016: 1–19.

[23] Deng P.. Absorptive Capacity and a Failed Cross-border M&A [J]. Management Research Review, 2010, 33 (7): 673–682.

[24] Downs A.. Inside Bureaucracy [J]. Western Political Quarterly, 1967, 22 (2).

[25] Du X., Du Y., Zeng Q.. Religious Atmosphere, Law Enforcement, and Corporate Social Responsibility: Evidence from China [J]. Asia Pacific Journal of Management, 2016, 33 (1): 229.

[26] Gao L., Zhang J. H.. Firms' Earnings Smoothing, Corporate Social Responsibility, and Valuation [J]. Journal of Corporate Finance, 2015 (32).

[27] Gatsi John Gartchie, Anipa Comfort Ama Akorfa, Gadzo Samuel Gameli, Ameyibor Joseph. Corporate Social Responsibility, Risk Factor and Financial Performance of Listed Firms in Ghana [J]. Journal of Applied Finance and Banking, 2016, 6 (2).

[28] Genus A., Jha P.. The Role of Inertia in Explanations of Project Performance: A Framework and Evidence from Project-based Organizations [J]. International Journal of Project Management, 2012, 30 (1): 117–126.

[29] Gilbert C. G.. Unbundling the Structure of Inertia: Resource Versus Routine Rigidity [J]. Academy of Management Journal, 2005, 48 (5): 741-763.

[30] Guest D. E.. Human Resource Management and Performance: Still Searching for Some Answers [J]. Human Resource Management Journal, 2011, 21 (1): 3-13.

[31] Hannan M. T., Freeman J.. Structural Inertia and Organizational Change [J]. American Sociological Review, 1984, 49 (2): 149-164.

[32] Hannan M. T., Pólos L., Carroll G. R.. The Evolution of Inertia [J]. Industrial & Corporate Change, 2004, 13 (1): 213-242.

[33] Hannan M., Freeman J.. The Population Ecology of Organizations [J]. American Journal of Sociology, 1977, 82 (5): 929-964.

[34] Harjoto M. A.. Corporate Social Responsibility and Degrees of Operating and Financial Leverage [J]. Review of Quantitative Finance and Accounting, 2016: 1-27.

[35] Haspeslagh P. C., D. B. Jemison. Managing Acquisitions: Creating Value through Corporate Renewal [M]. New York: The Free Press, 1991.

[36] He Li-Jen, Chen Chao-Jung, Chiang Hsiang-Tsai. Top Manager Background Characteristics, Family Control and Corporate Social Responsibility (CSR) Performance [J]. Journal of Applied Finance and Banking, 2015 (5).

[37] Henderson R.. Underinvestment and Incompetence As Responses to Radical Innovation: Evidence from the Photolithographic Alignment Equipment Industry [J]. Rand Journal of Economics, 1993, 24 (2): 248-270.

[38] Huang C. C.. Employees' Perception of Corporate Social Responsibility: Corporate Volunteer and Organizational Commitment [J]. International Business Research, 2016 (9).

[39] Huang H., Zhao Z.. The Influence of Political Connection on Corporate Social Responsibility—Evidence from Listed Private Companies in China [J]. International Journal of Corporate Social Responsibility, 2016 (12).

[40] Huselid M. A.. The Impact of Human Resource Management Practices on Turnover, and Corporate Financial Performance [J]. Academy of Manage-

ment Journal, 1995, 38 (3): 635 - 672.

[41] Huselid M., Jackson S. E. and Schuler R. S.. Technical and Strategic Human Resource Management Effectiveness as Determinants of Firm Performance [J]. Academy of Management Journal, 1997, 40 (1): 949 - 969.

[42] Hyun E., Yang D., Jung H., et al.. Women on Boards and Corporate Social Responsibility [J]. Sustainability, 2016, 8 (4).

[43] Jarvenpaa S. L., Majchrzak A.. Knowledge Collaboration among Professionals Protecting National Security: Role of Transitive Memories in Ego - Centered Knowledge Networks [J]. Organization Science, 2008, 19 (2): 260 - 270.

[44] Jha A., Cox J.. Corporate Social Responsibility and Social Capital [J]. Journal of Banking & Finance, 2015 (60).

[45] Jiang F., Zalan T., Tse H. H. M.. Mapping the Relationship among Political Ideology, CSR Mindset, and CSR Strategy: A Contingency Perspective Applied to Chinese Managers [J]. Journal of Business Ethics, 2015 (16): 1 - 26.

[46] Kalsboven K., Boon C.. Ethical Leadership, Employee Well - being and Helping: The Moderating Role of HRM [J]. Journal of Personnel Psychology, 2012, 11 (1): 60 - 68.

[47] Kang C., Germann F., Grewal R.. Washing away Your Sins? Corporate Social Responsibility, Corporate Social Irresponsibility, and Firm Performance [J]. Journal of Marketing, 2016, 80 (2).

[48] Keboe R. R., Wright P. M.. The Impact of High - Performance Human Resource Practices on Employees' Attitudes and Behaviors [J]. Journal of Management, 2013, 39 (2): 366 - 391.

[49] Kelly D., Amburgey T. L.. Organizational Inertia and Momentum: A Dynamic Model of Strategic Change [J]. Academy of Management Journal, 1991, 34 (3): 591 - 612.

[50] Khilji S. E., Wang X. Y.. "Intended" and "Implemented" HRM: The Missing in Strategic Human Resource Management Research [J]. International Journal of Human Resource Management, 2006, 17 (7): 1171 - 1189.

[51] Lane P. J., Lubatkin M.. Relative Absorptive Capacity and Interorganizational

Learning [J]. Strategic Management Journal, 1998, 19 (1): 461 – 477.

[52] Leonard – Barton D.. Core Capabilities and Core Rigidities: A Paradox in Managing New Product Development [J]. Strategic Management Journal, 1992 (13): 111 – 125.

[53] Liao S. H., Fei W. C., Liu C. T.. Relationships between Knowledge Inertia, Organizational Learning and Organization Innovation [J]. Technovation, 2008, 28 (4): 183 – 195.

[54] Liao S. H.. Problem Solving and Knowledge Inertia [J]. Expert Systems with Applications, 2002, 22 (1): 21 – 31.

[55] Lin K. J., Tan J., Zhao L.. In the Name of Charity: Political Connections and Strategic Corporate Social Responsibility in a Transition Economy [J]. Journal of Corporate Finance, 2015 (32).

[56] Liu X., White R. S.. The Relative Contributions of Foreign Technology and Domestic Inputs to Innovation in Chinese Manufacturing Industries [J]. Technovation, 1997, 17 (3): 119 – 125.

[57] Malik M. S., Ali H., Ishfaq A.. Corporate Social Responsibility and Organizational Performance: Empirical Evidence from Banking Sector [J]. Pakistan Journal of Commerce and Social Sciences, 2015 (9).

[58] Mathews J. A.. Dragon Multinationals: New Players in 21st Century Globalization [J]. Asia Pacific Journal of Management, 2006, 23 (1): 5 – 27.

[59] Miller D., Chen M. J.. Sources and Consequences of Competitive Inertia: A Study of the U. S. Airline Industry [J]. Administrative Science Quarterly, 1994, 39 (1): 496 – 497.

[60] Miller D., Friesen P. H.. Momentum and Revolution in Organizational Adaptation [J]. Academy of Management Journal, 1980, 23 (4): 591 – 614.

[61] Mukasa K. D., Lim H., Kim K.. How Do Corporate Social Responsibility Activities Influence Corporate Reputation? Evidence from Korean Firms [J]. Journal of Applied Business Research, 2015, 31 (2).

[62] Muttakin M. B., Khan A., Mihret D. G.. The Effect of Board Capital and CEO Power on Corporate Social Responsibility Disclosures [J]. Journal of Business Ethics, 2016 (14): 1 – 16.

[63] Nawaiseh Mohammad Ebrahim, Also Boa, Soliman S.. Influence of Firm

Size and Profitability on Corporate Social Responsibility Disclosures by Banking Firms (CSRD): Evidence from Jordan [J]. Journal of Applied Finance and Banking, 2015, 5 (6).

[64] Neal J. A., Tromley C. L.. From International Change to Retrofit: Creating High Performance Work Systems [J]. Academy of Management Executive, 1995 (9): 42 – 54.

[65] Nickerson J. A., Zenger T. R.. Being Efficiently Fickle: A Dynamic Theory of Organizational Choice [C]. 1999.

[66] Noe R. A., Hollenbeck J. R., Gerhart B. A., Wright P. M.. Fundamentals of Human Resource Management [M]. McGraw – Hill Education (Asia), 2004.

[67] Nollet Joscha, Filis George. Mitrokostas, Evangelos, Corporate Social Responsibility and Financial Performance: A Non – linear and Disaggregated Approach [J]. Economic Modelling, 2016 (52).

[68] Pedrini M., Bramanti V., Cannatelli B.. The Impact of National Culture and Social Capital on Corporate Social Responsibility Attitude among Immigrants Entrepreneurs [J]. Journal of Management & Governance, 2015 (28): 1 – 29.

[69] Peng Chih – Wei, Chen Yu – Cheng. Corporate Social Responsibility and Financial Performance: Does CEO Compensation Really Matter? [J]. Journal of Applied Finance and Banking, 2015, 5 (6).

[70] Petrenko O. V., Aime F., Ridge J.. Corporate Social Responsibility or CEO Narcissism? CSR Motivations and Organizational Performance [J]. Strategic Management Journal, 2016, 37 (2).

[71] Pfeffer J.. Competitive Advantage through People [M]. Boston: Harvard Business School Press, 1994.

[72] Platonova E., Asutay M., Dixon R.. The Impact of Corporate Social Responsibility Disclosure on Financial Performance: Evidence from the GCC Islamic Banking Sector [J]. Journal of Business Ethics, 2016: 1 – 21.

[73] Quinn R. E., Cameron K.. Organizational Life Cycles and Shifting Criteria of Effectiveness: Some Preliminary Evidence [J]. Management Sci-

ence, 1983, 29 (1): 33 - 51.

[74] Romanelli E., Tushman M. L.. Inertia, Environments, and Strategic Choice: A Quasi - Experimental Design for Comparative - Longitudinal Research[J]. Management Science, 1986, 32 (5): 608 - 621.

[75] Schwenk C., Tang M. J.. Economic and Psychological Explanations for Strategic Persistence [J]. Omega, 1989, 17 (6): 559 - 570.

[76] Sears J., Hoetker G.. Technological Overlap, Technological Capabilities, and Resource Recombination in Technological Acquisitions [J]. Strategic Management Journal, 2014, 35 (1): 48 - 67.

[77] Shaukat A., Qiu Y., Trojanowski G.. Board Attributes, Corporate Social Responsibility Strategy, and Corporate Environmental and Social Performance [J]. Journal of Business Ethics, 2016, 135 (3).

[78] Smith K. G., Collins C. J., Clark K. D.. Existing Knowledge, Knowledge Creation Capability, and the Rate of New Product Introduction in High - technology Firms [J]. Academy of Management Journal, 2005, 48 (2): 346 - 357.

[79] Stinchcombe A. L.. Organizations and Social Structure [J]. Advances in Strategic Management, 1965 (17): 229 - 259.

[80] Tanaka T.. Foreign Investors and Corporate Social Responsibility: Evidence from the Career Advancement of Women in Japan [J]. Applied Economics, 2015, 47 (33).

[81] Tang - Lee D.. Corporate Social Responsibility (CSR) and Public Engagement for a Chinese State - backed Mining Project in Myanmar - Challenges and Prospects [J]. Resources Policy, 2016 (47).

[82] Tushman M. L., Romanelli E.. Organizational Evolution: A Metamorphosis Model of Convergence and Reorientation [J]. Research in Organizational Behavior, 1985 (7): 171 - 222.

[83] Utterback J.. Mastering the Dynamics of Innovation: How Companies Can Seize Opportunities in the Face of Technological Change [M]. Boston: Harvard Business School Press, 1994.

[84] Winter S. G., Nelson R. R.. An Evolutionary Theory of Economic Change [M]. Belknap Press of Harvard University Press, 1982.

［85］Withisuphakorn Pradit, Jiraporn Pornsit. The Effect of Firm Maturity on Corporate Social Responsibility (CSR): Do Older Firms Invest More in CSR? [J]. Applied Economics Letters, 2016 (23).

［86］Xiao Z., Bjorkman I.. High Commitment Work Systems in Chinese Organization: A Preliminary Measure [J]. Management and Organization Review, 2006, 2 (3): 403 – 422.

［87］Yin J., Singhapakdi A., Du Y.. Causes and Moderators of Corporate Social Responsibility in China: The Influence of Personal Values and Institutional Logics [J]. Asian Business & Management, 2016, 15 (3).

［88］Zahra S. A., George G.. Absorptive Capacity: A Review, Reconceptualization, and Extension [J]. The Academy of Management Review, 2002, 27 (2): 185 – 203.

［89］Zhu Qinghua, Liu Junjun, Lai Kee – hung. Corporate Social Responsibility Practices and Performance Improvement among Chinese National State – Owned Enterprises [J]. International Journal of Production Economics, 2016 (171).

［90］Zhou Y., Liu X. Y., Hong Y.. When Western HRM Constructs Meet Chincse Contexts: Validating the Pluralistic Structure of Human Resource Management Systems in China [J]. International Journal of Human Resource Management, 2012, 23 (19): 3983 – 4008.

［91］陈汉辉. 企业社会责任实践与社会资本关系研究——政治关联的中介效应检验[J]. 财贸研究, 2016 (2): 128 – 136.

［92］陈丽, 胡树华, 牟仁艳. 市场化进程与企业社会责任——基于124家制造业上市公司的面板数据[J]. 财会通讯, 2016 (15): 3 – 7.

［93］陈丽芬. 绩效评估公平、工资系统认知与绩效工资公平关系研究: 兼论绩效工具性感知的中介效应[J]. 管理工程学报, 2015 (1): 8 – 19.

［94］陈扬, 陈瑞琦. 基于惯性视角的企业变革能量损耗影响因素研究: 一个概念模型[J]. 科技进步与对策, 2011, 28 (6): 94 – 98.

［95］邓新明, 张婷, 许洋. 企业社会责任对消费者购买意向的影响研究[J]. 管理学报, 2016 (7).

［96］丁德明, 茅宁, 廖飞. 组织惯性、激励机制与新型企业的治理实践[J]. 经济管理, 2007 (5): 39 – 43.

[97] 范冠华. 组织内关键人物对组织变革的影响——基于组织惯性的视角[J]. 理论与现代化, 2012 (2): 115-119.

[98] 范钧, 高孟立. 知识惯性一定会阻碍服务企业绩效的提升吗？——基于KIBS企业的实证[J]. 商业经济与管理, 2016 (4): 28-38.

[99] 方征. 美国Stronge校长绩效评估体系的设计、运行与启示[J]. 教育研究, 2015 (4): 136-141.

[100] 冯海燕. 高校科研团队创新能力绩效考核管理研究[J]. 科研管理, 2015 (1): 32-34.

[101] 冯丽艳, 肖翔, 赵天骄. 经济绩效对企业社会责任信息披露的影响[J]. 管理学报, 2016 (7).

[102] 冯钰宸, 郑苏晋. 保险企业社会责任与财务绩效——基于寿险与产险公司的差异性分析[J]. 金融与经济, 2016 (6): 55-61.

[103] 侯汉坡, 刘峰. 以提升创新能力为目标的技术并购整合管理研究[J]. 中国科技论坛, 2007 (3): 90-93.

[104] 胡蓓, 邱敏. 绩效考核目的取向与员工工作卷入：内在激励的中介作用分析[J]. 管理评论, 2016 (5): 150-160.

[105] 嵇国平, 阚云艳, 吴武辉. 企业社会责任对财务绩效的影响：一定是线性的吗？[J]. 经济问题, 2016 (10).

[106] 简兆权, 刘益. 战略转换中的组织惯性形成及其经济学分析[J]. 数量经济技术经济研究, 2001, 18 (5): 55-58.

[107] 姜春林, 张立伟, 谷丽. 组织惯性的形成及其对我国民营企业转型的影响[J]. 科技管理研究, 2014 (20): 108-112.

[108] 李辉, 苏勇, 吕逸婧. 高绩效人力资源实践、智力资本和企业自主创新能力的关系研究[J]. 软科学, 2015 (6): 76-80.

[109] 李孔岳, 叶艳. 先赋性、后致性政治关系与社会责任[J]. 中山大学学报（社会科学版）, 2016 (4): 156-165.

[110] 李诗田, 宋献中. 亲社会偏好，合法性压力与社会责任信息披露——基于中国民营上市公司的实证研究[J]. 学术研究, 2015 (8): 84-91.

[111] 李燕萍, 刘宗华. 高承诺人力资源管理实践对知识分享的影响机制[J]. 南京大学学报, 2015 (4): 140-149.

[112] 廖冰, 欧燕. 基于企业生命周期的组织惯性影响因素动态研究[J].

商业时代, 2012 (17): 89-91.

[113] 廖冰, 张波, 欧燕. 制造业中组织惯性、组织创新与组织绩效关系研究[J]. 中国人力资源开发, 2013 (11): 14-18.

[114] 刘海建, 周小虎, 龙静. 组织结构惯性、战略变革与企业绩效的关系: 基于动态演化视角的实证研究[J]. 管理评论, 2009 (11): 92-100.

[115] 刘华海. 科研项目绩效评价模型和指标体系的构建[J]. 科研管理, 2016 (S1): 19-24.

[116] 刘远, 周祖城. 员工感知的企业社会责任、情感承诺与组织公民行为的关系——承诺型人力资源实践的跨层调节作用[J]. 管理评论, 2015 (10).

[117] 吕牧, 尹世芬. 股权性质对企业社会责任的影响——基于中国A股上市公司的实证研究[J]. 财会月刊, 2016 (24).

[118] 吕素莉, 金宇, 陈洁. 产权性质、高管持股与企业社会责任承担[J]. 财会通讯, 2016 (24).

[119] 吕一博, 程露, 苏敬勤. 组织惯性对集群网络演化的影响研究——基于多主体建模的仿真分析[J]. 管理科学学报, 2015 (6): 30-40.

[120] 权小锋, 肖红军. 社会责任披露对股价崩盘风险的影响研究: 基于会计稳健性的中介机理[J]. 中国软科学, 2016 (6).

[121] 任凤玲, 彭启山, 崔城. 组织惯性的影响及对策研究[J]. 统计与决策, 2005 (4): 139-140.

[122] 苏博聪. 组织惯性研究文献综述[J]. 现代商贸工业, 2008, 20 (11): 63-64.

[123] 汪洪艳, 陈志霞. 绩效考核政治性研究述评[J]. 外国经济与管理, 2015 (9): 57-67.

[124] 王帆, 倪娟. 公司治理, 社会责任绩效与环境信息披露[J]. 山东社会科学, 2016 (6): 129-134.

[125] 王俊. 多元化并购中突破组织惯性的机制探析[J]. 改革与战略, 2015 (4): 158-162.

[126] 王龙伟, 李垣, 王刊良. 组织惯性的动因与管理研究[J]. 预测, 2004 (6): 1-4.

[127] 王仲梅, 仝逸峰, 荆新爱. 科研项目绩效指标编制分析[J]. 科研管理, 2015 (S1): 361-364.

[128] 吴德军. 公司治理, 媒体关注与企业社会责任[J]. 中南财经政法大学学报, 2016 (5): 110-117.

[129] 吴先明. 我国企业跨国并购中的逆向知识转移[J]. 经济管理, 2013 (1): 57-69.

[130] 吴先明, 苏志文. 将跨国并购作为技术追赶的杠杆: 动态能力视角[J]. 管理世界, 2014 (4).

[131] 肖红军, 张哲. 企业社会责任寻租行为研究[J]. 经济管理, 2016 (2): 178-188.

[132] 谢康, 吴瑶, 肖静华等. 组织变革中的战略风险控制——基于企业互联网转型的多案例研究[J]. 管理世界, 2016 (2): 133-148.

[133] 熊鸿儒, 从技术轨道到市场轨道: 基于追赶机会的视角[J]. 创新与创业管理, 2012 (1): 102-112.

[134] 徐成尚, 朱旭, 武瑶. 影响重污染行业社会责任信息披露因素的研究——基于公司治理角度[J]. 当代会计, 2016 (4).

[135] 徐芳, 王静. 企业社会责任履行对人才敬业度影响因素的实证检验[J]. 经济与管理研究, 2016 (10).

[136] 许婉莹. PDCA 循环在企业绩效管理中的应用[J]. 企业改革与管理, 2016 (4).

[137] 颜爱民, 李歌. 企业社会责任对员工行为的跨层分析——外部荣誉感和组织支持感的中介作用[J]. 管理评论, 2016 (1).

[138] 颜爱民, 徐婷, 吕志科. 高绩效工作系统、知识共享与企业绩效的关系研究[J]. 软科学, 2015 (1): 70-91.

[139] 杨莎莎. 企业政治资本对社会责任的挤出效应[J]. 上海对外经贸大学学报, 2016 (4): 63-71.

[140] 弋亚群, 刘益, 李垣. 企业家的战略创新与群体创新——克服组织惯性的途径[J]. 科学学与科学技术管理, 2005 (6): 142-146.

[141] 于开乐, 王铁民, 基于并购的开放式创新对企业自主创新的影响——南汽并购罗孚经验及一般启示[J]. 管理世界, 2008 (4): 150-159.

[142] 臧红敏, 王钦, 李霞. 东北地区制造企业履行员工社会责任的绩效评价——基于国有企业与民营企业比较的视角[J]. 辽宁大学学报(哲学社会科学版), 2016 (4): 31-37.

[143] 张建军. 战略目标导向的科研人员绩效评价[J]. 科研管理, 2015 (S1): 239-243.

[144] 张琦, 刘克. 基于利益相关者理论的企业绩效评价指标体系[J]. 系统工程, 2016 (6).

[145] 张太海, 张妤舟, 高传路. 企业社会责任报告对消费者购买意愿的影响[J]. 南京财经大学学报, 2015 (5).

[146] 张正堂, 李瑞. 企业高绩效工作系统的内容结构与测量[J]. 管理世界, 2015 (5): 100-116.

[147] 赵娅, 付春香. 组织变革中的组织惯性研究: 价值链模型的构建与应用[J]. 企业经济, 2016 (1): 117-121.

[148] 赵杨, 刘延平, 谭洁. 组织变革中的组织惯性问题研究[J]. 管理现代化, 2009 (1): 39-41.

[149] 钟马, 徐光华. 强制型社会责任披露与公司投资效率——基于准自然实验方法的研究[J]. 经济管理, 2015 (9).

[150] 周健明, 陈明, 刘云枫. 知识领导与科研人员创新能力: 知识惯性的破坏作用[J]. 中国人力资源开发, 2014 (13): 72-76.

[151] 朱文莉, 邓蕾. 企业社会责任的履行降低了权益资本成本么?——来自中国资本市场的经验证据[J]. 中国注册会计师, 2016 (6): 69-73.

[152] 朱娅妮, 余玉龙, 汪海燕. 面向协同创新的高校科研绩效评价体系研究[J]. 科研管理, 2016 (S1): 180-187.

(执笔人: 王钦、刘湘丽、张小宁、肖红军、赵剑波、秦铮)

第七章 国资国企改革前沿报告

自中共十八届三中全会做出了深化国有企业改革的战略部署后,我国先后出台了以 2015 年 9 月 13 日《中共中央国务院关于深化国有企业改革的指导意见》为代表的《关于在深化国有企业改革中坚持党的领导加强党的建设的若干意见》、《关于国有企业发展混合所有制经济的意见》、《关于改革和完善国有资产管理体制的若干意见》、《关于国有企业功能界定与分类的指导意见》等一系列政策文件,逐步形成了新时期全面深化国有企业改革的"1+N"指导政策体系。由于这一时期的改革仍在构建制度框架和酝酿改革试点的过程中,成熟的理论总结与创新点并不多,因此,本章将着力对这一时期国有企业改革的最新实践进行综述,其中包括国家层面出台的重要改革政策文件与地方国资国企改革的最新进展情况,同时,还会结合 2015 年以来为数不多的理论文献的主要观点,对实践中存在的问题进行评述。具体而言,本章将从界定国有企业功能、中央企业改组国有资本投资公司、发展混合所有制经济、市场化选聘和管理经营管理者这四方面的改革来综述有关的企业改革实践,我们认为,这四项改革任务分别代表了国有企业分类改革与管理、国资管理体制改革、完善现代企业制度和发展适合社会主义市场经济发展要求的企业所有制形式这四个重要的改革方向上的主要进展。

一、准确界定国有企业功能与分类改革、分类监管

准确界定不同国有企业在国民经济中的功能定位并务实推进分类改革与

分类管理，这是深化国有企业改革的重要前置性工作。2015年12月7日，国资委、财政部和发改委联合发布《关于国有企业功能界定与分类的指导意见》，明确了商业类国有企业和公益类国有企业作为独立的市场主体，经营机制必须适应市场经济要求；同时，作为社会主义市场经济条件下的国有企业，必须自觉服务国家战略，主动履行社会责任。在实践中，商业类和公益类国有企业有不同的企业目标和企业运行方式、发展路径，二者在分类推进改革、分类促进发展、分类实施监管、分类定责考核、分类进行领导人员管理和分类实行收入分配制度等方面存在一定差异性。

一方面，公益类国有企业的功能定位是以保障民生、服务社会、提供公共产品和服务为主要目标，其必要的产品或服务价格可以由政府调控，但也要积极引入市场机制，不断提高公共服务效率和能力。在运营方面，公益类国有企业应该根据承担的任务和社会发展要求，严格限定主业范围，加大国有资本投入，提高公共服务的质量和效率监管。对公益类国有企业的监管，关键是要把提供公共产品、公共服务的质量和效率作为重要监管内容，加大信息公开力度，接受社会监督。与之对应，对公益类国有企业，应该重点考核成本控制、产品质量、服务水平、营运效率和保障能力，根据企业不同特点有区别地考核经营业绩和国有资产保值增值情况，考核中要引入社会评价。在企业制度形式上，公益类国有企业可以采取国有独资形式，具备条件的也可以推行投资主体多元化，还可以通过购买服务、特许经营、委托—代理等方式，鼓励非国有企业参与经营。

另一方面，商业类国有企业主要分为两类：一类是主业处于充分竞争行业和领域的商业类国有企业；另一类是主业处于关系国家安全、国民经济命脉的重要行业和关键领域，主要承担重大专项任务的商业类国有企业。另外，一些自然垄断行业的国有企业也被划归为商业类国有企业。对于这些商业类国有企业，要根据企业功能定位、发展目标和责任使命，兼顾行业特点和企业经营性质，明确不同企业的经济效益和社会效益指标要求，制定差异化考核标准，建立年度考核和任期考核相结合、结果考核与过程评价相统一、考核结果与奖惩措施相挂钩的考核制度。对前一类商业类国有企业，要重点考核其经营业绩指标、国有资产保值增值和市场竞争能力。对后一类商业类国有企业，要合理确定其经营业绩和国有资产保值增值指标的考核权重，加强对服务国家战略、保障国家安全和国民经济运行、发展前瞻性战略性产业以及完成特殊任务情况的考核。对处于自然垄断行业的商业类国有企业，应根据不同行业特点实行网运分开，放开竞争性业务，促进公共资源配置市场化，在此前提下，再推进相应的改革——即使是实行国有全资的企业，也要积极引入其他国有资本实行股权多元化。

在中央层面明确对国有企业实行准确界定功能定位和分类改革的思路后，各地方国资委普遍开展了对国有企业的功能界定工作，还研究制订和出台了国有企业分类监管办法。根据粗略统计，中共十八届三中全会召开后，全国已有近20个省市明确了对监管企业的分类标准。其中，上海和深圳的分类改革实践在全国有重要的示范意义。具体而言，上海市的改革思路是以准确界定国有企业功能定位为切入点，全面推动国有企业的分类改革，促进企业发展。其具体做法是：根据国有企业市场属性的不同，兼顾企业股权结构、产业特征和发展阶段，按照资产规模、营业收入、利润和人员等指标的占比情况，将国有企业分为竞争类、功能类和公共服务类三种类型。然后，对不同类型的企业分类定责明确发展目标、分类设置法人治理结构、分类明确改革路径和考核要求，并结合对所有的企业负责人实行的任期制契约化管理以及对经理层的任期管理和目标考核，切实提高了监管的针对性和有效性。就不同类型的国有企业而言，竞争类国有企业是上海地方国有企业的主体，在目标导向上，以效益最大化为重点。在治理结构上，着力加强董事会建设，董事长为法定代表人，以整体上市为主要途径来推动发展混合所有制经济。预计"十三五"末，上海整体上市企业将占竞争类企业总量的50%以上。功能类国有企业则以完成战略任务或重大专项任务为重点。监管方面，通过引入政府主管部门评价机制，重点考核功能作用、运营能力。至于公共服务类国有企业，以确保城市正常运营、实现社会效益为重点。日常监管上，引入政府主管部门和社会第三方评价机制，重点考核服务水平、成本控制、持续能力。有少量国有企业有混合性特征，很难被明确划作哪一种类型，这些企业将在未来发展中积极推进市场化改革，再对其所属的类型进行动态调整，原则上讲，要积极支持功能类国有企业和公共服务类国有企业要求调整为竞争类国有企业，对竞争类国有企业要求调整为功能类国有企业或公共服务类国有企业则要严格把关。目前，上海已经制订了一系列政策文件，将分类改革、分类考核、分类选人用人、分类监管等具体工作落到了实处。深圳率先在全国实现了包括文化传媒资产在内的国有资产集中统一监管，并在数年前就根据不同企业特点，确立了分类监管考核的办法，基本实现了一企一策的考核方式。例如，对于地铁、巴士等基础设施公用事业类企业按社会效益权重不低于80%、经济效益权重不高于20%考核,公共服务、安全生产和节能环保等任务全部纳入考核指标体系;再如,对于竞争类企业主要考核经济效益,权重占90%以上,兼顾社会效益,并全面推行经济增加值考核。除此以外,根据不同类型的企业,在投资、产权转让、收入分配、上缴国资收益以及企业领导人员管理等方面也一并突出分类监管的特色。

国有企业的分类改革与分类监管,在理论研究层面已经取得了较大程度的共识。不过,在具体的类型划分与类型名称上,学者们仍见仁见智。黄群慧(2015)对比了央企分类的"两分法"和"三分法",他指出,有一种"两分法"实际上是"隐性三分法",即将特定功能类央企也作为商业竞争类央企的子类之一。与这种"两分法"相比,基于"三分法"的将国有企业区分为公益保障类、特定功能类和商业竞争类这三种类型的划分方法,更加实事求是、稳妥可行。宁金成(2015)指出,我国不同类国有企业肩负了不同的功能,具有不同的属性,特殊国有企业是市场调节无效的产物,普通营利性国有企业却只有按照市场法则运行才能实现经营目标,因此,两者应有不同的法律规则。我国国有企业应按照企业的目标、职责进行分类,区分为营利性国有企业、公共服务性国有企业、战略功能性国有企业,并以区分立法保障不同类国有企业实现分类治理、分类监管、分类评价。陆军荣(2015)指出,国有企业的"分类改革、分类监管"战略思路在中国还会长期存在。国有企业需要根据产业特征与发展环境变化的需要,有选择性地存在。国有企业可能仍然会集中地出现于自然垄断性、资源性、基础性、战略性及涉及国家安全的产业,但是在21世纪,这些行业国有企业的存在形式与治理的方式会发生重大变化。未来中国国有企业改革的路径是:分产业地定位国企功能作用;分产业地推进国企改革,并予以分类监管;形成国有企业的动态调整与有序发展机制。吴勇敏和何源(2015)认为,国内目前像"公益性国有企业与竞争性国有企业"这样的单维度的分类理念不足以解决国有企业多元功能特性的定位问题,需回归国有企业"特殊公司法人"的本质,寻求新的国有企业类型化标准。两位学者基于对德国公营事业概念及制度的考察,以其经验为借鉴,提出将综合考虑国家支配力和国有资本持股比例的"新资本结构说"作为划分国有企业类型的新标准,提出要构建"单核心、双轨制"的国有企业法律制度。

从实践情况看,分类改革与分类监管作为中共十八届三中全会召开后社会各界达成较显著共识的一项新改革举措，对国有企业运营管理的实质性影响还有待观察。尽管国家和地方已先后出台相关的政策文件，而且，过半数的省级国资委出台了国有企业功能界定与分类的意见，其中又有超过半数制定了分类方案并落实到具体企业，但是，还有相当一部分地方国资监管部门和国有企业对如何落实分类改革要求没有形成统一认识。一些已经在付诸实践和操作中的国资监管部门和国有企业对有关分类到底是"定性分还是定量分"也存在困惑，对如何进一步设定和调整分类考核的具体标准，也有不同程度的困惑。即使是在已经完成国有企业功能分类的地区，有关国资监管工作的联动调整仍然有滞后现象。除上海、广东、重庆等少数地方外，大多数地方国资委在改革、考核、分配、人员管理等方面，存在照搬中央文件原话的现象，能够结合本地实际可操作的措施很少，有的甚至将企业分类后没有再研究后续配套的执行政策。同时，如何通过分类改革来放活企业，而不是一味管死企业，这是在今后的改革工作中需要加强研究的一个问题。

二、深化国资管理体制改革以及组建和改组国有资本投资运营公司

按照中共十八届三中全会的改革任务部署，一项重大改革任务是要"研究制定深化国有企业改革的指导意见和国有资产管理体制改革总体方案"作为国有企业改革领域的顶层设计文件，以统领相关领域的改革任务。经过近两年时间的酝酿，2015年8月出台的《中共中央、国务院关于深化国有企业改革的指导意见》，可谓完成了一半的任务。完善国资管理体制的改革内容则由2015年10月国务院发布的《关于改革和完善国有资产管理体制的若干意见》这个专项文件来解决。根据该文件的精神，深化国资管理体制改革的中心任务是要以管资本为主加强国有资产监管，改革国有资本授权经营体制，真正确立国有企业的市场主体地位，推进国有资产监管机构职能转变，适应市场化、现代化、国际化新形势和经济发展新常态，不断增强国有经济活力、控制力、影响力和抗风险能力。该文件对加快推进国有资产监管机构职能转变、改革国有资本授权经营体制、提高国有资本配置和运营效率、协同推进相关配套改革提出了原则性的要求。

在推进国有资产监管机构职能转变方面，地方国有资产监管机构的改革力度更大，有的地方国资委已经将加快转变职能、推进简政放权和规范自身监管行为视为了深化改革的重要任务。据统计，各省级国资委已取消或下放462项审批事项，废止或宣布失效规章、规范性文件597件，已有19省市国资委初步建立了监管权力清单和责任清单（陈岩鹏，2016）。其中，比较有代表性的是江西省和山东省。江西省抓住了激发企业活力这个"牛鼻子"，在出资监管企业中全面推开了"三自"改革，即"自主拓展、自主决策、自主经营"，全面落实企业市场主体地位，将应由企业自主经营决策的事项全部归位于企业。坚持放权、放开、放活，下放了投资决策等6个方面26项审核备案事项，将主业投资决策权全部下放，不管金额多高都由企业自主决策，国资委进行评估考核和激励约束。江西省深入实施了清单管理，制定公布了省国资委权力清单、责任清单和履职事项清单，清单内的事项管住、管好、管精，清单外的事项一律由企业自主决策。山东省国资委分批下放了27项审批核准备案事项，将企业年度计划、对外担保等重大事项决定权授予董事会。2015年，山东省管企业请求省国资委办理的事项同比减少40.7%，省国资委对企业的批复性文件同比减少50%（徐锦庚等，2016）。

与改革国有资本授权经营体制这一改革任务紧密相关的改革举措是推进组建和改组国有资本投资运营公司的试点工作。国务院国资委在2014年7月确定了国家开发投资公司和中粮集团这两家中央企业开展改组国有资本投资公司试点，随后，又于2016年2月确定了将诚通集团和中国国新这两家中央企业确定为了国有资本运营公司试点企业；然后，在2016年7月，又推出了神华集团、宝钢集团、武钢集团、中国五矿、招商局集团、中交集团、保利集团这7家作为第二批国有资本投资公司试点企业。

国家开发投资公司和中粮集团作为最早的改革试点单位，其改革实践相对有代表性。国家开发投资公司较早推进改革，在2014年底获得国务院国资委对其改革试点方案的批复，所获得的授权项目较为有限，其改革试点工作的内容以企业集团内部的自主改革为主。进入2016年，为推进中粮集团国有资本投资公司试点工作，国务院国资委对中粮集团董事会进行了18项授权，涉及战略管控、资产配置、市场化用人与薪酬分配这三个方面。在战略管控方面，国资委明确不再干预企业的战略和投资计划，中粮集团可自主决定五年发展规划和年度投资计划。中长期发展战略和规划经由中粮集团研究决定后报国资委备案。中粮集团董事会还可以确定1~3个新业务领域，经国资委备案后在投资管理上视同主业对待。在资产处置权方面，国资委授权包括以下几个方面：公司内部企业之间的产权无偿划转；通过产权市场转让国有产权，子企业增资，公司及子企业重大资产处置事项；在法律法规和国资监管规章规定的比例或数量范围内，增减持上市公司股份事项；不涉及控股权变动的情况下，上市公司股份的协议受让等。在经理层的市场化选聘、考核和薪酬权方面，中粮集团被授予了更加充分的自主权。企业可以根据国家有关规定和国资考核导向，对经理层实施个性化考核；市场化选聘的职业经理人实施市场化薪酬分配机制，可采取多种方式探索完善中长期激励机制；自主决定职工工资分配，工资总额实行备案制等。作为与授权改革相配套的改革举措，中粮集团明确提出，要按照"小总部，大产业"的原则，对自身进行重组，以改组为真正的国有资本投资公司。具体的改革举措包括以下几方面：第一，推动形成三层管理架构。将资本经营与资产管理经营分开，压缩管理层级至三级，形成定位清晰且职责明确的"集团总部资本层—专业化公司资产层—生产单位执行层"三级架构。第二，精简总部。将总部职能部门从13个压缩到7个，人员从610人调整至240人，做实资产层和生产层。第三，打造专业化公司（平台）。"十三五"期间，将致力于打造2～3个营收超过1000亿元规模的专业化公司，4～5个超过500亿元规模的专业化公司。第四，分类分层地推进混合所有制与股权多元化改革。农粮业务将在保持中粮绝对控股地位的前提下，积极引入国内外各类资本；食品业务将保持相对控股或仅保留第一大股东地位；金融业务将朝产融结合方向发展，提高服务主业的能力；地产业务将通过混合所有制改革优化资本结构。第五，实行职业经理人制度，采取市场化原则确定薪酬激励水平，并鼓励内部管理人员先与本单位解除劳动关系，重新签订聘任协议和劳动合同成为职业经理人。

在组织有关试点工作的同时，国务院国资委还要加快推进中央企业重组。2014年底，华孚集团整体并入改组为国有资本投资公司的中粮集团。2015年，又实施了中国南车和中国北车、国家核电和中电投集团、南光集团与珠海振戎、中远集团和中国海运、中国五矿和中冶集团、招商局集团和中国外运长航这6组、12家中央企业的联合重组。其中，招商局集团成为了第二批改组国有资本投资公司的试点企业。到2015年底，中央企业已经从2012年底的115家调整为106家。2016年7月，又发生了中纺集团公司并入中粮集团、中国国旅并入港中旅这两起重组。同时，国务院国资委发布了《关于推动中央企业结构调整与重组的指导意见》,明确提出要按照"巩固加强一批、创新发展一批、重组整合一批、清理退出一批"的思路,加快推进中央企业结构调整和重组的重点工作。目前,还有中国建材和中材集团、中远集团和中国海运、中电投集团和国家核电、宝钢集团和武钢集团等几组中央企业重组工作正在积极推进或正在酝酿之中。如果这些重组工作都付诸实施,中央企业户数将有望在年内整合到100家之内。在完成有关重组工作后的中央企业中,将有更多企业逐步参与到改组国有资本投资运营公司和获得更多授权的试点工作中来。此外,国资委还推动了中央企业压缩管理层级、减少法人层级和法人单位的有关改革。目前,中央企业法人数量仍超过4万家,有的企业管理层级最多有9级,少数企业的法人层级更是达到了两位数。2016年5月18日的国务院常务会议,为中央企业压缩管理层级明确了任务量和时间表,力争在3年内使多数央企管理层级由目前的5～9级减至3～4级以下、法人单位减少20%左右。在企业层面,像国家电网公司已经提出了"两级法人、三级管理"的改革目标,力图将公司法人层级减少至"国网公司—省公司"两级;像中国通号这样新设立不久的国有企业已经实现了将管理层级压缩到3级、法人层级限制到4级的目标,实现了扁平化管理(祝嫣然,2016)。

中共十八届三中全会召开后,各地国资监管部门已经将改组或组建国有资本投资运营公司作为探索以管资本为主的国有资本管理体制的重要改革途径。大多数的地方国资委基本都开展了国有资本投资运营公司试点工作,改组或组建了1家或多家国有资本投资运营公司。据有关统计,已有24个省级国资委改组组建了50家国有资本投资运营公司(王绛,2016)。其中,最有代表性的地区是重庆市和深圳市。重庆市的改革思路是以管资本为主分类搭建"3+3+1"国有资本投资运营平台。其中,有3家股权类国有资本运营公司,分别是负责金融类和战略新兴产业投资运营的渝富集团,负责固废等大环保产业投资运营的水务资产公司和负责教育文化、养老健身等公共服务产业投资运营的地产集团;有3家产业类国有资本投资公司,分别是主要投资中国制造2025、高端智能装备等先进制造业的机电集团,主要投资生物医药、高分子材料等精细化工产业的化医集团和投资现代服务业的商社集团;另有1家渝康资产经营管理公司,负责不良资产处置与运营。深圳市自20世纪90年代以来,一直在探索以市场化为导向、以管资本为核心的国有资产监管运营新体制。早在2007年,深圳市就围绕"管资本"这一核心，在两层次国资管理体制框架内，先后两次对内设机构进行调整；成立远致公司作为国资委资本运作平台，行使国有资本运营公司功能；拓展投控公司国有资本投资公司功能，形成了以市国资委直接监管为主、国有资本投资运营公司辅助履职、产业集团专业化运营的"2+N"监管运营新体制，其中，"2"指投控公司、远致公司，N指多个国资委直接持股的产业集团（深圳市国资委，2015）。目前，投控公司已经构建了资源、资产、资本良性循环的国有资本投资公司经营模式，形成金融控股集团模式和架构。远致公司则实施国资系统产业基金群战略，以推动金融资本和实业资本融合。按照深圳市国资委的规划，将积极探索构建以国资改革与战略发展基金为牵引，发展形成涵盖产业基金、创投基金及其他股权投资基金类别多样、功能齐全、相互协同的基金群体系（张莉，2016）。

在理论研究方面，多数学者认为，按照中共十八届三中全会的精神，应该构建和完善三层级的国资管理体制，也有一些学者持不同看法。黄群慧等（2015）提出，为实现中共十八届三中全会提出的"完善国有资产管理体制，以管资本为主加强国有资产监管"的要求，应该构建一个"三层三类全覆盖"的国有经济管理新体制，第一层次为国有经济管理委员会，第二层次为国有资本投资运营公司，第三层次为履行不同类型功能的国有企业。该体制有利于国有企业从一系列的政府监管活动中独立出来，成为更加适应市场经济的经济主体。在具体构建国有经济管理新体制时要注意四个方面的问题，一是深化政府管理体制改革，积极稳妥地推进国资委向国经委转变；二是以组建国有资本投资运营公司为抓手推进管理体制改革；三是把握"管资本"的核心内涵，让国有企业的运行回归到企业本质；四是正确处理中央和地方的关系，允许各地政府积极探索自己的新体制。韩朝华（2015）认为，应该明确三层架构的国有资产管理体制，组织架构的明确可以清晰界定国有资产管理系统中各组织层面的职能和相互关系，而要确保这样的组织设计取得预期效果，还必须有与之匹配的约束和激励机制。他认为，目前国有企业的改革只注重创设绩效导向的内部激励制度，却回避对经营者的市场化选任，其激励制度往往成效不彰甚至失灵。在新的历史时期，现行的国有企业高管选任方式已难以保证党和国家对国有企业的政治领导，为切实推进国有资产管理体制改革，关键在国企高管的选聘和监督上转换思维方式——要从传统的"干部决定一切"转向"规则决定一切"，从依托干部委任制的国企高管选任方式，转向依托市场竞争的职业经理人聘用制。夏荣静和陈莹

（2015）对有关推进我国国有资产管理体制改革的不同观点进行了综述，提出了推进和完善我国国有资产管理体制改革的有关思路与建议。主要观点为：第一，以管资本为主加强国有资产监管，提高国有资产监管能力；更加突出出资人代表性质，突出了国有资本运作，强调从出资人角度加强监管；进一步研究国资委的职能定位、监管方式和监管措施；抓紧研究组建或改组国有资本投资运营公司；通过准确界定不同国有企业功能，进一步增强国有资产监管的针对性和有效性。第二，逐步建立出资多元、监管统一的大国资管理体制。应探索构建出资多元、监管统一的国有资产监管体系，逐步将金融类、资源类、行政事业类以及文化、出版、烟草、铁路、邮政等系统的经营性国有资本纳入上述国资管理体系中。第三，探索国有资产监管体制改革的路径。重点是规范国有资本管理机构的建立和运行，将国有资本管理机构分为国有资本运营公司、国有资本投资公司，各自有不同的职能定位和设立方式。

从实践情况看，国资改革是顺畅和有效地推进国企改革的必要前提条件。国务院国资委较早启动了中央企业的改革试点工作，这对地方国有企业改革试点起到了示范作用。有不少地方国资委也先后开展了国有资本投资运营公司试点工作，但这些试点工作又大多数呈现出了有一定数量的试点企业但改革举措突破少的情况。有的企业将国有资本投资运营公司试点工作理解成为了新的审批事项，或者是把争取试点作为工作目标，这背离了探索构建和完善国资管理新体制的初衷。从国资监管部门的角度看，也出现了偏差性的认识，将有关国有资本投资公司改革试点工作的重点内容设定为如何选择试点企业以及如何要求试点企业主动推进自身的改革。在国有资产管理体制的总体改革思路与方向不够明确的情况下，这项试点工作成为了主要在试点企业集团内部对下属企业的管控或者是对企业集团总部职能优化的改革，无法在企业与出资人这二者关系的层面上有重要的体制性创新和改革进展。由于国资监管部门给国有资本投资运营公司留出的改革空间比较有限，这导致有关试点工作的成效相当一般。伴随国有资产监管机构职能转变、改革国有资本授权经营体制和组建或改组国有资本投资公司的试点工作逐步向前推进，国资监管部门与国有资本投资运营公司之间的关系这一核心体制机制正渐渐被触及。

三、发展混合所有制经济以及推进混合所有制企业员工持股试点

发展混合所有制经济,是深化国有企业改革的重要举措,也是激发国有企业活力的有效途径。2015年9月,国务院发布《国务院关于国有企业发展混合所有制经济的意见》,提出分类、分层推进国有企业混合所有制改革的方向和路径,并鼓励各类资本参与国有企业混合所有制改革。明确了国有企业发展混合所有制经济的五项重点任务:一是按照国有企业功能界定和分类,分类推进国有企业混合所有制改革;二是从集团公司和子公司、中央企业和地方企业不同层面,分层推进国有企业混合所有制改革;三是鼓励各类资本参与国有企业混合所有制改革,探索实行混合所有制企业员工持股;四是建立健全混合所有制企业治理机制;五是建立依法合规的操作规则。文件圈定了七大混改试点领域,即"结合电力、石油、天然气、铁路、民航、电信、军工等领域改革,开展放开竞争性业务、推进混改试点示范",首次明确"负面清单",非禁止皆可为,为民营资本提供了更大的市场空间。紧随其后,四部委联合发布了《关于鼓励和规范国有企业投资项目引入非国有资本的指导意见》。文件指出,国有企业投资项目引入非国有资本要符合"三个有利于"的标准,即要有利于改善国有企业投资项目的产权结构,提高项目的管理水平和资金使用效率;要有利于国有资本放大功能、保值增值、提高竞争力;要有利于各种所有制资本取长补短、相互促进、共同发展。同时,非国有资本参股或控股国有企业投资项目,应当遵循实施市场准入负面清单和外商投资负面清单制度的要求。

时隔一年之后,2016年8月,国务院发布了《关于国有控股混合所有制企业开展员工持股试点的意见》。文件明确提出员工持股试点企业应具备的四个条件:一是主业处于充分竞争行业和领域的商业类企业;二是股权结构合理,非公有资本股东所持股份应达到一定比例,公司董事会中有非公有资本股东推荐的董事;三是公司治理结构健全,建立市场化的劳动人事分配制度和业绩考核评价体系,形成管理人员能上能下、员工能进能出、收入能增能减的市场化机制;四是营业收入和利润90%以上来源于所

在企业集团外部市场。同时指出，优先支持人才资本和技术要素贡献占比较高的转制科研院所、高新技术企业、科技服务型企业（以下统称科技型企业）开展员工持股试点。在此基础上，文件就员工范围、员工出资、入股价格、持股比例、股权结构、持股方式和股权管理等方面提出了具体要求。按照试点工作实施方案，首批试点将于2016年底启动实施，并控制在少量企业范围内。2018年底将进行阶段性总结，届时视情况适时扩大试点。

2014年7月，中国建材集团和中国医药集团作为中央企业首批试点单位，启动实施混合所有制改革试点工作，重点在六个方面进行探索：一是探索建立混合所有制企业有效制衡、平等保护的治理结构；二是探索职业经理人制度和市场化劳动用工制度；三是探索市场化激励和约束机制；四是探索混合所有制企业员工持股；五是探索对混合所有制企业的有效监管机制；六是探索混合所有制企业党建工作的有效机制。这两家试点单位具有共同的特点，都是处于充分竞争、高度分散的行业，实施混合所有制改革既是企业发展的内在需求，也是优化产业结构、提升国际竞争力的必然选择。

实际上，中国建材集团一直都是建材行业混合所有制改革的积极探索者和先行者，并且已经积累了相对成熟的混合所有制改革经验。在过去的10年里，中国建材集团按照市场化原则，坚持宜控则控、宜参则参，与上千家民企成功混合，走出一条以"国民共进"方式进行市场化改革和行业结构调整的新路。在推动和构建混合所有制企业过程中，中国建材集团提出并践行了"央企市营"模式，始终坚持"央企的实力+民企的活力=企业的竞争力"的融合公式和"规范运作、互利共赢、互相尊重、长期合作"的"十六字"混合原则。截至2013年底，在中国建材集团各级企业中，混合所有制企业数量已经超过85%。2015年混合所有制改革试点工作启动后，中国建材集团选取了中国建材股份有限公司等6家子公司，分别从健全公司法人治理结构、完善职业经理人制度和市场化劳动用工制度、完善市场化激励和约束机制、建立员工持股制度、探索建立有效监管机制及建立党组织发挥政治核心作用的有效机制等方面，有所侧重地开展试点，力争做出一批可复制的先进经验。以建材股份为例，中国建材集团提出在相对控股、第一大股东1/3多数的基本前提下混合，搭建了三层混合的股权结构，坚持"正37"和"倒37"原则，一方面旨在引入积极的股东，另一方面又能避免股权过于分散。"正37"是指中国建材集团对建材股份持股比例可以在30%～40%，其他的积极股东和公众股东在60%～70%，既要保证大股东地位，也有利于引进社会资金，达到用少量的国有资本吸引和带动社会资本的目的；"倒37"是指建材股份持有所属子公司60%～70%的股份，员工持股留有30%～40%的股份，既保证集团战略决策、股权投资控股地位，同时也提高子公司自主精细化管理、技术改造等方面的积极性。在北新建材、中国巨石和凯盛科技等试点企业的改革中，始终坚持"正37"和"倒37"基本原则，具体操作层面则针对不同企业采取"因企而制"。通过多年来的混合所有制改革，中国建材集团的市场占有率和国际竞争力显著提升，以300多亿元的自有资本，吸引了700多亿元的社会资本，实现了国有资本保值增值，扩大了国有资本的影响力。

在推进混合所有制改革的同时，中国建材集团还在多家下属企业中探索实施了员工持股计划。在不断地总结与优化过程中，中国建材集团提炼出员工持股的几个关键点：第一，要在人力资本为主的企业中开展员工持股，如科研设计单位等，对于重资产行业和规模很大的企业，应该采用分红权的方式，在不同的企业应该有不同的操作方式；第二，员工持股一定要以公司骨干员工为主，设立之初就必须明确将这个原则写入制度和协议，同时应当设置回购和退出的通道，管理层持股比例可以略高，但离职后退股时间也要更长；第三，员工持股应当以员工持股平台的方式进入，不宜采用自然人持股的方式，这样可以保持公司员工持股比例的相对稳定，不会因为个别员工退股而影响公司正常运营；第四，员工持股和创业者持股要区别对待，员工持股属于后期人力资本投入，而创业者持股是体现前期投入的贡献，创业者比后进入员工承担了更大的风险，针对两类股东退股时的政策，员工持股平台应体现一定的差异性。中国建材集团实施员工持股计划取得了明显的效果，员工持股平台发挥了很好的决策支持作用。以南京凯盛为例，员工持股比例高达48%，自2002年以来，员工持股平台在投资决策中坚守价格底线，所投资的国际工程项目均未出现亏损现象，在激烈的市场竞争中保障了企业的健康持续发展。

在地方层面，混合所有制改革已成为各地国企改革的重点任务之一。地方国企发展混合所有制经济的主要途径包括以下几种：一是推进国有企业整体上市或主业资产整体上市；二是引进非国有资本参与国有企业改革；三是鼓励国有资本参股非公有制企业；四是对已完成或拟实施混合所有制改革的企业实行员工持股；五是支持各类社会资本通过PPP模式投资或参股基础设施、公用事业、公共服务等领域项目。多个省市政府对于混合所有制改革提出了明确目标：上海市加快国有企业集团整体上市和核心资产上市，确保整体上市企业占竞争类企业总量的40%以上，"十三五"末力争超过50%；广东省则要求到2017年混合所有制改革企业户数超过60%、2020年超过80%，2020年力争上市公司总数达到30家，实现5~6家省属企业整体上市，其中竞争性行业企业主营业务基本实现整体上市，省属国有企业资产证券化率达到70%。在具体实践中，地方政府根据当地国有企业现状各有侧重。2015年，江西省混合所有制改革第一单在江盐集团全面落地，实现了五个"第一次"：第一次尝试在省产权交易所进行增资扩股项目的公开挂牌操作；第一次聘请独立的第三方机构对项目实施进行路径设计、推介和指导；第一次全角度全面公开披露项目信息和进展；第一次在新公司章程中增加了企业党委、纪委等机构设置及履行职权等内容；第一次配合混合所有制改革设计了全新的核心骨干员工持股计划，占总股本比例在6%左右。山东省政府成立了国惠改革发展基金，该基金采用母子基金模式，母基金规模60亿元，一期总体规模200亿元。国惠基金的主要定位就是参与混合所有制改革，将通过各类社会资本的广泛参与、市场化运作、专业化管理发挥其应有的示范带动作用。辽宁省政府为了引入战略投资者，积极发展混合所有制经济，向省内外战略投资者首批出售本钢集团、华晨集团、交投集团、水资源集团、辽宁能源集团、辽渔集团、抚矿集团、沈煤集团和铁法能源9家企业的股权，涉及总资产近6700亿元。成都市政府发布的《促进国内外高校院所科技成果在蓉转移转化若干政策措施》，即俗称的成都"新十条"中，围绕对职务科技成果分割确权、发明人可享不低于70%的股权等内容，首次提出了"职务科技成果混合所有制改革"的路线图。重庆市政府通过扎实推进PPP投融资项目，推动国资国企混合所有制改革，2016年拟重点推进的PPP项目有13个，项目总投资超过600亿元。

关于发展混合所有制经济的重要意义，已经得到了学者们的普遍认同。比较有代表性的观点如曾宪奎（2015）指出，过去的国有企业改革仍有一些遗留问题，提高生产效率是未来国有企业改革的主要方向，而混合所有制改革正是发挥不同所有制优势、提高生产和服务效率的有效途径。国有企业混合所有制改革是否存在最优比例？这是学者比较关注的一个问题。马连福、王丽丽和张琦（2015）的研究结果发现，简单的股权混合并不能够改善公司的绩效表现，在完善的制度环境下，混合主体多样性才能体现出提升绩效的作用；混合主体深入性与公司绩效之间呈倒 U 形关系，当非国有股东持股比例处于 30%～40% 时，非国有性质股权提升绩效的作用最为显著。殷军、皮建才和杨德才（2016）通过构建模型分析发现，国有企业最优的混合比例取决于国有企业自身承担社会性负担的能力和社会性负担的大小，具体而言，国有企业最优的混合比例跟其成本控制能力、产品差异化程度、行业内私有企业数目以及生产负外部性对社会福利的损害程度存在负相关关系。此外，对于混合所有制改革的效果，学者认为国企改革并不是"一混就灵"，能否建立规范的公司治理结构和机制，是影响混合所有制改革效果的重要因素。高明华（2015）提出，要强化混合所有制国企的公司治理，应通过多种机制实现不同产权主体或投资者的权利平等；规范董事会治理，充分认识并尊重董事会代表股东进行科学决策和独立有效监督经营者的职能及其独立性；赋予董事会独立选聘总经理的权利，加快经理人市场的建设步伐，使企业能够通过市场信号选择合适的经理人；提高企业的信息披露水平；对企业负责人进行合理激励，不同类别的董事和高管实行不同的激励方式和激励强度。杨红英和童露（2015）强调，除了完善内部公司治理机制外，作为外部环境和制度的职业经理人市场、行政化管理、市场竞争、资本进入和退出机制是混合所有制企业有效治理的保障，缺少了这些环境和制度，发展混合所有制的目的就难以实现。在有关混合所有制企业实施员工持股方面，黄速建和余菁（2015）分析了员工持股的两种制度属性以及企业员工持股在国内外的多种实践形式，结合其对宁波案例企业的调研情况，探讨了对中国企业员工持股制度实践方向的认识，给出了针对中国企业员工持股的政策建议。贾壮（2016）认为，开展员工持股试点，与国有企业功能分类、混合所有制改革等其他相关政策之间的衔接非常紧密，应统筹推进。张孝梅（2016）认为，混改背景下的员工持股属于长期激励的一种，在众多约束条件下，要实现效率与公平并重，就需要完善和健全法律法规体系；建立政府、企业及员工的三方参与协调机制；强调增量分享，引导员工持股长期激励导向等。

从企业实践来看，中共十八届三中全会以来，从中石油、中石化、国家电网和中国建材等中央企业，到各省市的地方国有企业，都在混合所有制改革方面进行了积极的探索。但总体而言，无论是国有企业，还是非国有企业，都表现出参与改革的动力不足问题，许多企业都是采取边改革边观望的态度。一方面,出于对国有资产流失和竞争优势削弱的担忧,部分国有企业实施混合所有制改革的决心和力度不够,尤其是自然垄断行业的改革并未取得突破性进展。例如,中石化放开的业务板块只是加油站等部分竞争性业务,对社会资本没有足够的吸引力。另一方面,非国有企业则担心混合所有制改革后非但不能分享利润增长,反而拖累经营业绩、增大负债压力,并且混合所有制改革后的退出路径也尚未明晰。同时,与规模庞大的国有资本相比,如果参股比例过小,会导致在经营决策中缺乏话语权。首批两家中央企业混合所有制改革试点已推出两年的时间,刚刚公布的第二批国企改革试点名单中,国企混合所有制改革试点缺席,相较其他国有企业改革试点进程显得缓慢,目前尚未形成相对系统、成熟、可复制的混合所有制改革模式。实施混合所有制改革后的国有控股企业,由于配套的人才管理和薪酬体制改革没有到位,在职业经理人市场化选聘和激励方面,仍然面临着工资总额的制约问题;在推行员工持股方面,由于缺乏完善的法律制度保障,也存在员工持股激励不足、参与治理作用弱化等一系列问题。

四、完善现代企业制度以及推进市场化选聘和管理经营管理者

完善现代企业制度,是十八届三中全会明确提出的深化国有企业改革的重要内容。国务院国资委在成立几年后,选择将国有企业董事会建设工作作为完善现代企业制度的突破口。2014年和2015年分别新增22家和11家中央企业被纳入了规范董事会建设试点范围,到2015年底,106家中央企业中已有85家建设了规范董事会。进入2016年,国务院国资委在落实董事会职权、推进市场化选聘经营管理者、推行职业经理人制度等试点工作方面,取得了一定的进展。在中国节能、中国宝钢、国药集团和新兴际华集团(以下简称"新兴际华")4家中央企业开展了董事会职权试点工作,授权试点企业董事会行使中长期发展战略规划、高级管理人员选聘、业绩考核、薪酬管理、工资总额管理和重大财务事项管理6项职权;在部分中央企业,按照"党组织推荐、董事会选择,市场化选聘、契约化管理"的思路,开展了市场化选聘和管理经营管理者的有关试点工作。

作为一家重要的试点企业,新兴际华在市场化选聘和管理经营管理者这项改革任务上,开展了相对较为彻底的改革,完成了总经理的市场化选聘,并对经理层副职全部实行聘任制和契约化管理。相比之下,其他参与试点的中央企业主要是开展了集团本部的一两位经理层副职的选聘工作,或是开展了企业领导人员的公开遴选工作,或是在二级企业层面开展了市场化选聘和管理经营管理者的改革工作。新兴际华在国务院国资委成立初期的营业收入在中央企业排名中仅列第130名左右,而今,其位置已经列居中央企业第39位——从2005年到2015年,新兴际华的营业收入已经从100多亿元发展到2037亿元。2005年,新兴际华被列为中央企业首批11户董事会改革试点单位之一。10年间,新兴际华将抓董事会选聘工作和完善现代企业制度等改革任务视作构建现代企业制度时最重要的法人治理问题。2014年7月15日,国资委宣布新兴际华成为新一轮国企"四项改革"试点企业之一,开展董事会行使高级管理人员选聘、业绩考核和薪酬管理职权试点工作。2015年10月,新兴际华在中央企业中率先完成了董事会选聘总经理工作;2016年,又进一步完成了全部经理层副职的市场化选聘工作。新兴际华董事会以坚持党管干部原则和董事会依法选择经营管理者相结合的方式选聘总经理,并对选聘人员实行聘任制和契约化管理,通过"聘用合同书"和"经济责任书"来明确经理层的职责、聘期、考核目标及市场化退出办法。在市场化和契约化的管理体制下,经理层必须"时刻面对董事会的考核之剑",没有正当理由而未完成合同约定的经营业绩考核目标的经理人员,可解除聘用合同。据统计,近两年,新兴际华通过换届考核,共计调整二三级企业领导人员144人,占三级以上干部总数的39.1%,一批三级企业的经营业绩考核优秀的领导干部被选拔到二级公司担任重要领导职位。在另一家试点企业宝钢集团现有市场化选聘的经营管理者200余人,其选拔、任用、考核、激励方式都已采用市场化方式进行管理,选拔采用内部人才竞聘、社会公开招聘、股东推荐等多种方式产生。

地方国有企业在完善公司治理方面,也有一些重要的改革举措:一是健全和完善以董事会为重点的国有企业公司法人治理结构。例如,山东基本配齐了省管企业的董事会成员,还有的地区修订和完善了国有企业公司章程,进一步理顺了出资人、董事会和经理层这三者各自的职权关系。二是加大力度推进市场化选人用人机制,推行企业高管人员的契约化管理,将党管干部与董事会依法选聘经营者有机结合起来。在山东,有12家省管企业和11家国有资本投资运营公司共23家省管企业推行了高管人员的契约化管理，占全部省管企业的77%。这23户企业经理层的选聘权、考核权、分配权均交由董事会行使。在所涉及的53名高管人员中，有49名选择了契约化身份，摘掉了国企高管的"官帽子"，在企业中产生了强烈的思想冲击。天津计划在未来几年，在具备条件的竞争类市管企业和二三级企业全面推进市场化选聘经营管理者的改革。三是进一步改革和完善企业薪酬分配制度，完善对国有企业经营者的激励措施。一些有条件的上市公司实施了股权激励计划，另有少数非上市公司开展了各种形式的中长期激励试点工作。四是加强国有企业财务监管、审计和监督，积极推进企业重大信息公开。例如，广东率先推行了国有产权首席代表报告制度，在省属企业开展了财务预算等重大信息公开试点。再如，山东正在努力将其国有企业打造成为全国"透明度最高"的国有企业。另外，有个别地区已经出台了关于支持和鼓励国有企业改革创新、建立考核免责机制的意见，建立了改革创新容错机制，营造了有利于国有企业创新公司治理体制和加快改革体制机制的良好政策氛围与制度环境。

在理论研究方面，有如下成果：余菁（2016）指出，在全球范围内，公司治理实践同时呈现出了制度趋同化和差异化的趋势，致使人们很难在不同的治理制度安排之间做出明确的利弊权衡和偏好选择。国有企业将建立和完善公司治理作为实践方向，但国有企业公司治理问题比私人公司治理问题更加复杂。中国需要贴合国情的公司治理之道，国有企业应通过正确看待公司和国有企业作为经济组织制度的社会性质，积极探索多类型和多层次的国有企业制度，努力构建界定清晰且运行成本可控的政企关系，积极探索和创新适合自身国情的现代企业制度。边燕杰和雷鸣（2015）论述了国有企业管理者承担的政治和经济的双重角色。他们指出，一方面，作为公务人员，国有企业管理者肩负实现国家意志的责任；另一方面，作为经理人员，国有企业管理者必须领导旗下的企业在市场竞争中持续盈利和胜出。这种国有企业管理者的双重角色是由国有企业本身具有的政治和经济双重性质决定的。在此情形下，国有企业管理者接受党纪国法和市场竞争的双重约束，企业的政治和经济表现产生了交叉回报，也就是说，政治表现可以带来经济机遇，经济表现也可以产生政治效果。鲁桐和党印（2015）强调，提高国有企业信息披露的透明度是改善国有企业公司治理的必要手段。中国国有资产管理和国有企业运行的薄弱环节是缺乏国有企业信息披露的透明度，不利于广大民众和高层权力机关对国有企业的监督。世界各国国有企业管理和运行的经验表明，确保企业层面充分的信息披露和透明度是改善国有企业治理和运行效率的必要途径。

从实践情况看，国有企业完善现代企业制度和公司治理体制的道路仍然比较漫长。目前，很多改革的方向已经明确，但在实际操作中，仍然需要进一步探索和推进，有的改革任务成效也需要更长的时间来做进一步的检验。一方面，改革的广度需拓展。例如，市场化选聘经营管理者的试点范围，除新兴际华涉及集团层面的总经理及4位副总经理所组成的整个经营班子以外，其他3家参与试点的中央企业市场化选聘的经营管理者只涉及了1~2名副总经理，未能在更大的范围内选聘人才。而这4家企业，又只占全部中央企业的极少数。另一方面，改革的深度有待深入。主要体现在一些非试点企业尽管有较强的推进全面市场化改革的意愿与要求，但受限于现有的体制机制，也只能在下属的个别二三级企业推行有关改革工作，全面较快地推进有关改革的难度仍然比较大。即使是试点企业，其改革举措也是在不能突破现行制度框架约束下推进的。习总书记曾指出，"改革的目的是增强国有企业的活力"，在此方面，有关改革试点工作还有待改进。未来，应该给予有志于制度创新的国有企业更多的突破现有政策框架的自主权，给予有关国有企业董事会更充分的职权，只有这样，才能让国有企业的经营管理者更加积极主动地承担经营责任，更加充分地激发国有企业活力。

参 考 文 献

[1] 黄群慧. 央企分类要适合国情 [N]. 光明日报，2015-01-08.

[2] 陆军荣. 分产业推进国有企业改革 [J]. 上海国资，2015（7）.

[3] 宁金成. 国有企业区分理论与区分立法研究 [J]. 当代法学，2015（1）.

[4] 吴勇敏，何源. 德国公营事业对中国国有企业类型化之启示——以判例与立法为中心展开 [J]. 社会科学战线，2015（5）.

[5] 黄群慧，余菁，贺俊. 新时期国有经济管理新体制初探 [J]. 天津社会科学，2015（1）.

[6] 韩朝华. 思维创新："三层架构"的国有资产管理体制改革 [J]. 探索

与争鸣, 2015 (6).

[7] 夏荣静, 陈莹. 推进我国国有资产管理体制改革的探讨综述 [J]. 经济研究参考, 2015 (12).

[8] 李少婷. 中粮国投模式方案出炉三年整合淘汰100家企业 [N]. 每日经济新闻, 2016-07-19.

[9] 祝嫣然. 央企"瘦身"进行时: 管理层级大幅压缩 [N]. 第一财经日报, 2016-08-02.

[10] 李锦. 2016年上半年国有企业经济分析报告 [N]. 企业家日报, 2016-07-22.

[11] 王绛. 国有资本投资、运营公司要注意五大问题 [N]. 经济观察报, 2016-07-16.

[12] 徐锦庚等. 山东国企改革消顽疾 [N]. 人民日报, 2016-08-04.

[13] 深圳市国资委. 国有资产监管体制改革探索 [J]. 中国机构改革与管理, 2015 (6).

[14] 张莉. 深圳"大国资"战略站上风口 [N]. 中国证券报, 2016-06-03.

[15] 高明华. 公司治理与国企发展混合所有制 [J]. 天津社会科学, 2015 (5).

[16] 殷军, 皮建才, 杨德才. 国有企业混合所有制的内在机制和最优比例研究 [J]. 南开经济研究, 2016 (1).

[17] 曾宪奎. 国有企业的双重特性与混合所有制改革 [J]. 红旗文稿, 2015 (24).

[18] 马连福, 王丽丽, 张琦. 混合所有制的优序选择: 市场的逻辑 [J]. 中国工业经济, 2015 (7).

[19] 杨红英, 童露. 论混合所有制改革下的国有企业公司治理 [J]. 宏观经济研究, 2015 (1).

[20] 黄速建, 余菁. 企业员工持股的制度性质及其中国实践 [J]. 经济管理, 2015 (4).

[21] 张孝梅. 混合所有制改革背景的员工持股境况 [J]. 改革, 2016 (1).

[22] 贾壮. 国企员工持股, 释放改革活力 [N]. 人民日报, 2016-08-25.

[23] 余菁. 现代公司治理变革与国企制度创新 [J]. 人民论坛·学术前沿, 2016 (1).

［24］边燕杰，雷鸣. 国有企业管理者的双重角色［J］. 浙江学刊，2015（4）.

［25］鲁桐，党印. 改善国有企业公司治理：国际经验及其启示［J］. 国际经济评论，2015（4）.

（执笔人：余菁、王欣、邵婧婷）

第八章 供给侧结构性改革与需求政策相互配合研究综述

从 2015 年开始,以去产能、去库存、去杠杆、降成本、补短板为重点的供给侧结构性改革,经中央经济工作会议定调后,已正式拉开大幕。供给侧结构性改革全面推行的同时,原有的需求政策也在发挥着作用,新形势下,供给侧结构性改革与需求政策的配合,成为这一时期我国经济政策的新特点。本章对近一年来供给侧改革与需求政策相互配合的有关研究进行了梳理。

一、供给侧结构性改革的研究

刘向耘(2016)在《供给侧改革需要解决的问题》中研究了推行供给侧改革中需要解决的三个层面问题,分别是:着力解决产业结构不合理问题,通过优化产业结构增强经济增长动力,供给侧改革要着眼需求,根据需求结构调整产业结构,提升供给的质量和销量,而不是全面刺激经济;加快转换激励约束机制,通过制度机制改革推进产业结构调整,制度安排和政策调整是推行供给侧结构性改革的关键,通过适当的制度和政策改革,建立适应产业结构调整的激励约束机制,从而加快结构性改革的进度;切实理顺政府与市场的关系,保证激励约束机制有效运行和产业结构调整升级顺利实现,深化供给结构十分重要。政府应制定好激励约束机制,防止对具体产业发展过多干预,而要切实发挥市场监管者和服务者的职责。在目前化解过剩产能的过程中，需要更好发挥社会政策的托底作用。

范必（2016）在《供给侧改革应着重打破供给约束》中研究了我国的供给约束以及如何打破供给约束。他认为，这一阶段的经济增速下滑是供给约束与需求约束相互交织的结果，供给约束的主要表现就是供给效率低，质量差，与需求结构不匹配，而产生供给约束的原因主要是供给侧体制僵化、行政干预较多、监管失当、公共服务不到位。范必选取了土地、资本、能源以及药品等方面论述了存在供给约束的原因。最后，范必提出了打破供给约束的思路与建议。首先，要改革双重体制，要发挥市场在资源配置中的决定性作用，建立单一的市场经济而不是计划与市场的混合经济，并且要聚焦到体制的转型上面；其次，要改变以前改革的条块分割状况，打破区域、利益、体制的局限，从全局出发，谋划全方位的改革，打破利益分割。

赵景峰和湛爽（2016）在《供给侧结构性改革：国际经验与中国启示》中研究了国际上其他国家推行供给侧结构性改革的经验以及中国的选择。作者先后分析了美国、英国、德国和日本的供给侧结构性改革。美国的供给侧结构性改革主要采取了减税减负，削减政府开支，减少政府对经济的干预以及实行紧缩的货币政策。英国和德国同样是削减货币供应量，改革税收和社会保障制度，减少政府干预实行国有企业私有化。日本的供给侧结构性改革主要有节约能源消耗、降低利息负担和降低劳动力成本，并且对产能过剩的行业进行疏导，扶植高新技术产业和服务业的发展。基于以上国际经验，他们认为，我国供给侧结构性改革要立足于中国经济发展实际，以"去产能、去库存、去杠杆、降成本、补短板"为短期任务，以经济结构调整和发展方式转变作为长期目标，以化解产能过剩、提高全要素生产、降低企业成本、消化地产成本、防范金融风险为手段进行，而并非是对国际经验的简单复制和重组。

胡鞍钢、周绍杰和任皓（2016）在《供给侧结构性改革——适应和引领中国经济新常态》中通过对基本国情的分析，给出了自己对于供给侧结构性改革的实施路线图。我国经济步入新常态，需求端结构出现变化，快速的城镇化过程以及转变经济增长方式都要求中国尽快推行供给侧结构性改革。在推行供给侧结构性改革的路线图上，他们给出了自己的观点。供给侧结构性改革的核心就是转变以往以投资需求为核心的经济增长方式；首先要做的就是解决好产能的结构性过剩，其次发挥创新对经济的拉动作用，对于改革过程中的各类风险做好应对措施，防止发生系统性风险。同时，政府还应该保持宏观政策的稳定，实行精准的产业政策和灵活的微观政策，加快改革进度同时托底社会保障，保证民生。

王晓芳和权飞过（2016）在《供给侧结构性改革背景下的创新路径选择》中认为，供给侧结构性改革的关键在于提升企业的技术创新能力，通过提升技术创新能力来改进企业产品，提高产品竞争力，实现产业结构转型升级，从而与需求端实现匹配，解决部分产业产能过剩和产能不足的困境，但是企业要想提升技术创新能力就需要资金，所以推行供给侧结构性改革需要金融系统的配合。他们通过实证研究了银行金融创新可以带动企业技术创新能力的发展，从而进一步促进经济增长，所以他们得出供给侧结构性改革的关键在于金融创新，并且提出供给侧结构性改革的路径可以明确为：提高银行金融创新能力，引导资金流入实体经济，支持企业技术创新水平发展，从而实现经济增长的最终目的。

李稻葵（2016）在《关于供给侧结构性改革》中研究了"十三五"期间我国供给侧结构性改革的几个方面。他认为，在"十三五"期间，我国供给侧结构性改革将围绕三方面展开，第一，设法提供百姓最需要的公共产品，这方面应该是政府的责任；第二，通过政府的改革加快产业更新换代。市场经济运行条件下会有企业、产业的进入退出，更新换代，但是现有情况下，中国恐怕很难等待这个过程自发进行，这需要我们政府在产业的更新换代过程中发挥适当作用，促进加快这一转换过程的发展；第三，就是要运用最新的科技手段来改造生产结构。

林卫斌和苏剑（2015）在《理解供给侧改革：能源视角》中从能源角度研究了我国为什么要推行供给侧结构性改革、供给侧结构性改革要改什么以及如何改的问题。他们认为，我国传统的高能耗产业体系难以为继，高污染的能源结构加剧矛盾，严重的产能过剩制约国家竞争力，这些因素都导致我国原有的需求政策的效力逐步下降，经济改革需要从供给侧入手。针对以上三个问题，他们提出，我国能源领域的供给侧结构性改革也应当围绕以下三方面进行：节能降耗，构建能源节约型的产业体系；重塑能源体系，构建清洁低碳、安全高效的现代能源体系；化解产能过剩，构建适应新常态的能源基础设施体系。对于如何推进供给侧结构性改革，他们也提出了四个主要手段，分别为：加快推进体制机制改革，充分发挥价格机制的调节作用；加快推进结构性税收改革，强化财政政策的引导作用；加快构建现代市场监管体系，强化监管的约束作用；加大基础研究投入，强化政府公共服务职能。

龚刚（2016）在《论新常态下的供给侧改革》中研究了新常态与供给侧结构性改革。他运用两阶段发展理论来分析我国当下的新常态，认为按照两阶段发展理论发展中国家走向发达国家的发展之路可以分为两个阶段，根据中国总体发展特征，中国已经步入两阶段发展理论中的第二个发展阶段，具体表现就是中国步入新常态。随着步入新常态，中国已不再是一个"需求决定型经济"，而是"供给决定型经济"，所以他提出推动中国经济增长的主要动力在供给侧，这是推行供给侧结构性改革的逻辑起点，而供给侧改革的目标就是发展知识密集型经济，为自主研发和创新提供足够的激励则是供给侧改革的重中之重。

洪银兴（2016）在《准确认识供给侧结构性改革的目标和任务》中研究了供给侧结构性改革的目标和任务。他认为，我国当下的供给侧结构性改革研究需要以马克思主义经济学为指导。中国在转向市场经济体制时，长期存在的结构、技术、效率三大供给侧问题，不会因转向市场经济就能自动解决，也不可能靠需求侧的调节来解决。对供给侧改革要处理好两个关系：一是供给侧改革目标和当前所要推进的去产能、去库存、去杠杆、降成本和补短板的任务。这些任务要在改革和发展中实现，而不能归结为供给侧结构性改革的目标。在提高全要素生产率中"降成本"，在提高供给体系质量和效率中"补短板、去产能和去库存"，在释放企业活力中"去杠杆和降成本"。二是供给侧改革和需求管理相互依存，供给侧的去产能、去库存离不开需求侧对供给侧的引导作用，供给侧的"补短板、去杠杆和降成本"需要需求侧的市场导向和市场机制的完善。

吴敬琏（2016）在《不能把"供给侧结构性改革"和"调结构"混为一谈》中研究了供给侧结构性改革中的总体导向和存在的一些误解。他认为，应对经济下滑，长期以来有两种对策，分别为需求侧因素分析和供给侧因素分析，过去需求侧因素分析占主导地位，并且多年的实施对经济造成了严重的负面影响；运用供给侧因素分析可以对中国经济发展和近期经济增速下滑提供较好解释。对于当前对供给侧结构性改革的一些误解，吴敬琏提出不要把"结构性改革"与用行政方法"调结构"混为一谈。结构性改革的重点是体制改革，特别是政府职能改革，即减少政府对市场的过分干预，而用行政方法调结构仍然是以政府在资源配置中发挥主导作用，政府以行政命令有保有压。在供给侧结构性改革的同时，政府也要采取一些措施应对金融风险的积累，确保不出现系统性风险。一方面，要果断降低杠杆，打破刚性兑付，该破产的要破产；另一方面，要辅以传统的需求政策，更多地使用财政政策来保持经济维持在合理增长范围之内。

冯志峰（2016）在《供给侧结构性改革的理论逻辑与实践路径》中研究了供给侧结构性改革的逻辑内涵和具体改革方式。他认为，生产成本不断上升、产品供需错配、资本边际效率不断下降、企业负债不断增加、市场机制运行受阻等方面都表明传统的需求侧管理正在失效，市场急需供给侧方面改革来理顺经济脉络。他还分析了供给侧政策与需求侧政策的差异，在改革指向上，供给侧政策指向生产者，着眼于产业结构的转型升级，而需求侧政策指向消费者，旨在通过刺激消费来拉动经济增长。从改革效果来看，供给侧政策作用链条较长，需要较长时间的改革才能有所成效，而需求侧政策作用时效快，短期效果显著。从采取的政策来看，需求侧政策主要采取财政政策和货币政策，而供给侧政策主要在于体制改革，降低制度交易成本，促进市场经济发展。针对改革具体路径，冯志峰提出，供给侧结构性改革可从三个层面入手，分别为产业层面、要素层面和制度层面三个层面。在产业层面，政府要促进产业转型升级，实现从传统产业向现代产业的转变；在要素层面，改革要矫正要素配置扭曲，实现从要素驱动向创新驱动的转变；在制度层面，要改革行政管理体制，实现从政府管制向市场机制的转变。

罗良文和梁圣蓉（2016）在《论新常态下中国供给侧动力机制的优化——基于1994～2014年省级面板数据的实证分析》中从供给侧研究了影响我国经济增长的动力因素，分析了我国经济增长的动力机制。他们认为，我国经济发展面临一系列结构性问题，例如，供给侧产业结构不协调导致产业效率低下，供给侧的有效性不足导致供需结构错位等。随后他们运用柯布—道格拉斯生产函数对我国经济增长的动力因素进行了分析。结果发现，在近二十年中，我国经济增长的主要推动力仍然是资本投入，虽然全要素生产率的提升已经开始拉动经济增长，但是资本和劳动的投入仍是经济增长的主要推动力。所以，随着我国企业负债率逐步上升，人口红利逐步减少，我国传统经济增长方式已经无法继续维持下去，亟须转变发展方式，提升全要素生产率，通过创新发展，寻找经济新增长点。罗良文和梁圣蓉通过将影响经济增长的要素分为供给侧和需求侧两端，从经济增长方式结构、经济增长动力结构和经济结构三个层面构建我国经济增长的动力机制。在经济增长方式结构层面要摆脱以往的低成本要素驱动发展，转向通过制度改革、产业结构优化和要素升级驱动。经济增长动力结构层面包括供给侧的劳动投入结构、资本投入结构的优化以及全要素生产率的提升，同时配合需求侧结构的优化。经济结构层面主要包括供给侧的区域结构、产业结构、产品结构等以及需求侧的消费结构的优化。创新驱动是供给侧结构性动力机制的内核动力，从经济增长的方式结构来看，由过去的低成本要素驱动、高投资驱动向"三大发动机"与"三驾马车"合力驱动转型，从经济增长的动力结构来看，要通过优化要素结构和提升全要素生产率来促进经济增长。

邓磊和杜爽（2015）在《我国供给侧结构性改革：新动力与新挑战》中研究了我国供给侧结构性改革的动力与挑战。对于供给侧结构性改革中的新动力，他们认为，首先，要建立基于"供给侧"和"需求侧"的双侧调控体系。宏观经济运行分为趋势性和周期性成分，供给侧改革着眼于经济长期发展，可以解决经济运行中的深层次问题，而需求侧改革更注重短期效应，并且效果显现较快，适合短期拉动经济增长。所以，当下经济形势与改革决定了供给侧调控应该担任调控的主要任务，趋势性导向的调控政策理应由供给侧调控来实现，同时以需求侧调控掌握经济调整速度，为短期经济运行提供底部支持。其次，要强化增长动力因素实现经济稳定发展。通过制度改革，为市场经济松绑，不断加大技术创新力度，提高全要素生产率，同时优化产业结构，淘汰落后过剩产能，培育新型产业。对于供给侧结构性改革所面临的新挑战，邓磊和杜爽提出主要有以下几方面挑战：短期经济下滑压力，并且伴随财政收支压力以及制度改革中的固有利益阻力。基于此，他们提出，要将供给侧与需求侧调控有效配合，供给侧要素结构调整以及政府定位的调整等政策建议。

王一鸣、陈昌盛和李承健（2016）在《正确理解供给侧结构性改革》中研究了推行供给侧结构性改革的原因、供给侧结构性改革的导向、供给侧改革与需求侧管理的关系等。他们认为，推行供给侧结构性改革的主要原因在于供给需求不匹配，尤其是供给侧远远满足不了需求侧，并且出现结构性失衡，而目前问题大都出现在供给侧，并且需求侧旨在解决量的问题，对于结构性问题很难产生较大影响。同时，从国际上来看，受累于结构性缺陷，尽管在大量的货币刺激下世界经济仍然维持低位，传统的世界经济格局无法持续下去，欧美发达国家开始转变信贷消费模式，吸引先进制造业回流，低成本劳动力的国家不断抢占劳动密集型产业，在这种情况下，我国传统优势逐步丧失，而新的竞争力尚未建立起来，推行供给侧结构性改革就显得尤为重要。对于供给侧结构性改革的导向，王一鸣、陈昌盛和李承健认为，要减少无效和低端供给，扩大有效和中高端供给，着力推动体制机制改革，不断完善市场经济体制及其配套法律法规等。在推动供给侧结构性改革的同时，要做好供给侧改革与需求管理政策的配合。供给侧结构性改革需要需求政策予以配合，需求政策可以维持经济增长保持在合理区间，为供给侧结构性改革创造时间，减少难度，而供给侧结构性改革也可以提振需求。最后他们提出，供给侧结构性改革要立足当前，着眼长远，应当从化解当前突出矛盾入手，由表及里，并且在此过程中要着力化解风险，做好应对风险的准备，最后通过供给侧结构性改革，重塑我国未来中长期增长新动力。

李佐军（2015）在《准确把握供给侧改革》中研究了如何理解供给侧结构性改革的内涵，推进供给侧改革的原因，对供给侧改革的误解等。他认为，我国目前的结构性问题主要包括产业结构、区域结构、要素投入结构、排放结构、经济增长动力结构和收入分配结构六个方面的结构问题。供给侧改革的实质是要保证市场在资源配置中起决定性作用，必须要简政放权，管好政府的手，并且培育经济新的增长点，培育新产业为将来发展培育新竞争力，同时提高全要素生产率，提高传统行业的生产效率。由于需求政策的边际效益在递减，而副作用和后遗症却在增大，同时供给侧改革同全面深化改革和可持续发展也是相吻合的，通过供给侧结构性改革可以促进两个目标的实现，所以我国现在推行供给侧结构性改革。针对目前对供给侧结构性改革的误解，李佐军做出了些澄清。供给侧结构性改革是一个新名词，但是其内涵却很早就有了，而且在我国改革开放中供给侧的改革就占据了主体地位。再者就是将供给侧结构性改革等同于西方的供给学派，这是不确切的，中国的供给侧结构性改革的内涵要比供给学派的主张丰富得多。政府以行政命令和计划手段来推行供给侧改革，这也是对供给侧改革的误解。供给侧改革的出发点就是要厘清政府与市场的关系，让市场发挥主导作用，这种误解会适得其反。供给侧改革与需求管理不是相矛盾的，而是相辅相成的，在改革中要同时发挥作用，共同促进我国经济改革与发展。

李锦（2015）在《"国企改革"与"供给侧改革"的同一性与互补性——对习近平总书记"供给侧改革"论述的理解》中研究了国企改革同供给侧结构性改革的关系。他认为，"供给侧改革"的出发点是搞好企业，增加新型供给，要促进过剩产能化解，促进产业结构优化，而这与国有企业"四个一批"任务高度吻合，即与"创新一批"、"发展一批"、"重组一批"、"清理退出一批"分别相对应。国有企业推进供给侧结构性改革从消化过剩产能开始，而企业的盈利能力则是衡量国企改革的一个重要指标，李锦认为，通过并购重组可以有效缓解去产能的阵痛，同时重塑企业活力。国有企业三方面的改革也可以为供给侧结构性改革提供强大动力。一是在制度因素方面，政府与国企实施市场化改革；二是在产业因素方面，调整供给结构；三是在产品上提高供给质量，实现"供需匹配"。最后李锦认为，"供给侧改革"将会成为"十三五"期间经济改革的重心，"供给侧改革"将会成为国企改革与发展的主轴。重点解决国有企业产权结构的"国企改革"，与解决国有企业产业结构的"供给侧改革"将相伴而行，共同促进，并行不悖。

刘元春（2016）在《论供给侧结构性改革的理论基础》中研究了供给侧结构性改革的理论内涵。他首先明确了理论界对供给侧结构性改革的误读，并区分了供给侧结构性改革与以萨伊定律为核心的新古典理论，以传统供给经济学为内核的新供给经济学，以发展经济学为核心的各类结构主义，以保守主义、货币主义以及供给主义为核心的里根经济学和撒切尔主义，以华盛顿共识为核心的新自由主义结构性改革理论，以产权理论和制度创新理论为核心的新制度主义的区别。基于此，刘元春认为，要想清楚把握供给侧结构性改革就要跳出西方经济学的桎梏，超越左和右、市场与政府的简单分类，同时既着眼本国实际，也应具备国际视野。他提出，中国特色社会主义政治经济学才是供给侧结构性改革的理论基础，供给侧结构性改革的目的是最大限度解放和发展生产力，以是否形成激励相容的动力机制为检验标准，把握促进经济增长的多层次举措，构建新型所有制模式，这是供给侧结构性改革的内涵，他还提出要将马克思政治经济学原理同中国发展阶段相结合，这样才能准确推进供给侧结构性改革，实现中国发展目标。

鞠蕾、高越青和王立国（2016）在《供给侧视角下的产能过剩治理：要素市场扭曲与产能过剩》中以要素供给作为从供给侧研究产能过剩问题的切入点，重点研究了要素市场扭曲对产能过剩的影响机制。他们认为，之所以我国产能过剩行业陷入了"越调控越过剩"的困境，原因在于这些政策的出发点都基于需求侧，不断扩大需求以使供需平衡，这必然导致越调控产能越过剩。从供给侧分析，我国的产能过剩问题实际上是市场资源错配的问题，而地方政府干预要素资源配置所导致的要素市场扭曲是导致市场资源错配的根源所在。要素市场扭曲对我国产能过剩的影响机制主要分为其对企业投资决策的扭曲激励以及对企业市场退出的扭曲激励两方面。一方面，地方政府通过压低土地要素、资本要素以及资源型要素的价格，放宽生态要素的规制等手段来为企业投资提供所谓"优惠政策",使得企业的很多内部成本外部化,大大降低了企业扩张的成本,造成产能过剩;另一方面,各级政府基于自身利益,制造退出壁垒,造成很多企业进得去退不出,过剩产能迟迟得不到出清,产能越积越多。鞠蕾、高越青、王立国通过构建模型发现,资本要素的扭曲对产能过剩有显著影响,而劳动要素的扭曲影响不大,通过提升生产效率,改善行业景气程度都对化解产能过剩起着积极效果。

二、供给政策与需求政策协调配合的研究

盛朝迅、陈蕾和王颂吉(2016)在《重点领域改革节点研判:供给侧与需求侧》中研究了自改革开放以来,我国经济政策在供给与需求方面的变化过程。他们认为,我国自改革开放以来供给侧改革与需求侧改革政策演进可划分为三个阶段:第一阶段为1978~1992年,以供给侧改革为主,包括土地改革、国企改革、科技体制改革等;第二阶段为1992~2012年,以需求侧改革为主,包括"宏观调控"、应对亚洲金融危机和国际金融危机等政策;第三阶段为2012年至今,供给侧改革再次得到重视,并逐渐形成新供给改革政策。对于供给政策与需求政策的关系,盛朝迅、陈蕾和王颂吉认为,供给政策更强调"治本",从经济源头入手,解决经济发展中的深层次性问题,更突出长远的转型升级和经济活力再造。需求政策则偏重短期,从经济运行结果入手,更注重短期效果,效果明显但副作用大,不利于经济持续健康发展。基于此,他们提出,必须将需求侧的短期措施和供给侧的长期改革结合起来才能助推中国经济一方面既能维持较高增速,另一方面又可以平顺地实现产业转型升级。

李翀(2016)在《论供给侧改革的理论依据和政策选择》中研究了实施供给侧结构性改革的理论依据和政策选择。他认为,需求政策与供给政策不是对立的,而是相互协同的,但是从长期来看,推动经济增长的因素都是供给侧的要素,我国正处于经济增长方式转换过程中,短期的需求政策无益于经济增长方式的转变。要想实现我国经济增长方式的转变,一方面要大力提高科学技术水平,另一方面要推进人力资本积累和产业结构调整。供给侧结构性改革涉及我国经济体制的深层次问题,是一个长期性过程,所以在这

个阶段，我国有必要采取一些需求政策来克服经济下滑趋势，使经济增长维持在一个合理范围之内。

李智和原锦凤（2016）在《基于中国经济现实的供给侧改革方略》中研究了我国实施供给侧结构性改革的依据、契机、重点领域和时序安排。他们认为，当下我国消费需求乏力，需求释放存在结构性障碍，投资的边际收益不断降低，金融系统风险不断上升，出口竞争优势逐步丧失，出口环境逐步恶化，这些因素导致我国传统的需求拉动政策的边际效率在逐步下降，这些正是促使我国当下推行供给政策的依据。他们还认为我国存在着隐性的滞胀风险，并且由于我国价格传导机制不畅，导致居民消费价格指数处于低位，货币供给增多的同时社会融资增量逐步萎缩，经济可能出现货币型通胀，所以为应对潜在的滞胀风险，我国当下应该实行供给侧改革。对于供给政策与需求政策的关系，李智和原锦凤认为，不应当争论需求与供给谁决定谁的问题，而应当研究供给与需求如何能最大限度地相互协同，以促进经济发展。他们认为，在不同经济发展阶段存在着两套供需协同机制，一套是工业化进程中"需求引导供给"的供需协同机制；另一套是新经济条件下"供给创造需求"的供需协同机制。我国正处于工业化后期阶段，所以两套供需协同机制都在发挥作用。以两套传导机制作为参照系，李智和原锦凤考量了影响我国经济体系供给"主动性"发挥的障碍性因素，由此确定我国当前供给侧改革的攻坚重点。他们认为，影响供给主动性的因素主要有三类：一是"供给障碍"，即影响生产要素无法在产业间自由转移的因素；二是"供给栓桔"，即导致生产要素无法从闲置状态进入生产（后再生产）状态的因素；三是"供给老化"，即造成供给创新乏力的因素。他们由此得出我国供给侧结构性改革的重点：一是市场机制不健全导致"供给障碍"，亟待完善企业优胜劣汰、要素高效流转的竞争机制。二是经济体制约束导致"供给栓桔"，亟待启动有助于释放闲置要素、消化库存积压的体制改革。三是产业体系存在"供给老化"，亟待弥补创新短板，加强产业扶持，提升战略性新兴产业培育。鉴于此，李智和原锦凤提出政策组合建议，政府要坚定供给与需求并重的政策导向，强化通用政策手段的鉴别性使用，面向化解供给抑制选择政策手段，并为供给侧结构性改革设立时序安排。

贾康（2016）在《供给侧结构性改革要领》中研究了中国转向供给侧结构性改革的原因、推行改革的重点和要领以及如何在供需政策的转变过程中保持动态平衡。他认为，经过亚洲金融危机和上一轮经济危机之后，我国在传统的需求政策上已经很难进一步有太大作为，但是我国目前又面临诸多挑战，经济增速下滑、国家仍处在转型阶段以及要全面建成小康社会等都要求我国的经济增速必须保持在一个较高的合理范围之内，所以此时供给侧的改革就显得尤为重要。对于推进供给侧结构性改革，贾康认为，要推动供给侧结构性改革需要注意以下方面：要走创新型国家之路，大力鼓励创业，推进城镇化和产业优化，推行以减税为核心的税费改革和大幅减少行政审批，扩大对亚非拉地区的开放融合，适度扩大面向未来的投资规模，转型鼓励生育的人口政策，国有资产转向服务社会保障和公共服务领域，促进国有经济和非国有经济协调发展，政府和市场各自发挥自身应有作用，尽快实施配套改革等。对于供给政策与需求政策的转变过程，贾康提出，供给政策和需求政策不是互相排斥不能融合的，一方面，不是绝对地不采取刺激政策，在经济下行曲线较为陡峭时，合理范围内的需求管理措施是必要的；另一方面，采取需求侧刺激政策时，一定要特别注重结合供给管理，综合考虑供给侧效果。

卫兴华（2016）在《澄清供给侧结构性改革的几个认识误区》中对于供给侧结构性改革的几个认识误区进行了澄清。首先，供给侧结构性改革与发挥"三驾马车"对经济的拉动作用不是对立的。他认为，我国经济政策从需求管理政策转向供给管理政策，是为了矫正要素配置扭曲，扩大有效供给，提高供给结构适应性和灵活性，使我国供给逐步与需求相匹配，更好地实现产业结构转型升级，更好地实现有效需求。其次，产能过剩、供给结构与需求结构失衡的表现和原因错综复杂，不能简单化理解。卫兴华认为，我国供给与需求的失衡主要有两种表现：一种是供给大于需求导致产能过剩；另一种是有效供给不足，不能适应和满足需求结构变化后的市场需求。前一个问题，卫兴华认为根源在于市场秩序混乱，或者说是市场经济自身缺陷导致的；后一个问题，卫兴华认为是技术水平落后导致的，解决这一问题需要提高科技水平。推动供给侧结构性改革需要市场与政府相配合，即在尊重市场规律的基础上适当发挥政府职能。

文建东和宋斌（2016）在《供给侧结构性改革：经济发展的必然选择》中提出，中国要想跨越中等收入陷阱，实现经济发展目标就必须实行供给侧结构性改革。他们认为，自2008年经济危机以来，我国经济进入了供需失衡的发展阶段，经济增速下滑，下滑的原因主要有两方面：一方面是需求不足，产能过剩，从而不能对经济进行刺激；另一方面是原有经济增长过快，经济发展模式不可持续。文建东和宋斌进一步论证了中国不适宜继续采取凯恩斯主义的原因以及供给侧结构性改革与西方供给学派的不同之处。供给侧结构性改革能否成功的关键在于提升信心，供给侧结构性改革的主要内容就是要使市场真正在资源配置中发挥决定性作用，划清政府与市场的界限，规范政府行为，通过建立完善的社会主义法制体系来促进市场经济的发展。如果能够顺利实施供给侧结构性改革，那么，中国经济可以实现按照生产潜能增长的全速经济增长，最终达到发达经济体水平。

已有的这些研究清晰、全面地阐述了供给侧结构性改革的内涵、重要性及主要内容，并且进一步阐述了供给侧结构性改革与需求政策协调配合的内在机理以及两者协调配合的重要性。这些研究为我们从理论上更为深入地认识供给政策与需求政策提供了有益的思考。同时，这些研究也为经济新常态下我国推动产业转型升级如何进行政策选择与组合提供了新的思路及可资借鉴的建议。

参 考 文 献

[1] 邓磊，杜爽．我国供给侧结构性改革：新动力与新挑战[J]．价格理论与实践，2015（12）：18-20．

[2] 范必．供给侧改革应着重打破供给约束[J]．宏观经济管理，2016（6）．

[3] 冯志峰．供给侧结构性改革的理论逻辑与实践路径[J]．经济问题，2016（2）：12-17．

[4] 龚刚．论新常态下的供给侧改革[J]．南开学报（哲学社会科学版），2016（2）：13-20．

[5] 洪银兴．准确认识供给侧结构性改革的目标和任务[J]．中国工业经济，2016（6）：14-21．

[6] 胡鞍钢，周绍杰，任皓．供给侧结构性改革：适应和引领中国经济新常态[J]．理论参考，2016（2）：45-45．

[7] 纪念改革开放周年系列选题研究中心，王佳宁，盛朝迅．重点领域改革节点研判：供给侧与需求侧[J]．改革，2016（1）．

[8] 贾康．供给侧结构性改革要领[J]．中国金融，2016（1）：25-28．

[9] 鞠蕾,高越青,王立国.供给侧视角下的产能过剩治理:要素市场扭曲与产能过剩[J].宏观经济研究,2016(5).

[10] 李翀.论供给侧改革的理论依据和政策选择[J].经济社会体制比较,2016(1):9-18.

[11] 李稻葵.关于供给侧结构性改革[J].理论视野,2015(12):16-19.

[12] 李智,原锦凤.基于中国经济现实的供给侧改革方略[J].价格理论与实践,2015(12):12-17.

[13] 李佐军.准确把握供给侧改革[J].党政干部参考,2016(3):16-17.

[14] 林卫斌,苏剑.理解供给侧改革:能源视角[J].价格理论与实践,2015(12):8-11.

[15] 刘向耘.供给侧改革需要解决的问题[J].中国金融,2016(1):29-30.

[16] 刘元春.论供给侧结构性改革的理论基础[J].理论参考,2016(3).

[17] 罗良文,梁圣蓉.论新常态下中国供给侧结构性动力机制的优化——基于1994~2014年省级面板数据的实证分析[J].新疆师范大学学报(哲学社会科学版),2016(2).

[18] 王晓芳,权飞过.供给侧结构性改革背景下的创新路径选择[J].上海经济研究,2016(3).

[19] 王一鸣,陈昌盛,李承健.正确理解供给侧结构性改革[J].求是,2016(10).

[20] 卫兴华.澄清供给侧结构性改革的几个认识误区[J].经济视野,2016(10).

[21] 文建东,宋斌.供给侧结构性改革:经济发展的必然选择[J].新疆师范大学学报(哲学社会科学版),2016(2).

[22] 吴敬琏.不能把"供给侧结构性改革"和"调结构"混为一谈[J].中国经贸导刊,2016(7):33-34.

[23] 赵景峰,湛爽.供给侧结构性改革:国际经验与中国启示[J].山东社会科学,2016(6).

(执笔人:刘勇、江飞涛、史耀庭)

第九章 新工业革命背景下的制度创业问题研究：前沿进展

以智能化、数字化、网络化为核心特征的新一轮技术革命将成为未来影响全球经济发展最为根本的技术性因素。在新一轮工业革命的背景下，创业形态将发生显著的变化。本章拟对有关新工业革命的技术经济范式和制度性创业最新研究成果进行梳理，以期推进国内有关新经济背景下制度创业问题的学术研究。

一、新工业革命研究的理论进展

"第三次工业革命"（新工业革命）成为热点话题已经四年有余。以中国知网上以"第三次工业革命"为关键词的主题文章为例，2011年共有10篇文章，2012～2015年，分别有169篇、453篇、369篇和316篇文章，2016年前半年，有116篇文章。如放松检索条件，以"产业变革"为关键词，2015年共有630篇文献，2016年前半年便有422篇。当我们回顾各界对于第三次工业革命的讨论时可以看到，迄今对于第三次工业革命内涵的理解还未达成共识，各种观点见仁见智。因此，当前对有关第三次工业革命的各种观点加以辨析，仍然十分必要。

1. 关于第三次工业革命的界定与相关理论

各界对于第三次工业革命的看法众说纷纭，大致源于两个方面的原因。

第一个原因也是主要的原因，第三次工业革命这一概念进入中文语境有两个差异大于共性的来源。一是以美国趋势学家里夫金在其2011年9月出版的《第三次工业革命》一书中提出的观点为代表，也可以称为"新能源版本"，认为历史上的工业革命均是由新的通信技术与能源技术相结合所推动的：第一次工业革命的技术基础是纸质媒体（报纸、杂志、书籍等）并以煤炭为主要燃料，第二次工业革命的技术基础是电子通信技术（电话、无线电、电视等）并以化石能源为主要燃料，而互联网技术与可再生能源的结合将推动全球发生第三次工业革命。二是以英国《经济学人》杂志2012年4月刊发的题为《第三次工业革命》的"特别报告"提出的观点为代表，也可以称为"制造业版本"，其对工业革命的划分依据是生产方式的根本性转变：第一次工业革命是18世纪晚期制造业的"机械化"所催生的"工厂制"，其发展取代了家庭作坊式的生产组织方式；第二次工业革命是20世纪早期制造业的"自动化"所创造的"福特制"，其发展使得"大规模生产"成为制造业的主导生产方式；而人类正在迎接的第三次工业革命是制造业的"数字化"，以此为基础的"大规模定制"很可能成为未来制造业的主流生产方式。第二个原因是国内参与第三次工业革命讨论的论者相当广泛，在对第三次工业革命"应该是"什么这个问题上，融入了具有自身知识背景或者专业特色的理解。例如，有论者认为第三次工业革命是信息技术创新、生物技术革命或者材料技术革命；也有论者认为是工业系统变革、生产管理方式变革等；还有研究者提出人类即将进入或者迎接的是第四次产业革命或第六次技术浪潮。这就使得在第三次工业革命的内涵"是什么"这一问题上各执一端。

吕铁和邓洲（2013）从学理上指出，对工业革命的界定标准本身应具有自洽性，方能将人类进入工业社会以来的近代史划分出若干个相互连续又彼此互有区别的发展阶段，即若干次工业革命。从这个意义上讲，在第三次工业革命的诸多说法中，"新能源版本"和"制造业版本"的第三次工业革命相比于其他提法具有更强的学理基础。还要看到，第三次工业革命概念的提出具有明显的现实意义。毫无疑问，第三次工业革命将有利于全球金融危机后的世界经济重新定位发展方向，也将有助于解决传统发展模式下人与自然日益紧张的关系等问题。这也是"新能源版本"和"制造业版本"的第三次工业革命的相通之处。第三次工业革命的讨论兴起之际，适逢我国经济发展处于战略转型的关键时期，因此，第三次工业革命进入中文语境后迅速与我国的现实需要相结合,促使论者进一步探讨第三次工业革命对我国可能产生的影响及应对之策。冯飞(2013)认为,判定是否存在工业革命大致有三个标准,第一个标准即是否引发了生产方式的变革,并且大幅度地提高劳动生产能力,进而出现一些新的产业形态;第二个标准即是否深刻地影响社会生活,如以电气化为特征的第二次工业革命带来的是人类生活方式的重大变革;第三个标准即是否有标志性的技术和产业。他认为具备前述三个标准才可称之为产业革命,而是否有大规模的应用是判定是否发生产业革命的最重要标准,技术革命肯定是早于产业革命的,先有技术革命才会有产业革命。黄阳华(2016)利用演化经济学中正统的技术经济范式框架,将当前备受关注的新一轮产业变革置于延续两个多世纪的全球工业化进程中加以系统化和理论化,主张对当前新一轮产业变革的研究仍然可以按照技术经济范式核心组件协同演化的框架加以剖析。新一轮产业变革可能是第六次技术经济范式(也即第六次康德拉季耶夫长波)的导入期。

2. 关于第三次工业革命的影响

我国学者较早跟踪并自主开展了对第三次工业革命的研究。在较短的时期内形成了大量的研究文献,除去具体行业、领域内观察家探讨第三次工业革命的细分研究,在宏观、理论和战略层面的代表性观点比较清晰。吕铁等(2012)、中国社会科学院工业经济研究所课题组(2012)、徐梦周和贺俊(2012)、贺俊等(2015)从生产方式变革的角度研判了第三次工业革命对全球分工体系和对我国产业的潜在影响,包括重塑国家间比较优势、重塑二三产业关系、重塑世界经济地理、重塑国家间利益分配机制等方面,具有一定的代表性。黄群慧和贺俊(2013)提出,"第三次工业革命"是一场嵌入在技术、管理和制度系统中的技术经济范式的深刻变革。随着这场工业革命的不断深化,制造和制造业的经济功能可能被重新定义,国家和企业竞争力所依赖的资源基础和要素结构乃至全球产业竞争格局都可能被重构,为了迎接"第三次工业革命"以及未来与发达工业国家在价值链各环节的"全面竞争"的挑战,未来中国需要在转型升级战略、全球竞争战略、技术创新战略、产业发展战略、国家信息战略等多方面进行适时调整。

贾根良(2013a)按照演化经济学家佩蕾丝有关经济追赶的两种机会窗口理论指出,"第一种机会窗口"不可能存在追赶机会。但是,由于产品内分工和全球价值链的发展,"第一种机会窗口"在战略性新兴产业中也大量地出现了，这是否有追赶成功的可能呢？本章通过对我国光伏产业和机器人产业的案例研究，认为我国光伏产业和机器人产业的发展模式无法承担起迎接第三次工业革命的历史重任，其根本原因就在于我国在战略性新兴产业上仍然试图通过"第一种机会窗口"即继续沿袭劳动力成本低廉的比较优势应对新工业革命。为了抓住第三次工业革命的"第二种机会窗口"，我国战略性新兴产业的发展模式亟须重大变革。贾根良（2013b）认为，目前我国有关新型工业化道路的内涵和实现途径并没有反映出目前已逐渐清晰的以第六次技术革命浪潮为核心的第三次工业革命对工业化道路的巨大影响。在第二次工业革命时，落后的美国和德国通过抓住"第二种机会窗口"成功地实现了跳跃式发展。从演化经济学的理论和经济史的视角进行分析，我国的新型工业化道路如果要取得成功，就必须依托民族产业和庞大的国内市场，从新技术革命的产业价值链高端入手，重塑我国在第三次工业革命中的竞争优势，这是我国与美国、日本、欧洲各国共同成为第三次工业革命领导者的必由之路。

贾根良（2014）提出，第三次工业革命在范围上包括信息技术革命和可再生能源革命两次技术革命浪潮，信息技术革命将贯穿于始终。贾根良（2016）通过对马克思工业革命理论的阐释，不仅重申马克思有关"工具机革命"而非能源革命作为工业革命标志的观点，而且对历次工业革命中"工具机革命"与能源革命内在联系的历史规律性进行了讨论。第三次工业革命是对前两次工业革命的再"革命"，它具有两个突出的特征：一是与前两次工业革命的核心是资本替代体力劳动不同，第三次工业革命在本质上是对人的脑力劳动的替代；二是与前两次工业革命中的能源革命在本质上不同，可再生能源革命把能源采掘业转变成了制造业，在人类历史上，第一次使能源生产转变成了遵循收益递增规律的生产活动。

戚聿东和刘健（2014）对第三次工业革命的技术经济特征和产业组织模式特征的分析入手，探讨了第三次工业革命对产业组织模式的影响，从政府职能定位、产业结构政策、反垄断政策、竞争政策、审批政策和补贴政策等方面阐述了促进第三次工业革命的产业政策体系。他们认为，以分布式、发散式新通信技术与社会化、民主化新能源体系有效融合为本质的第三次工业革命将使产业组织模式出现规模经济效应弱化、产业集中度和规模起点降低、市场进入壁垒下降、中小企业优势显现、可竞争市场结构形成等特征，第三次工业革命将驱使制造业的生产方式由大规模标准化制造向大规模个性化定制转变,并推动垂直结构、中央集权的组织模式向扁平化、社会化和竞合化的网络状组织模式转换,而传统能源结构与能源体制下所形成的垄断行业既得利益集团,很有可能阻碍或延缓第三次工业革命和产业组织模式转型的进程。黄阳华(2016)认为,新一轮产业变革可能是第六次技术经济范式的导入期,或在如下方面发生"革命":数据要素将成为新型核心投入,以新一代互联网技术为支撑的通信基础设施的重要性超过交通基础设施,以数据和新一代互联网技术驱动的制造业智能化将引领国民体系的智能化。最终,大规模生产也将受到严峻挑战,大规模定制化和社会化制造等新的生产组织方式将兴起。

3. 关于第三次工业革命的进展

驱动第三次工业革命的重要技术是信息网络技术。黄阳华等(2015)提出,"互联网+"并非一项横空出世的颠覆性技术,是人类社会连续发生的工业革命的最新进展,将引领工业发展水平向更高层次跃进,对我国制造业转型升级产生跨时代的影响。黄阳华等认为,"互联网+"对中国制造业的影响具体表现为引领制造业产品的智能化和网络化,推动我国制造业生产和管理流程智能化,推动我国制造业研发设计的网络化协同发展,推动我国制造业企业组织关系的变革,推动我国制造业企业服务化转型,并针对制造业领域利用"互联网+"面临的突出问题提出了相应的对策。李晓华(2016)从四个层次界定了"互联网+"的内涵,认为可以从以下几方面理解"互联网+":"互联网+"是互联网技术与其他领域的结合;"互联网+"是在信息网络技术进一步发展的基础上形成的,主要是云计算、大数据、物联网、移动互联网的发展为互联网向其他领域的渗透与融合奠定了基础;"互联网+"已成为重要的发展趋势,甚至是一种通用目的技术;"互联网+"已成为决定产业竞争力水平的关键,是世界各国致力于推动的领域。王大林和杨蕙馨(2016)从世界信息总量爆炸和"移动互联"发展趋势的背景出发,提出了"新产业生态系统"的概念,并以此研究我国现代产业体系的演进。此外,大量的研究结合行业特色,评述和展望了信息网络技术在行业层面的应用和可能影响。在微观层面上,一些学者已经注意到"互联网+"带来的影响,如跨界经营(赵振,2015)、大规模智能定制(吴义爽等,2016)、制造业服务化(童有好,2015)。

在国家层面上,黄群慧等(2014)整体概括了全球主要工业化国家应对新工业革命的主要战略。黄阳华和卓丽洪（2013）比较分析了美国制造业复兴计划与第三次工业革命之间的关系；黄阳华（2015）、国务院发展研究中心课题组（2016）系统研究了德国工业4.0的主要内容及相关进展；李金华（2015）比较了德国工业4.0与中国制造2025之间的异同；刘湘丽（2015）、方晓霞等（2015）研究了日本制造业提振政策的进展与特点。

二、制度创业的理论发展

面对"工业4.0"等浪潮的挑战，在高度不确定的情境下，如何推动新兴产业发展是我国政府、企业家和学者共同关注的话题。制度理论是探讨产业形成及变迁的重要理论视角。从这一视角出发，新兴产业的形成是一个产业规则逐渐形成和完善的制度建立过程，即"制度化"的过程。制度创业研究（DiMaggio, 1988）通过探讨在特定制度安排下具有一定利益诉求的行动者如何借用资源的杠杆作用、创造新制度或变革现有制度来回答"制度从何而来"这一问题。现有的制度创业研究主要集中于探讨动因、主体与机制这三个核心问题。

制度创业动因研究旨在解决制度创业的外源性和内生性问题。强调制度创业外源性的研究（郭毅、殷家山、周裕华，2009）主要关注社会层面因素，如社会突变（Greenwood、Suddaby、Hhining, 2002）、技术中断（Wang、Swanson, 2007）、自然环境变化（Child、Lua、Tsai, 2007）。强调制度创业内生性的研究主要关注各方面的使能因素，既包括场域不稳定性（Levy、Scully, 2007）、制度异质性（Seo、Creed, 2002）和制度多样性（Greenwood、Suddabay, 2006）等场域层面因素，也包括组织内部要素（Greenwood、Hinings, 1996）和组织所处网络位置（Boxenbaum、Battilanan, 2005）等组织层面因素，还包括个体社会地位（Battilana, 2009）与个体自身特质（Mutch, 2007）等个人层面因素。

制度创业主体研究旨在识别制度创业中发挥核心能动作用的行动者及其行为方式，主要围绕三个方面展开：一是关于制度创业者身份识别的研究。Minsanyi、Weaver和Elms（2008）认为，制度创业者可以是个体、组织，也可以是个体或组织结成的联盟。Child、Lua和Tsai（2007）则认为，不同制度创业者在不同阶段作用不同，要根据其贡献程度来识别。二是关于制度创业者行为方式的研究。不同的制度创业者影响着制度创业的方式和过程。本身就是管制者的制度创业者通常采取"自上而下"的方式，而本身是被管制者的制度创业者则通常采取"自下而上"的方式（Child、Lua、Tsai，2007）。三是关于制度创业者意图的研究。Lounsbury 和 Crumley（2007）指出，制度创业者可能不是一开始就想改变制度，他们的活动可能是"无意识"偏离现有制度，但最终导致制度的改变。

制度创业过程研究旨在回答制度创业者如何为其倡导的新制度争取合法性。从作用机制来看，学者提出了基于不同视角、适用不同条件的制度创业模型。Seo 和 Creed（2002）从矛盾视角来研究新制度的构建过程，在制度矛盾、实践和制度变迁之间建立了重要联系，给出了四种制度改变的路径。Dorado（2005）从机会、资源的视角来探索制度创业的动态过程，给出了制度改变过程中场域特征、机会、资源和能动性之间的作用关系。Tracey、Phillips 和 Jarvis（2011）则发展了一个包括微观、中观、宏观的多层面制度创业模型。从创业策略来看，多数研究唯有策略的零散诠释（郭毅、殷家山、周裕华，2009；李雪灵等，2015）；根据其作用的制度场域维度，这些制度创业实施策略总体上可分为物质策略（Maguire、Hardy、Lawrence，2004）、话语策略（Ruebottom，2013）和组织策略。

国内制度创业研究最早可追溯到周其仁（1997）发表于《经济研究》的论文，其中描述了横店集团徐文荣依托产权制度创新的创业案例。随后，此类行动开始引起学界的关注，如吉利集团李书福打破民企无法造车的壁垒、绿源公司游说政府合法化电动自行车、直销行业形成组织场域并拥有合法性等。针对各方面最新成果，尤树洋、杜运周和张祎（2015）采用内容分析和网络分析方法对 124 篇制度创业文献进行定量分析，发现现有制度创业文献偏重定性方法和在欧美地区的研究，缺乏量化分析和中国情境中的探索；偏重组织和组织场域层面的制度创业前因条件研究，而个体层面的前因条件探索才刚刚起步；侧重讨论制度创业者集体行动的过程和手段，缺乏对制度设计阶段行为者活动的剖析；制度创业的前因条件和过程研究相对独立，亟待整合性的理论研究框架。

从研究对象来看，国内学者的研究正逐步扩大制度创业视角的研究范围和应用范围。例如，朱蓉（2015）通过分析 2006 年至今中国 P2P 企业发展过程中新兴场域的演变和制度创业的动因和结果，认为 P2P 制度创业的过程也是合法性逐步获取的过程;随着制度变迁,P2P创业的规制性、规范性和认知性之间的联系得到增强;新兴场域的制度创业呈现出"地位化—理论化—制度化"的过程。徐二明和谢广营(2015)同样将互联网金融视为对我国传统金融体制的一种制度性创新。通过分析制度创业获得组织合法性、确立新组织制度的需要,他们提出,互联网金融企业必须拥有普惠与用户思维、免费与流量思维、傻瓜型与简约思维、迭代与跨界思维,而移动型组织、社区型组织、利基型组织、开放型组织将成为互联网普惠金融企业的主要组织业态。奚艳燕(2014)将制度创业视角应用于跨国并购研究,采用案例研究方法,通过对中国林德集团收购德国帕西姆机场过程的分析,探索了新兴市场企业在成熟市场跨国并购过程中通过制度创业实现资源整合从而创造竞争优势的过程。李新锐(2015)突破了当前以民营企业单案例分析为主的窠臼,对国家开发银行在经济体制改革背景下的制度创业进行了案例分析,构建了转型经济下国有企业制度创业的影响因素模型和策略选择模型,构建并检验了相应的研究假设。

在制度创业动因和主体这两个领域内,苏晓华和王科(2013)以中国风险投资/私募股权投资(VC/PE)行业为案例研究载体,深入解析了转型经济下新兴组织场域制度创业的演变过程,并对每个阶段制度创业者的动因和作用进行了分析。袁庆宏、王利敏和丁刚(2013)基于社会网络视角,研究了个体在组织内部制度创业的可能性和动因。他们根据组织内部的正式和非正式网络,将个体的网络位置划分为四种类型,并依次分析了不同网络位置对个体资源获取、利益期望进而对其制度创业能力、意愿的影响。田志龙等(2015)从我国政府高度参与产业发展的本土化情境出发,探索众多行动者分散的能动性如何实现及影响了中国新能源汽车产业发展的集体性制度创业。他们发现,中央政府、地方政府及企业依次主导了新兴产业的产品化、产业化及商业化,这种主导响应关系来源于行动者能力的差异和内部能动性在不同类行动者之间的分散,其背后的原因是不同类行动者动机的差异。

在制度创业机制领域内,国内学者的研究仍以文献综述和单案例研究为主。从文献综述来看,方世建和孙薇(2012)回顾了六个较具典型意义的制度创业模型,以此介绍国外制度创业研究20年来的主要思想、方法和成果。项国鹏和阳恩松(2013)通过全面评述国外相关文献,把制度创业策略分为话语策略、理论化策略、社会网络策略与文化策略,并提出推进制度创业策略研究的若干建议。从案例研究来看，宋华、于亢亢和冯云霞（2013）以新疆特变电工为案例研究对象，通过纵向追踪该企业的发展过程，横向剖析其成熟阶段的两个关键事件，研究其如何采取合适的组织行动和策略，赢得组织合法性的动态平衡。他们发现，企业组织一方面不得不服从制度压力，另一方面采取对资源调配、意义建构、关系重塑的聚焦或融合战略重塑制度环境，以获得组织合法性。

不过，一个突出的问题是，国内学者不再拘泥于深入分析具体策略分类或特定策略过程的研究思路，转而尝试整合现有研究，探析不同情境或不同约束条件下制度创业的具体过程和策略选择。例如，项国鹏和黄玮（2016）提出场域、资源和合法性是将利益相关者纳入制度创业研究的三个理论基础要素，并从这三个要素出发阐释了利益相关者对制度创业过程的影响。谢青和田志龙（2015）根据异质性程度和制度化程度将组织场域划为四种类型，对比分析不同试点城市、不同时期内中国新能源汽车产业的商业模式创新，据此比较不同类型组织场域中制度创业行动者的社会地位、制度创业的困难和制度创业的策略。徐二明和肖坚石（2015）将既往被认为在制度创业研究中起"支持"作用的资源作为策略选择的影响因素，提出一个合法性与资源约束下的二元制度创业策略选择框架。在这个框架下，根据合法性对运营的重要性和资源约束的强度，企业会分别选择重点实施、暂缓实施、并行实施或者拼凑实施的不同制度创业策略。

参 考 文 献

[1] Battilana J., Leca B., Boxenbaum E.. How Actors Chagne Institutions: Towards a Theory of Institutional Entrepreneurship [J]. Academy of Management Annals, 2009: 65 – 107.

[2] Boxenbaum E., Battilana J.. Importation as Innnovation: Transposing Managerial Practices across Fields [J]. Strategic Organization, 2005, 3 (4): 355 – 383.

[3] Child J., Lua Y., Tsai T.. Institutional Entrepreneurship in Building an Environmental Protection System for the People's Republic of China [J].

Organization Studies, 2007, 28 (7): 1013 – 1034.

[4] Dorado S.. Institutional Entrepreneurship, Partaking, and Convening [J]. Organization Studies, 2005, 26 (3): 385 – 414.

[5] Greenwood R., Suddaby R., Hhinings C. R.. Theorizing Change: The Role of Professional Associations in the Intransformation of Institutionalized Fields [J]. Academy of Management Journal, 2002, 45 (1): 58 – 80.

[6] Greenwood R., Suddaby R.. Institutitonal Entreprneurship in Mature Fields: The Big Five Accounting Firms [J]. Academy of Management Journal, 2006, 49 (1): 27 – 48.

[7] Levy D., Scully M.. The Insittuional Entreprenerusнір as Modern Prince: The Strategic Face of Power in Contested Fields [J]. Organization Studies, 2007, 28 (7): 971 – 991.

[8] Lounsbury M., Crumpley E. T.. New Practice Creation: An Institutional Perspective on Innovation [J]. Organization Studies, 2007, 28 (7): 993 – 1012.

[9] Maguire S., Hardy C., Lawrence T. B.. Insitutional Entrepreneurhip in Emerging Fields: HIV/AIDS Treatment Advocacy in Canada [J]. Academy of Management Journal, 2004, 47 (5): 657 – 6579.

[10] Minsanyi V. F., Weaver G. R., Elms H.. Ending Corruption: The Interplay among Institutional Logics, Resources, an Dinstitutional Entrepreneurs [J]. Academy of Mangement Review, 2008, 33 (3): 750 – 770.

[11] Much A.. Reflexivity and the Institutional Entrepreneur: A Historical Exploration [J]. Organization Studies, 2007, 28 (7): 1123 – 1140.

[12] Ruebottom T.. The Microstructures of Rhetorical Strategy in Social Entrepreneurship: Building Legitimacy through Heroes and Villains [J]. Journal of Business Venturing, 2013, 28 (1).

[13] Seo M. G., Creed W. E. D.. Institutional Contracictions, Pracies, and Institutional Change: A Dialectical Perspective [J]. Academy of Management Review, 2002, 27 (2): 222 – 247.

[14] Tracey P., Phillips N., Jarvis O. B.. Bridging Institutional Entrepreneurship and the Creation of New Organizational Forms: A Multilevel Model [J]. Organization Science, 2011, 22 (1): 60 – 80.

[15] Wang P., Swanson E. B.. Launching Professional Services Automation: Institutional Entrepreneurship for Information Technology Innovations [J]. Information and Organization, 2007, 17 (2): 59-88.

[16] 方世建, 孙薇. 制度创业: 经典模型回顾、理论综合与研究展望[J]. 外国经济与管理, 2012, 34 (8): 1-10.

[17] 方晓霞, 杨丹辉, 李晓华. 日本应对工业4.0: 竞争优势重构与产业政策的角色[J]. 经济管理, 2015 (11): 20-31.

[18] 冯飞. 第三次工业革命是生产和生活方式的重大变革[J]. 中国党政干部论坛, 2013 (10): 11-14.

[19] 郭毅, 殷家山, 周裕华. 制度理论如何适宜于管理学研究?——制度创业者研究中的迷思及适宜性 [J]. 管理学报, 2009 (12): 1614-1621.

[20] 国务院发展研究中心"德国工业4.0在中国的创新与应用"课题组. 对德国工业4.0的几点新认识[J]. 中国发展观察, 2016 (10): 56-57.

[21] 贺俊, 姚祎, 陈小宁. "第三次工业革命"的技术经济特征及其政策含义[J]. 中州学刊, 2015 (9): 30-35.

[22] 黄群慧, 贺俊. "第三次工业革命": 科学认识与战略思考[J]. 决策探索 (下半月), 2012 (12): 26-27.

[23] 黄群慧, 贺俊. "第三次工业革命"、制造的重新定义与中国制造业发展[J]. 工程研究——跨学科视野中的工程, 2013 (2): 184-193.

[24] 黄群慧, 贺俊. "第三次工业革命"与"制造业服务化"背景下的中国工业化进程[J]. 全球化, 2013 (1): 97-104+127.

[25] 黄群慧, 贺俊. "第三次工业革命"与中国经济发展战略调整——技术经济范式转变的视角[J]. 中国工业经济, 2013 (1): 5-18.

[26] 黄阳华, 卓丽洪. 美国"再工业化"战略与第三次工业革命[J]. 中国党政干部论坛, 2013 (10): 23-26.

[27] 黄阳华. 德国"工业4.0"计划及其对我国产业创新的启示[J]. 经济社会体制比较, 2015 (2): 1-10.

[28] 黄阳华. 工业革命中生产组织方式变革的历史考察与展望——基于康德拉季耶夫长波的分析[J]. 中国人民大学学报, 2016 (3): 66-77.

[29] 贾根良. 第三次工业革命与新型工业化道路的新思维: 来自演化经济

学和经济史的视角[J]. 中国人民大学学报, 2013 (2).

[30] 贾根良. 第三次工业革命与工业智能化[J]. 中国社会科学, 2016 (6).

[31] 贾根良. 迎接第三次工业革命的关键在于发展模式的革命——我国光伏产业和机器人产业的案例研究与反思[J]. 经济理论与经济管理, 2013 (5): 13-22.

[32] 李晓华. "互联网+"改造传统产业的理论基础[J]. 经济纵横, 2016 (3): 57-63.

[33] 李新锐. 转型经济下中国国有企业的制度创业——以国家开发银行为例的案例研究[J]. 技术经济, 2015, 34 (7): 62-69.

[34] 李雪灵, 黄翔, 申佳, 王冲. 制度创业文献回顾与展望: 基于"六何"分析框架[J]. 外国经济与管理, 2015, 37 (4): 3-14.

[35] 里夫金. 第三次工业革命: 新经济模式如何改变世界[M]. 北京: 中信出版社, 2012.

[36] 刘湘丽. 日本促进制造业发展的动因、措施及启示[J]. 中国经贸导刊, 2015 (4): 10-12.

[37] 吕铁, 贺俊, 黄阳华. 如何应对第三次工业革命的影响[N]. 中国经济时报, 2012-07-26.

[38] 戚聿东, 刘健. 第三次工业革命趋势下产业组织转型[J]. 财经问题研究, 2014 (1): 27-33.

[39] 宋华, 于亢亢, 冯云霞. 制度创业: 制度压力和组织合法性间的桥梁——对特变的案例研究[J]. 管理案例研究与评论, 2013, 6 (3): 165-177.

[40] 苏晓华, 王科. 转型经济中新兴组织场域的制度创业研究——以中国VC/PE行业为例[J]. 中国工业经济, 2013 (5): 148-160.

[41] 田志龙, 谢青, 陈小洪, 马骏, 王浩, 史俊. 分散的能动性与集体性制度创业[J]. 科学学研究, 2015, 33 (6): 887-898.

[42] 王大林, 杨蕙馨. 信息革命与新常态背景下的新产业生态系统[J]. 广东社会科学, 2016 (1): 15-25.

[43] 吴义爽, 盛亚, 蔡宁. 基于互联网+的大规模智能定制研究——青岛红领服饰与佛山维尚家具案例[J]. 中国工业经济, 2016 (4): 127-143.

[44] 项国鹏, 黄玮. 利益相关者视角下的制度创业过程研究[J]. 科技进

步与对策, 2016, 33 (2): 26-31.

[45] 项国鹏, 阳恩松. 国外制度创业策略理论探析及未来展望 [J]. 科技进步与对策, 2013, 30 (13): 154-160.

[46] 谢青, 田志龙. 不同情境下新能源汽车商业模式创新的制度创业比较 [J]. 中国科技论坛, 2015 (10): 39-44.

[47] 徐二明, 肖坚石. 中国企业制度创业战略选择探析 [J]. 科学学与科学技术管理, 2016, 37 (2): 113-122.

[48] 徐二明, 谢广营. 互联网普惠金融发展趋向: 一种制度性创业视角 [J]. 中国流通经济, 2015 (7): 61-69.

[49] 徐梦周, 贺俊. 第三次工业革命的特征及影响 [J]. 政策瞭望, 2012 (10): 46-47.

[50] 尤树洋, 杜运周, 张祎. 制度创业的概念述评、量化分析与研究展望 [J]. 管理学报, 2015, 12 (11): 1718-1728.

[51] 袁庆宏, 王利敏, 丁刚. 个体的网络位置对其制度创业的影响研究 [J]. 管理学报, 2013, 10 (11): 1634-1640.

[52] 中国社会科学院工业经济研究所课题组. 第三次工业革命与中国制造业的应对战略 [J]. 学习与探索, 2012 (9).

[53] 周其仁. "控制权回报" 和 "企业家控制的企业" ——"公有制经济"中企业家人力资本产权的个案研究 [J]. 经济研究, 1997 (5): 31-42.

[54] 朱蓉. 新兴场域中的制度创业研究——以中国P2P行业为例 [J]. 管理现代化, 2015 (6): 46-48.

(执笔人: 黄阳华、江鸿、贺俊)

第十章 加速的改革进程与有待扩展的研究视野
——近年来我国政府会计改革研究综述

2016年以来，我国政府会计改革的步伐明显加快，与上一次1997年政府会计改革不同，甚至与新中国成立以来历次政府会计改革的步骤都不同，本次政府会计改革步伐大大领先于财政改革步伐。纵观工业化革命以来世界各国的政府会计改革，这种变革路径也是非常有特色的。对政府会计改革面临的一系列问题研究，如改革的目标、改革的影响因素、改革借鉴的模式、改革路径与方法等，不仅具有重大的理论意义，也有重大的现实意义，值得仔细梳理研究。

一、研究背景：先于财政改革的政府会计改革

1992年党的十四大确定我国的社会主义市场经济体制，1994年我国税制改革，建立以增值税为主要税种的流转税为主、中央地方分税的新税制，政府财政支出逐步由建设财政演进成为公共财政，公共债务逐步增加，与财政制度的变革相适应，我国政府会计部门自1997年制定并颁布《财政总预算会计制度》、《行政单位会计制度》、《事业单位会计准则》、《事业单位会计制度》，这些预算会计新制度沿用至今。

目前政府会计采取的是预算会计模式，顺应了政府财政体制变革的趋势，但与已经实现工业化、以直接税为主的财政体制的发达国家相比，我国

的政府会计范围仅仅包括财政总预算会计、行政单位会计和事业单位会计、国库会计、收入征解会计和基建拨款会计。政府会计就是预算会计，其职能就是为预算执行服务，采用的是收付实现制。由于会计的职能受到限制，不能通过权责制全面反映政府的资产负债信息以及政府活动的成本，也制约了预算改革，如绩效预算、中长期预算的发展。随着我国经济发展阶段的变化，二十年前我国确立的预算会计中的完全的现金制弊端越来越明显，具体而言：造成成本信息失真，无法准确评价政府营运的效率、效果，不支持绩效管理改革，产生隐性负债问题，不利于政府防范和化解财政风险，给财政经济健康运行带来隐患，不能体现政府会计分期的观念，无法配比各会计期间的政府财务收支，不利于评价收支节余的性质，难以体现纳税人税负公平；反映的财务后果易被管理当局操纵，不适应新的预算管理的要求，不能真实、完整地核算和反映实施政府采购制度和国库集中支付制度出现后的新业务，不利于预算管理活动的落实。

当前，在新一届政府领导下，中国新一轮的财税改革蓄势待发，预算管理改革是财税改革的重要组成部分，而且以目前改革趋势看，改革幅度之大，几乎超过学界的研究视野。随着我国经济发展进入新常态、"四个全面"的不断推进，我国政府财政的预算管理也面临内外变革的压力。预算管理需要更加公开透明、更加讲求绩效、更加注重中期规划和长期可持续性，这对政府会计改革提出了更高的要求。

2013年11月，中共十八届三中全会通过的《中共中央关于全面深化改革若干重大问题的决定》（以下简称《决定》）中提及"建立权责发生制的政府综合财务报告制度，建立规范合理的中央和地方政府债务管理及风险预警机制"。2014年8月，全国人大常委会在新的预算法中加入第九十七条。该条款规定"各级政府财政部门应当按年度编制以权责发生制为基础的政府综合财务报告，报告政府整体财务状况、运行情况和财政中长期可持续性，报本级人民大会常务委员会备案"。这也给新的政府会计提供了强大的法律依据。2014年12月12日，国务院批转财政部《权责发生制政府综合财务报告制度改革方案》，要求加快推进政府会计改革，逐步建立以权责发生制政府会计核算为基础，以编制和报告政府资产负债表、收入费用表等报表为核心的权责发生制政府综合财务报告制度，要求各级政府执行。

政府会计改革进入加速的快车道。财政部提出，自2014年起在7年内建立权责发生制的政府综合财务报告系统，主要将建立以下四个健全的系统：①政府会计核算体系。会计核算体系包括独立的和相互关联的财务会计和预算会计，并为中期和长期财政发展、宏观经济监测和监管以及政府信用的评估服务。②政府财务报告体系。报告体系包括部门报告和整体政府报告。这些报告会展示财务状况和经营状况以及在政府层面的财政可持续性。③政府财务报告审计和公开机制。财务报告将接受审计，然后传送到立法机构，随后向社会公布。④政府财务报告分析应用体系。该体系直接关注财务状况、运营成本和财政可持续性；识别和管理财政风险；反映预算和资产管理；评估财政绩效。上述两个重要文件均对政府会计信息披露与政府综合财务报告提出了概要性的要求。

2015年10月23日，楼继伟部长签署财政部令第78号文件，公布《政府会计准则——基本准则》（以下简称《基本准则》），明确自2017年1月1日起正式施行。这是贯彻落实中共十八届三中全会精神、全面深化财税体制改革的重要举措，为我国政府会计的新一轮改革拉开了序幕，进一步明确了改革的具体路径。

《基本准则》的发布为我国整个政府会计标准体系提供了概念基础与行动纲领，具体体现在两个方面：一是统一界定并规范了政府会计中的重要概念。《基本准则》对政府资产、负债、净资产、收入、费用、预算收入、预算支出、预算结余等概念进行了科学的界定。这为未来政府会计具体准则及政府会计制度的制定奠定了统一的概念基础。二是进一步明确了政府会计改革的具体方向。《基本准则》充分体现了《权责发生制政府综合财务报告制度改革方案》的重要精神与基本思想，并进一步明确了未来政府会计标准体系的建设应该以"双系统"、"双要素"、"双基础"为行动纲领，分离政府财务会计与预算会计子系统，采用两套会计要素，分别使用权责发生制会计基础与收付实现制会计基础。《基本准则》的特点还有：名称的突破——我国非企业会计主要包括财政总预算会计、行政单位会计和事业单位会计等，其相关的制度规范为《事业单位会计准则》、《财政总预算会计制度》、《行政单位会计制度》、《高等学校会计制度》、《医院会计制度》等。本次发布的《基本准则》，是在非企业会计领域首次以"政府会计准则"冠名。政府会计结构的创新——《基本准则》第3条提出，政府会计由预算会计和财务会计组成。预算会计负责反映政府主体的预算执行情况，财务会计对政府会计主体发生的各项经济业务进行会计核算。这样的划分既涵盖了政府财政年度预算，又包括了详细的财产物资、债务及权益的增减变动情况，使政府会计的结构更为科学、全面且合理，从而能够更加准确地反映政府会计主体的情况。信息披露模式的创新——政府会计信息披露既包括决算报告，也包括财务报告。《基本准则》第5条指出，政府会计主体应当编制决算报告和财务报告。第50条指出，政府财务报告包括政府综合财务报告和政府部门财务报告。政府综合财务报告是由政府财政部门编制的，反映各级政府整体财务状况、运行情况和财政中长期可持续性的报告。政府部门财务报告是指政府各部门、各单位按规定编制的财务报告。决算报告与预算会计相适应，旨在向报告使用者提供预算执行情况的信息。政府财务报告与政府财务会计相适应，旨在向信息使用者提供政府财务状况、运行情况、运行成本、现金流量等信息。这样的信息能有效反映政府预算收支和财产物资、债务及权益等的变动情况，满足不同信息使用者的需要，从而实现政府会计解除受托责任和决策有用的双重会计目标。会计要素的创新——《基本准则》提出了八项会计要素，分别为预算收入、预算支出、预算结余、资产、负债、净资产、收入和费用，其中预算收入、预算支出和预算结余三项为预算会计要素，用来细分预算会计的核算对象。资产、负债、净资产、收入和费用五项为财务会计要素，用来核算和监督财务会计的具体内容。各要素均体现了可定义性、可计量性、相关性和可靠性的要求，界定清晰、内涵分明。此外，《基本准则》首次将自然资源资产列入政府财务会计资产要素的非流动资产项目，为提供自然资源的信息提供了法律依据，有助于摸清政府自然资源资产的"家底"。计量模式的创新——《基本准则》第30条指出，资产的计量属性主要包括历史成本、重置成本、现值、公允价值和名义金额。打破了长期以来以历史成本计量的单一模式，为不同情形下的资产计量提供了计价基础，也为提供准确、客观的资产信息提供了法规依据和技术保障，更加符合市场经济的环境背景。权责发生制会计计量基础的创新——政府财务会计采用权责发生制的会计基础是《基本准则》的重大突破和突出亮点，更是近年来政府会计改革研讨的核心所在。《基本准则》第56条指出，政府决算报告的编制主要以收付实现制为基础，以预算会计核算生成的数据为准。政府财务报告的编制主要以权责发生制为基础，以财务会计核算生成的数据为准。政府会计首次采用权责发生制进行会计核算，是我国借鉴经合组织（OECD）发达国家特别是新西兰等政府会计改革成功采用权责发生制的政府会计改革经验、深化政府会计改革研讨的重大成果。这一规范为考量政府工作成本与绩效、政府收入与费用的匹配等提供了政策支持，有助于提供客观、科学的政府财务信息，有助于建立现代财政制度，促进财政长期可持续发展和实现国家治理现代化的要求，加快打造绩效型、服务型政府的步伐。

加快推进政府会计改革，建立审计、公开机制和分析应用体系，落实相关配套措施，财政部提出力争在 2020 年前建立起具有中国特色的政府会计准则体系和权责发生制政府综合财务报告制度。2014～2015 年，重点是建立健全政府会计准则体系和财务报告制度框架体系，清查核实政府资产负债信息，开展政府综合财务报告信息系统建设，为编制政府综合财务报告奠定制度、信息和技术基础。2016～2017 年，在前期准备的基础上，开展政府综合财务报告编制试点。2018～2020 年，在试点工作基础上，全面开展政府综合财务报告编制工作，建立健全政府财务报告分析应用体系，制定发布政府财务报告审计制度、公开制度等。

2016 年 7 月 14 日，财政部印发了《政府会计准则第 1 号——存货》、《政府会计准则第 2 号——投资》、《政府会计准则第 3 号——固定资产》和《政府会计准则第 4 号——无形资产》。标志着 2020 年前建立起具有中国特色的政府会计准则体系和权责发生制政府综合财务报告制度的改革进入快车道。

二、国外政府会计改革的研究综述：国际经验与模式选择

一般来说，西方发达国家学者研究视野起点是 20 世纪 70 年代以后，一些国际组织对政府综合财务报告研究起步较早，特别是新公共管理运动开始以后，在国际组织的推动下，政府会计改革的研究基本是技术性的调整，因此，定性研究数量不如定量研究多，尽管取得了许多研究成果。

1. 政府会计改革的国际经验

收付实现制是各国政府会计的传统基础，由于现金有易于跟踪和监督的特点，符合公立单位强调控制和确保不超支的传统做法。但收付实现制存在明显的缺陷，如不能如实地反映报告主体的真实负债情况和财务风险，不能

完整地核算政府或公立单位的服务成本，也难以提供评价政府绩效的相关信息；还可能为财政机会主义提供更大的运作空间，收付实现制这一核算基础要求费用与负债的核算只有在实际发生现金收支时才进行，责任发生时只要没有支付现金就不需要核算，这使反映的负债情况不完整，可能会使财政机会主义者过度负债。在权责发生制①下，"确认"在费用与负债发生时，通常会早于现金的流出和流入，更接近于经济结果，更能全面、及时地反映会计主体的债务情况。因此，20世纪90年代以来很多国家的政府会计开始从收付实现制基础转向权责发生制，国际上公共部门采用权责发生制已是一个趋势。国际会计师联合会（IFAC）已经精心制定出台了公共部门的权责发生制会计准则。截至2009年，经合组织的30个国家中，有超过50%的国家不同程度地应用了权责发生制这一会计基础，政府会计中采用权责发生制这一会计基础的代表国家有新西兰、澳大利亚、英国、美国、加拿大、丹麦、芬兰、冰岛和意大利等。

美国政府会计准则委员会（GASB）在1999年发布了第34号准则——《州和地方政府财务报表及管理层阐述与分析》，确立了州和地方政府综合年度财务报告体系及其基本构架，为了全面反映政府资产、负债和政府提供的公共服务支出等信息，要求州和地方政府在编制基金财务报告的同时还要编制权责发生制为会计确认基础的政府综合财务报告。

国际货币基金组织（IMF）在1998年发布了《财政透明度手册》并在2001年发布了其修订版。要求政府公开资产、负债和成本费用等财务信息，并对公开内容、程序及原则等都做了具体要求。提出了政府财政信息公开，最好的做法就是建立以权责发生制为基础的一套完整的核算和报告体系。麦克莱兰（Mdelland，2000）等和戈尔（Gore，2004）研究了美国州与地方政府会计的会计信息披露问题，罗伯茨（Roberts，2004）等则将研究转向了美国联邦政府税收政策对政府会计信息的影响问题，普卢默（Plummer，2007）等研究了美国州与地方政府财务信息披露的信息相关性问题，而科沃斯克（Chwastiak，2001）研究了美国联邦政府对会计信息的应用管理上。

---

① 以权利和责任的发生时间而不是货币的收到和支付确定收入和费用归属期，这种会计核算原则叫权责发生制。具体来讲，是指凡是在本期内已经收到和已经发生或应当负担的收入和费用，不论其款项是否收到或付出，都作为本期的收入和费用处理；反之，凡不属于本期的收入和费用，即使款项在本期收到或付出，也不应作为本期的收入和费用处理。权责发生制属于会计要素确认计量方面的要求，它解决收入和费用何时予以确认及确认多少的问题。具体到政府的会计活动，权责发生制也表现在政府不再以资金的收到和付出的时间作为确认收入和费用、调整资产和负债的标准，而是把本期应当确认的会计科目及时确认。

考皮兹和克雷格（Kopits、Craig, 1998）对预算透明有如下定义："公开政府的结构与职能、财政政策、公共部门账户和预测信息。"

政府会计制度改革兴起于西方主要发达国家是有深刻原因的，主要是受到西方发达国家"新公共管理运动"等因素的推动。第二次世界大战以后，随着西方主要发达国家社会福利体系的建立与发展，各国政府职能的扩张导致政府规模不断扩大、公共支出节节攀升、财政赤字居高不下，今天欧美爆发的金融危机就是这个进程的结果之一，财政的持续性与风险信息的披露不足，需要对政府会计进行改革，更需要寻找新的财政管理模式，在此背景下，新公共管理于20世纪70年代末80年代初在"欧洲病夫"英国率先兴起，随后便迅速发展成为一场席卷全球的政府再造和公共管理改革运动。新公共管理运动强调优化政府职能，引入竞争机制，讲求政府绩效，并在政府部门中积极引入私营部门的现代化管理技术。新公共管理运动的兴起对政府财务信息的披露提出了更高的要求，政府财务报告编报的会计基础逐渐由收付实现制向权责发生制改革。

对于采用权责发生制进行政府会计改革，1993年，澳大利亚联邦审计总长Pat Barrett的观点较具代表性。他指出，政府财政部门采用权责发生制会计的意义包含7个层次。第一层意义是，权责发生制会计有助于对政府项目的成本进行更为全面的识别；这进而引出第二层意义，权责发生制会计有助于政府把更多的重点放在成本控制与效率评估上；第三层意义是，权责发生制会计有助于为确定收费使用项目的定价政策提供信息支持；第四层意义是，在前面三层所讨论的成本自觉性增强的基础上，在存在工作场所协商制度（Work Place Bargaining Negotiation）的情况下，需要表明提高的生产率，而权责发生制会计有助于实现这一点；第五层意义是，权责发生制会计有助于强化公共部门资源投资与运用的受托责任；第六层意义是，权责发生制会计可以更清楚地衡量公共部门在代际公平方面的受托责任；第七层意义是，权责发生制会计有助于衡量政府政策的财务影响，并有助于和事前计划进行对比，从而在一些地区已经成为一项赢得广泛支持的重要动议，旨在追求"预算诚实"和对政府负债实行宪法约束。在学术界关于权责发生制政府会计改革的讨论中，Hines在1988年的论文中指出，会计是一个沟通方式，它既可以反映现实，也可以通过表达与创造一种图景而构建现实。Broadbent与Guthrie继而在1992年的论文中指出，会计师通过对核算什么、何时核算、如何核算等问题做出选择，塑造了作为背景因素的图景，而这相应地又会对被选择的核算方式产生影响。虽然会计不能主导这些反映性的过程,但是,会计的确会对它们产生影响。所以,政府会计在社会方面、政治方面或者经济方面不是价值中性的。Guthrie 在 1998 年撰写的论文中进一步强调,权责发生制政府会计改革也不是一个无关乎利益的价值中性的技术变革活动。

R. E. Brown 等(1982)认为,为了全面系统地反映政府受托责任及政府绩效以及满足利益相关者的信息需要,就应对政府财务报告系统进行改革,使其包括财务效益、财务效果与财务合规等方面的信息。不仅应将财务信息加以整理和合并,也应提供全面的非财务信息,这样才能满足利益相关者在微观和宏观上的信息需求。

Tom Allen(2002)认为,为了评估政府财政绩效责任有必要在政府财务报表中引入权责发生制,但不能因此否定收付实现制,因为以收付实现制或修正的收付实现制为基础编制的预算报告能够有效地反映财务状况的变化和经营成果的取得。

2. 政府会计改革的环境影响因素

会计是环境的产物。政府会计准则制定机构在确立政府财务报告目标之前,通常会从组织类别的角度对政府运行环境加以描述。James L. Chan(1989)分别从宏观角度——政府的规模及政府的功能,和微观角度——政府作为一个开放的系统以及政府融资和产出两个方面,对政府会计环境进行了详细、深入的分析和描述。欧洲政府会计专家 Klaus GLuder(1992)从政府会计改革国际比较的角度,提出外部环境对政府会计改革的影响。不同国家拥有不同的政治、经济、文化,这些因素将影响信息使用者对公共部门会计信息的预期,以及影响信息提供者在生产和提供会计信息上的行为,这就是不同国家之间的政府会计改革在诸多方面存在差异的根本原因。美国政府会计准则委员会(GASB)、美国联邦政府会计咨询委员会(FASAB)以及国际公共部门会计准则委员会在制定政府会计概念框架时,都会重点分析政府会计的环境特征。例如,FASAB 在第 1 号概念公告中,分别从主权、政府联邦制、政治制度、预算的重要性等方面,描述了联邦政府会计与财务报告的环境特征。萨缪尔(Samuel)等提出,目前对于政府会计和预算有关问题的研究公开数据少,远不能满足现实需求,政府会计的对象涉及的是公共资金领域,从会计的角度来说是对产权的核算和确认与保护,即政府会计维护着公共产权的秩序。当产权所属关系发生大的变迁，就会引起所有利益主体的利益关系发生变革，会计制度也会因此而随之进行调整。

3. 政府会计改革的模式选择

归纳而言，西方国家的政府会计模式依据政府会计与传统的公共预算之间的关系不同，大致可分为美国模式、英国模式和德法模式三大类。

（1）美国模式：更接近企业会计准则的政府会计改革。在该模式下，政府会计既与传统的预算密不可分又试图摆脱预算，如政府要遵守外部的会计准则，而这些准则可能并没有采用预算会计所经常采用的现金制确认基础。美国政府会计准则委员会（GASB）在现行的《政府单位会计与报告准则汇编》中明确指出，政府单位应当采用完全的或修正的应计制来核算财务状况和营运效果。该模式采用基金会计形式来监督预算的执行，财务会计报告能够满足实际的或潜在的内部及外部使用者的需求，以反映政府公共受托责任的重任。

（2）英国模式：政府会计改革率先使用应计制。英国、澳大利亚、新西兰、加拿大和东南亚一些国家都不同程度地采用了这一模式。该模式的政府会计基本上已经摆脱了传统的预算，且都采用了应计制确认基础。以英国为例，其关于将会计确认基础从现金制转向应计制的改革已初步成功，除少数几个政府部门仍处于过渡阶段外，其他中央预算单位和地方上包括省、市（县）、乡村三级政府部门和提供教育、卫生、社保等公共服务单位在内的一万个预算单位都采用了应计制进行核算及编制财务报告，并且即将实现全面的政府会计报表合并。此外，政府和公共部门会计准则有逐渐向企业会计准则靠近的趋势。实质上，从政府会计的发展方向上看，美国模式的政府会计有向英国模式靠拢的趋势；从政府会计的目标来看，美国模式的政府会计也与英国模式基本相似，因此可以将二者合并称为英美模式。

（3）德法模式：加强政府管理的政府会计改革模式。德法模式的政府会计以德国、法国为代表，大部分欧洲大陆国家都采用了这一模式。它的最大特点是政府会计直属中央财政部，是一套独立于所有部门的平行行政系统，是中央政府监督和控制公共财政特别是地方公共财政的最重要工具。政府会计的首要目标是通过记录预算拨款的用途进行行政控制，提高行政效率，其次才是向议会报告政府公共受托责任的履行情况。会计确认基础传统上采用现金制，目前也在进行转向应计制的改革。归纳而言，德法模式主要特点是：会计信息主要向立法机关、行政部门提供；主要提供财政预算信息；提供这些信息，主要供议会和政府决策使用。德国明确：政府会计的主要目的是满足立法机关的信息需要；是"立法导向的"，用于"财政"目的而非"管理"目的。法国规定，所有的使用者不具有同等的重要性，政府会计信息首先必须确认政府部门自己（预算办公室、财政部）的需要是最重要的。

4. 政府会计改革的取向

从英国、澳大利亚、加拿大以及美国联邦政府实施预算与政府会计改革的时间看，基本上都集中在20世纪80年代末90年代初。这段时间，正是西方世界出现经济和财政问题比较集中的一段时间，也是"新公共管理运动"兴起并发展的时间。受制于当时的经济财政状况，并在"新公共管理"理念的影响下，这些国家政府预算与会计改革的直接出发点是加强政府财务管理和财务控制，但同时政府也承受外部的压力，必须充分重视外部信息使用者的需求。可以说，预算与会计改革承担了双重目标，既要加强财政管理，化解财政风险，改善公共管理，同时又要接受议会和公众等外部力量对政府的监督。由于这种背景下的改革通常比较彻底，也被认为是激进式改革模式。

相比法国、德国在20世纪90年代初，"管理主义"还未出现，"也不存在政治家或公众对官僚主义的抨击"（Derlien，1991）。可以说，当时法国、德国的官僚制仍然是韦伯式的，新公共管理的出现是受其他国家的影响。由于法国和德国是在没有经济危机的情况下，政府自上而下进行的一场治理改良运动，因此，政府预算与会计改革的深度、力度和影响力都不及前面提到的英语系国家，其改革可以被认为是一种温和的和渐进式的。而且，德国由于存在着"臣民文化"的许多要素，不同于英语系国家的公民文化模式（阿尔蒙德，1963），德国联邦政府至今缺乏编制政府财务报告的外在推动力，因此，其财务会计体系建设并不完善。

美国州和地方政府的情况比较特殊。由于美国是典型的联邦制国家，从法律上看，联邦和州政府是相互独立的，不存在上下级隶属关系。联邦政府对州政府的控制权较弱，州和地方政府的作用相对独立，州和地方政府在财政财务管理中具有高度的自治权，而且是风险自负。由于美国的债券市场比较发达，州和地方政府需要融资时通常是通过债券市场，因此，需要面临比较严格的风险评估。可以说,州和地方政府所承受的外部压力较大,其政府会计改革主要以满足外部信息使用者需求为风向标,其政府会计改革可以理解为面向外部使用者的财务报告导向。因此,可以看出,政府预算与会计改革的具体路径要根据一个国家的政治体制、经济状况、管理模式、文化传统等因素综合考虑。这样在整体改革方案设计时,才能够有更加清晰、明确的目标,制定合适改革的策略,是选择和风细雨的渐进式,还是天翻地覆的激进式。任何一项改革,只有适合所处的内外在环境,才能顺利进行。

西方各国政府会计对预算的影响力不同。针对西方各国实施的预算与会计改革,Chan(2001)按照政府会计与公共预算之间的关系归纳为:欧洲大陆国家(法国、德国等)主要采用模式 X(又称为德国模式),更关注政府运行和管理,认为政府有足够的基础设计会计系统。澳大利亚、加拿大、新西兰等国家主要采用模式 Y(又称为英国模式),关注外部使用者的信息需求,独立的公共监督是必要的,主要是"盘格鲁—萨克森"国家采用。当然,在具体的国家,通常是两种模式的混合,以美国为代表,这里称为模式 XY(又称为美国模式)。按这上述模式划分,政府会计改革对预算的影响力也有所不同:美国模式以美国为代表。政府会计体系一方面以预算会计的形式监督预算执行,另一方面采用权责发生制的会计体系反映政府的成本、资产、负债信息。由于受政治的影响,预算与会计相对比较独立,除个别预算项目中引入了权责发生制技术外,预算基本还保持收付实现制。权责发生制的会计信息供预算编制时参考,提供决策有用的信息,但并不直接影响预算编制。英国模式下,政府所有的活动都采用了权责发生制基础,即使预算本身也接受了权责发生制,即采取了权责发生制会计与预算体系(Accrual Accounting and Budgetingsystems),澳大利亚、新西兰、加拿大等也都在不同程度上采用了这个体系。该体系下,企业会计中的技术——权责发生制,被广泛地应用在政府财务管理中。例如,英国的财政大臣同时拥有预算和财务管理职能,这种制度安排使预算和会计很容易融为一体,这一点体现在资源会计和预算新系统中。英国地方政府的预算采用权责发生制已经有很长一段时间,在中央政府层面,权责发生制会计对预算的影响尤其深刻,其部门预算要求反映折旧的支出以及债务的增加,以反映服务的经济成本。英国模式下,不仅增强了财政管理和财政控制的重要性,而且特别增强了政府会计的职能。通过巩固财政部长在内阁的地位增强了政府会计职能的重要性,财政部的职责定位更倾向于拓展向政府提出建议的渠道以及更高效地进行预售管理。例如，权责发生制技术下的资产折旧信息，被用来在预算管理中计算资产占用费以及决策未来的税收水平。加拿大采用权责发生制预算，会计采用同样的政策。可以说，受会计的影响确实比较突出，同时，对会计发展也起到了引导和限制的作用。可以说，在英国模式下，会计技术改革对预算管理影响非常之深。以至于Luder和Jones（2004）指出，"把公共部门改革要求作为会计改革推动力的重点，意味着这场改革的主要目的是（政府内部的）管理导向，而政府外部的受托责任导向发挥的作用较小"。

德法模式的政府会计以德国和法国为代表，大部分欧洲国家都采用了这一模式。该模式下政府会计被作为预算体系的附属物，应满足预算管理的要求，以强化政府财政管理为主。从目前德国的改革进展看，其政府会计改革主要集中在成本会计体系建设方面，根本目的是加强预算管理的有效性，即实施绩效预算，提高效率。法国在改革方面比德国要更进一步，建立了单独的财务会计体系，与预算会计、成本会计并行，同时编制财务报告。但从其立法及《中央政府会计概念框架》可以看出，预算管理对会计的影响仍非常深刻。例如，其《预算法》第27条规定，"中央政府应记录所有的预算收入与支出账目，同时将所有的交易反映在一般目的账目下。此外，还应建立会计系统，反映各项项目活动的成本"。《中央政府会计概念框架》中进一步明确，保证预算会计系统与一般目的会计系统（权责发生制会计）的衔接是非常重要的目标。一般目的财务报表应能为预算编制以及理解预算执行提供有用信息。在财务报告主体范围方面，中央政府财务报表的范围定位于所有中央部委以及非法人机构，这同《预算法》（Budget Act）中对资源使用授权的部门范围是一致的。可以看出，法国虽然建立了权责发生制财务会计系统（也称为一般目的会计系统），试图摆脱传统的将会计作为预算附属物的定位，使会计核算取得了一定的独立性，趋向回归会计的天然职能，但该系统在目标及其他有关方面深受预算的影响和制约。目前，负责制定法国公共部门会计准则的机构——"公共部门会计准则理事会"（Public Sector Accounting Standards Council）就是根据2008年12月法国《预算法》修改后成立的，是在法国财政部预算部长领导下的咨询性质机构，对于各项立法政策涉及的会计问题和会计处理提出建议。理事会主席也是由预算部长指定。从法国准则制定机构的性质可以看出，预算对于会计准则的制定影响还是非常大的。

三、我国政府会计改革研究综述：共识与分歧

1. 共识

就我国学界而言，研究趋势出现戏剧性分化，在 2014 年以前，学界研究，尤其是会计学界研究百花齐放，但更多偏重于具体会计角度而不是财政角度，2014 年之后，随着相应的改革路线图逐渐明朗，在一些政府会计层次的技术手段方面基本达成了共识。例如，我国政府会计目标应兼顾政府预算管理与财务管理双重目标，收付实现制与权责发生制并行，具体为以下几个方面：

（1）政府预算管理目标。学界一般认为，在我国预算执行情况仍是立法机构、监督机构、主管部门及上级政府最为关心的信息。因此，我国未来的政府会计系统应在现行的财政总预算会计系统、行政单位会计系统、事业单位会计系统等基础上进行整合与优化，实现对预算收支的全流程控制与反映，确保向信息使用者提供预算收支信息，包括公共财政的收支、基金运营的收支及国有资本金的收支，以有助于评价预算资金使用的合规性（包括与预定目标及相关法规的符合程度）、使用效率与效果等，实现政府会计的预算管理目标。

（2）政府财务管理目标。我国现行的预算会计系统难以满足政府的财务管理需求。但随着社会公众参政议政的意识逐步提升，对政府财务信息的关注程度也必将增强。政府的财务状况、运营成本与绩效等信息都将是政府会计信息使用者们关心的内容。我国在未来实施政府会计改革时，有必要加强并凸显政府会计的财务信息披露功能，反映政府控制资源的存量与变化、债务承担与偿还情况，以及公共产品与服务的数量、质量与持续提供能力等，实现政府会计的财务管理目标。

（3）权责发生制政府综合财务报告制度改革是基于政府会计规则的重大改革，总体目标是通过构建统一、科学、规范的政府会计准则体系，建立健全政府财务报告编制办法，适度分离政府财务会计与预算会计、政府财务报告与决算报告功能，全面、清晰反映政府财务信息和预算执行信息，为开

展政府信用评级、加强资产负债管理、改进政府绩效监督考核、防范财政风险等提供支持，促进政府财务管理水平提高和财政经济可持续发展。

（4）首次正式使用"政府会计"，结束了15年以来是否采用权责发生制这个问题的争论。《基本准则》的发布是建立中国权责发生制政府综合财务报告制度的第一步。在《基本准则》中，中国政府首次正式使用"政府会计"一词，并明确指定了中国的政府会计包括收付实现制的预算会计和权责发生制的财务会计。《基本准则》包含概念框架的本质，其主要内容涉及必须确认和计量的会计要素，以及这两种会计体系下财务报表的种类。《基本准则》言简意赅，却有其重要意义，反映了政府内部各方已达到一定程度的见解和共识。

2. 分歧

政府会计改革在共识之外，我国学界，甚至还有些参与进来的外国学者，对我国政府会计改革的重要方面还有一些明显的分歧：

（1）政府会计的目标是什么？陈立奇（2004）在《美国政府会计的原则和重大变化简介》一文中把美国政府会计目标归纳为三层递进的目标等级：第一层的基本目标是保持公共资金的安全完整，防止和揭发贪污腐败；第二层的中级目标是促进合理的财务管理；第三层的高级目标是准确地计量和披露政府的财务状况，以便明确并解脱公共受托责任。李敬涛和陈志斌（2016）基于国家治理的三个维度，剖析了政府会计治理效应的显现形式及作用路径：①本体维度。政府会计主要通过更新价值理念、优化治理模式、完善治理制度，改进治理技术来优化国家治理要素。②横向维度。政府会计通过优化治理手段、规范权力运行、强化受托责任、完善社会公共服务、提升社会满意度、完善自然资源管理、推进生态可持续分别完善政府治理、社会治理与生态治理，进而以政府治理的核心地位为翘板同步完善国家治理其他子系统。③纵向维度。政府会计通过促进地方治理、国家治理与全球治理的互动与制衡，实现国家治理纵向协同。James L. Chan 在 2003 年与李建发共同撰写的论文中，分层次地研究了政府财务报告目标：①基本目标。该层次下的政府会计系统以检查、防范舞弊和贪污等保护公共财政资金的安全与完整为主要目标。②中级目标。该层次下的政府会计系统以建立并完善健全的公共部门财务管理制度，提高公共资金使用绩效为主要目标。③高级目标。该层次下的政府会计系统以帮助政府履行对外部使用者的受托责任为主要目标。Chan 的上述研究表明，政府会计系统的发展与完善与其所处的政治、经济环境及历史发展趋势密切相关。关于政府会计目标的问题，北京市预算会计研究会政府会计课题组（2006）认为应该关注以下方面：国外的政府会计改革都有比较明确的会计目标。从西方国家看，对政府会计目标的表述即回答三个问题：一是向谁提供会计信息；二是提供什么样的会计信息；三是提供这些会计信息干什么，这些可以从不同的财政治理模式上去寻找答案。

（2）政府会计改革的路径问题。对于政府债务核算引入权责发生制这一会计基础的必要性及范围和路径选择，楼继伟（2003）指出，根据我国的现实条件，权责发生制这一会计基础应采用渐进式的改革，可先考虑对那些比较明确，近中期对预算安排影响较大的政府债务采用权责发生制进行核算；从中长期看，需要在社会保险收支、国债收支、政府担保支出等方面实行权责发生制。王雍君（2007）认为，鉴于预算系统与财务系统在导向和功能上存在实质性区别，以财务会计要素作为构造预算会计的概念框架是不适当的。预算会计要素需要与财务会计要素区别开来；与此相对应，主要服务于预算执行控制的预算会计与主要服务于报告财务状况的财务会计，应作为政府会计的两大功能类别分立开来，并分别设立相对独立的账户体系。我国政府会计改革，应充分借鉴发达国家的双重方法，一方面采用基于支出周期概念的预算会计模式以确保对预算执行的有效监控，另一方面继续采用现金基础会计报告和披露公共部门的财务状况。为此，改革的战略次序是：在保留和完善现金基础的前提下，将核算范围扩展到支出周期各阶段的交易；只有在这项工作巩固后，才应考虑逐步引入（修正或全面的）应计基础。这个战略次序不应本末倒置。刘小兵和徐曙娜（2015）认为，提出政府财务会计的模式，也只能先从收付实现制开始，逐步过渡到修正的权责发生制。在接下来的改革中，可以建立三种会计模式：收付实现制的预算会计，修正权责发生制的财务会计，权责发生制的成本会计。同时，可以提供权责发生制和收付实现制两类不同基础的财务报告。财政部《政府财务报告编制办法（试行）》中财务报告的范围是非常全面的，但从实践操作来看，很难一下子把财务报告的范围全部涵盖。可以采用逐步扩大的途径：先从核心机构，即行政单位汇总，再扩展到全额事业单位、差额预算单位，最后到实行政府职能的国企和自收自支事业单位和社会团体。路军伟（2010）认为，当前我国政府会计中存在众多改革议题，需要解决两个问题：一是改革取向的定位，即我国当前及未来政府会计改革应坚持何种取向；二是改革路径的设计，即如何对各种改革议题进行优先次序安排并加以协调。基于多重理论视角，改革路径进行了初步设计，即按照控制（政府预算会计）到管理（政府管理会计）到报告（政府审计）的路径进行政府会计改革。

戚啸艳、韩静和赵建国（2013）聚焦众多热点问题包括政府会计改革现状与趋势，政府会计、内部控制与政府审计的互动关系，事业单位会计制度，政府会计监督与政府会计概念框架构建等，梳理了近10年国内政府会计研究成果，将政府会计改革看作一个系统性渐进式过程，并且涉及了诸多方面，因为我国的实际经济状况，导致会计改革肯定面临困难与挑战。所以，我们应当以国际改革经验与国内具体改革目的为基础，设计出一条适合我国政治经济环境及会计体系的改革路径，克服改革道路中的困难与挑战，逐步实施，螺旋前进。

潘俊和陈志斌（2011）从关于我国政府会计改革的问卷调查研究中得出结论，一个逻辑一致且严谨的理论体系就是政府会计概念框架结构，我国政府会计改革的趋向和路径选取主要参考其构成要素的内容选择，同时其基本原理和实践指导也给政府会计准则体系的构建提供了很多帮助。他们建议研究概念框架构成要素的具体内容选择，主要包括政府财政会计的各个会计要素及财务报告等，目的是为顺利推进政府会计改革和路径优化提供思路。

（3）基础概念如何定义？随着经济的不断发展和社会转型的要求，我国会计学界的研究范围更广。郭嘉和郭玲（2005）在《政府会计》中从会计体系、会计主体、会计规范、会计要素、会计报告五个方面对中美政府会计进行分析寻找基础的会计概念定义。王帆和胡文华（2007）则是考虑到我国正处在经济转型时期，从不同经济环境对二者进行比较。陈志斌（2011）认为，首先应探讨政府会计制度概念框架应当涉及的基本理论问题；再从西方政府会计制度的概念框架中寻找成熟理念；并从企业财务会计制度概念框架中汲取精华，弃之糟粕，借助政府会计制度概念框架整体分析模型构建我国的政府会计制度概念框架结构，而不是简单的修订和补充，努力为我国的政府会计制度概念框架的构架提供合理有益的借鉴。政府会计改革是一项大型的系统工程，是政府会计观念的重塑和新的概念框架以及财务报告体系的建立。

（4）政府会计改革当前任务是什么？马蔡琛和尚妍（2014）认为，我国现行政府会计体系未能将隐性负债和或有负债纳入核算范围，即使对直接显性债务，仍遗漏了许多重要内容，例如，对发行的国债及举借的外债，政府会计及财务报告只反映了当期本金数，而对由本期承担、在未来支付的利息则未能全面披露。特别是政府对国有企业的支持方式，由过去的直接支持转为担保或隐性承诺，政府承担的隐性负债呈现庞大且难以计量的特点。为全面及时地披露政府的真实负债情况，有效推进全口径预算管理体系的建设，需重新界定财政负债的核算范围。可考虑纳入负债计量或核算范围的主要包括直接显性负债产生的应计利息、社保支出缺口、商业银行的不良贷款、政府性担保等隐性负债及或有负债等。并根据不同特点采用不同的确认方法，可以量化且发生概率相对较高的隐性（及或有）负债，应在报表中加以披露；难以量化或发生概率确属较小的，则可在报表附注中予以必要的说明。此外，对难以在报表中披露的重要事项（如政府承诺、贷款担保等），还可单独编制相关附表或附注。

（5）政府预算会计与政府财务会计是什么关系？近年来，随着OECD以及IMF等国际组织的大力推进，预算已经不再局限于年度预算管理，而是扩展到中长期预算、绩效预算等更广阔的空间，也对政府会计提出了更高的信息需求。而近年来，较少有学者对此趋势进行系统分析。国内外对政府会计的研究，主要是从财务会计的角度，一方面是受企业会计的影响，另一方面预算会计和成本会计更多地涉及政府预算管理的实际，更多是政府内部来制定有关制度办法，或者是直接操作，很少研究到学术层面。路军伟是国内最早、最系统地提出构建政府预算会计和政府财务会计的。他认为，政府成本会计本质上是政府财务会计的延伸，并不单独成体系。也有学者，如王瑶等，虽然对政府成本会计构建进行了研究，但缺乏对政府预算会计、政府财务会计以及政府成本会计之间的联系和定位进行系统分析。通过对国内外研究的分析与综述，有必要进行以下方面研究：①从理论基础与实践探索两方面，讨论政府会计与政府预算管理的有机内在联系，弥补两者之间的缺口。②从当前政府预算管理的趋势出发，系统分析政府预算管理对政府会计所提出的信息需求，并以此为基础搭建政府会计体系构建的框架。③对政府会计体系构建的具体内容，即政府预算会计、政府财务会计和政府成本会计进行系统研究，并理顺三者之间的关系。

（6）政府会计改革的法律基础问题。闫华红和李政辉（2011）认为，完整的法律法规制度是改革成功的重要保障，这不仅包括了会计相关的法律建立，还应该有其他的配套法律程序，因为政府会计权责发生制的改革涉及了社会经济的各个方面，需要一系列的改革配套措施才能保证改革的成功推进。这其中包括《中华人民共和国会计法》的修订，强调权责发生制将在政府会计中占据主导地位，还有《中华人民共和国政府采购法》、《中华人民共和国预算法》、《中华人民共和国国家审计准则》、《政府会计准则》等法规条例的制定和更正，尤其是政府会计准则将成为政府会计处理和会计行为的主要依据。在法律体系建成后，还需要严格的执法监督，杜绝有法不依、权大于法等威胁到法律权威的行为。只有当各个条件全部协调一致的情况下，政府会计的改革才能顺利进行。

四、国内外政府会计改革研究成果述评与未来研究方向

理论研究应该从现实问题出发，既是抽象的也是具体的，实现历史与逻辑的统一，不可偏废。从上述国内外有关研究前沿综述可以看出，相对于国外研究，我国学者对以权责发生制为基础的政府会计制度改革（以下简称政府会计制度改革）的研究在数量上和研究深度上都有很大提升，尤其在一些定性领域的研究方面。这是因为西方发达国家和尚处于高速增长期向"新常态"转型的中国，在政府会计制度改革外部经济环境、法律制度环境上都有很大不同，简单、机械地搬用国外现成的研究成果，而且主要是部分发达国家的经验，会不会导致研究盲区？例如，在过去40年中，世界范围内政府会计改革的全球总趋势是过渡到权责发生制的会计以及合并方式的财务报表，但这个技术方法的选择制度背景是什么？

中国政府的会计改革是伴随全球化、工业化进程展开的。1972年以来，随着中国打开国门，经济逐步融入全球化进程、工业化进程的加速，社会的转型，政府预算规模的急剧扩展以及预算与公共支出管理改革的深化，预算已经取代传统的指令性计划、所有权控制和行政管制，成为各级政府施政的主要工具。中国应该并且可以在财政改革的背景下，借鉴国际经验、自主设计政府会计体系以适应本国结构转型需要。

2008年全球金融危机后，中国的国际地位逐步上升，例证之一是2016年的G20杭州峰会，中国政府提出了世界经济发展的中长期愿景，并且作

为世界上最重要的发展中国家,中国的财政体制改革甚至政府会计改革,实现依法财政治理,中国参与和带动全球提高政府的财政透明度和加强财务问责制,不仅可以通过财政改革实现经济的结构性调整,而且对广大发展中国家实现工业化、在工业化进程中发挥市场机制的积极作用、参与国际经济治理具有重要的借鉴意义。

实现以财政预算、财政报告和财政审计为主要手段的财政治理逐步成为国家治理主要手段,至少以下四个问题成为研究财政治理的核心问题:①财政治理的开放性、周期性等外部环境问题。②财政治理信息披露的法律依据问题。③财政治理中的确认、计量与报告问题。④财政治理中的中央与地方关系问题。

这些问题直接的研究和应对不足会导致一些经济问题。例如,预算纪律松弛和财政风险问题;政府会计是进行控制和反映的主要手段,而预算会计系统却无力记录和报告旨在完整监控预算过程,如何妥善管理财政风险问题;如何有效控制公共支出所必需的一系列前瞻性信息,特别是关于预算授权、支出承诺与义务的信息;如何确定政府支出的绩效问题等。

就长期来看,我国理想的政府会计和财务报告系统应能够提供如下有用信息:一是评估中国长期财政和经济状况,包括与其他一些有参考价值国家的比较;二是衡量和管理中国公共部门的财政可持续性;三是协助政府执行管理维护公共财产的任务;四是测量和管理中国政府(特别是地方政府)的流动性和偿债能力。

从研究方面看,虽然论述预算会计和政府会计改革问题的国内文献甚多,但学界研究至今尚未提出逻辑严密的政府会计框架,究其原因在于研究出现盲区,基本没有论述财政制度与政府会计的关系问题,导致某些研究混淆了企业财务与政府财政的界限,导致相应的研究主要围绕技术性问题展开。

政府会计制度属于国家财政制度的一部分,发达国家的财政制度与发展中国家的财政制度有着明显的区别,发达国家之间国家治理模式不同,财政制度也有所不同。这些与其说是文化差异、社会差异,不如说是制度差异。简单地、机械地、不分性质地把蚂蚁和大象进行类比,这样的研究难免会缘木求鱼。

政府会计制度改革显然主要动因是由于政府财政体制改革,财政体制改革主要是法律规则的改革,而不仅简单是数量问题。相应的研究既要从世界各国政府会计理论的本本出发，也应该从经济发展过程和国家治理演变进程的实践出发，这样的研究视野才能具有更强的理论与实践意义。

目前国内学者对于政府会计制度改革研究偏重于从经济学基本理论出发进行理论探讨、路径设计和提出方案，即把政府会计制度改革主要看作一个经济问题、一个相同制度下的静态研究的问题，这与外国相关机构和学者研究假设和出发点有很大不同。学术视野中仅仅把政府财政理解为经济变革问题而不是制度变革。

国内大多数学者认为政府会计改革应该从抽象的会计概念出发而不是具体的财政改革实践出发，这应该和国内学者，包括相关主管政府官员的改革视野中主要关注英国、美国（尤其在国际金融危机之后）、新西兰、澳大利亚、加拿大等国家的政府会计改革研究动态和政府举措有关，也就是视野范围局限于英美法系的发达国家为主。对于政府会计制度本质，以及政府会计制度背后的法律支撑体系认识存在盲区。政府会计制度改革研究仅仅从经济学理论出发是不够的，这直接导致了政府会计研究落后于政府会计改革的步伐，这种现象值得全体学界深思。

总体而言，在我国政府会计改革的研究中，当前出现了三个趋势值得反思并作为以后研究的线索：政府财政体制的变革与政府会计改革的关系是什么？政府会计改革的目标、路径、方法如何体现短期与长期、接轨与特色？在一个全球化背景下，中国经济转型进程中，着眼于提升治理能力和完善治理体系，政府财政体制改革和政府会计改革应该借鉴什么样的国际经验（目标、模式、路径、方法）？回答这些问题不仅是学界的重大问题，也是重要的实践问题。

（执笔人：时杰、张金昌、李春瑜、杜莹芬、胡文龙）

区域经济学科前沿报告篇

第十一章 区域经济学学科前沿报告

按照研究对象,本章分为前沿区域经济理论和现实区域经济问题两大部分。首先总结目前国际上区域经济研究的一些新进展,主要包括新经济地理学、空间计量经济学、演化经济地理学、集聚经济和"新"新经济地理学;其次对近年我国区域经济研究的几个热点问题进行综述,包括三大战略+四大板块、城镇化和城市群、扶贫开发和自贸区等研究。

一、区域经济理论的研究进展

1. 贸易开放与内部地理格局

自新经济地理学诞生以来,大量文献利用新经济地理学模型来研究空间经济,为我们研究经济活动的空间集聚提供了很强的理论基础。以往的研究发现,地理本身,特别是区域临近和区域大小对经济活动的布局具有重要影响(Golubchikov,2006)。经济全球化和国内一体化能够塑造一个国家的内部地理格局,我们借鉴 Brulhart(2011)的划分方法,把内部地理格局划分为对称地理结构与非对称地理结构。

(1) 基于对称地理结构。Krugman 和 Elizondo(1996)在经典的新经济地理学模型的基础上建立了一个两国三区域模型(见图 11-1),开创性地把国际贸易纳入到了新经济地理学模型中,该模型包括国内两个相同的区域和一个海外市场。该模型不同于城市系统理论,新经济地理学模型把国家划分为几个区域，并且区域的大小和数量都是内生决定的。该模型为外部经济提供了微观理论基础：由于多样化偏好与区域之间冰山贸易成本的存在，消费者倾向于布局在生产厂商多的地区（前向联系）；并且生产厂商为了节约贸易成本和固定成本，他们倾向于布局在消费者较多的地区（后向联系）。由于该模型不能获得解析解，最终模拟结果我们可以得到贸易开放对内部地理的影响机制：在贸易成本较高的情况下，进出口对厂商与消费者的区位选择影响较小，此时前后向联系对他们的区位选择影响较大，偶然的事件都能影响一个区域厂商与消费者的集中；在贸易成本较低的情况下，大部分商品将与海外市场进行交易，国际贸易对内部地理的影响较大。Krugman 和 Elizondo（1996）利用墨西哥的例子来说明一个封闭的国家导致本区域的趋异，一个开放的国家导致本国区域的趋同。

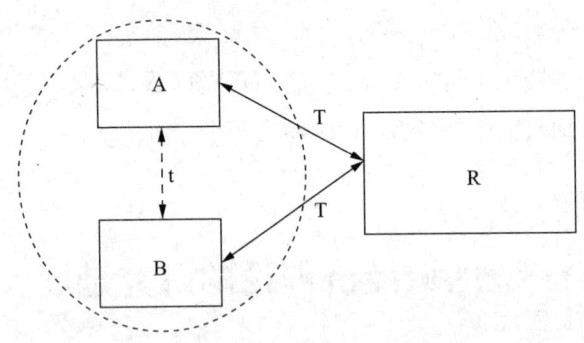

图 11-1　对称地理结构下的两国三区域模型

注：图中 A、B 是一国的两个区域，R 是海外市场，T 是国际贸易成本，t 是一国内部的运输成本。

该结论与 Behrens 等（2007）所得到的结论一致，后者发现贸易开放能够引起一国内部经济活动的分散布局，但是 Behrens 等（2007）的研究框架与传统的模型是不同的，其在研究中引入了 OTT 框架，在此框架下我们能够得到解析解。与 Krugman 和 Elizondo（1996）不同的是，Behrens 等（2007）构建了一个两国四区域模型，模型没有把"拥挤成本"作为分散力，而是提出了两个分散力来源：一个是非熟练劳动力的非流动性；另一个是"竞争成本"。但是也有一些学者运用相同的方法却得到了相反的结论，Paluzie（2001）模拟两国三区域模型得到的结论是：贸易一体化加速了一个国家内部区域的差异。并且，Behrens（2011）构建了一个两国三区域模型，为我们展示了区域差异与贸易成本（一国内部的区域贸易成本、国与国之间的贸易成本)之间的复杂关系。

还有一些学者把部门这一尺度纳入到模型中(Fujita 等，1999)。在模型中假设存在部门尺度的聚集效应(投入产出之间的联系)，部门尺度之间不存在分散效应，他们研究发现贸易一体化引起了部门层面的聚集。Brulhart 等(2004)、Crozet 和 Koenig(2004)模拟两国三区域模型同样得到了相同的结果：贸易一体化引起了内部经济活动的聚集。

(2)基于非对称地理结构。以往新经济地理学模型强调自我强化机制对经济活动空间集聚的影响，而很少把现实的非对称地理结构纳入到新经济地理学模型中来解释全球化和国内经济一体化对一国经济地理格局的影响。另外，值得注意的是，传统的新经济地理学模型是建立在简单的两个区域的比较基础之上的。正如 Fujita 和 Mori(2005)所阐述的那样，必须超越简单的两区域模型，使用非对称的贸易和地理格局的模型来获取更多的现实意义。

在新经济地理学框架下首先把非对称地理结构纳入到模型中的是 Alonso Villar(1999)，其在 Krugman 和 Elizondo(1996)模型的基础上纳入了三国五区域模型(见图 11 -2)。假设在模型中存在两个海外市场 R1、R2，国内市场存在 1、2、3 三个区域，这五个区域布局在一条直线上，国内区域 1、区域 3 是"门户区域"，分别靠近海外市场 R1 与海外市场 R2，区域 2 是"内陆区域"。研究发现：经济活动倾向于布局在地理位置有优势的区域 1 或者区域 3，而不会聚集于区域 2。

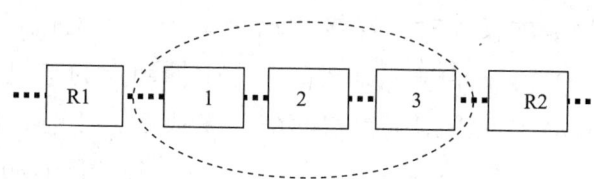

图 11 -2 三国五区域模型示意图

Alonso Villar(1999)虽然把非对称地理结构纳入到了新经济地理学模型中，但是没有探讨经济活动空间布局的变动是如何随着贸易成本的变化而变化的。Brulhart 等(2004)、Crozet 和 Koenig(2004)构建了一个包含"门户区域"的两国三区域模型(见图 11 -3)，模拟了经济活动如何随着贸易成本的变化而变化。一方面，由于海外市场的需求减弱了国内市场需求的力量，经济活动倾向于布局在与海外市场联系方便的"门户区域"。另一方面，随着贸易一体化程度的不断提高，一些企业为了避开海外企业的竞争，倾向于选择竞争激烈程度较低的"内陆区域"。经济活动的空间选择取决于"门户区域"的聚集效应与竞争效应的大小比较，如果聚集效应大于竞争效应，企业倾向布局于"门户区域"，反之亦然。

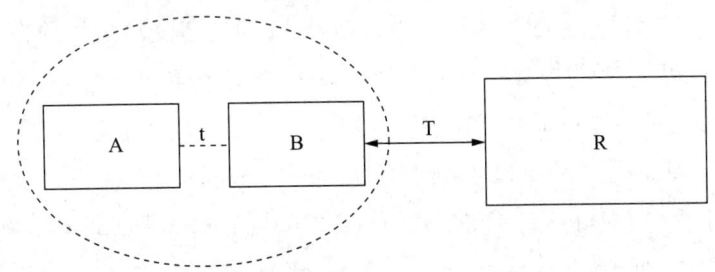

图 11 - 3　非对称地理结构的两国三区域模型（"门户区域"与"内陆区域"）

注：图中 A 代表"内陆区域"，B 代表"门户区域"，R 代表海外市场，t 与 T 同图 1，A 区域的产品要运输到海外市场 R 必须经过"门户区域"B。

两国三区域模型只考虑国内运输成本而没有考虑海外市场内部的运输成本，Behrens 等（2006）在 OTT 的框架下构建了两国四区域模型（见图 11 - 4），既考虑了"门户区域"也考虑了海外市场内部的运输成本，研究结果受国内运输成本、贸易成本、海外运输成本影响。①当国内市场区域之间的贸易成本较小时，经济活动聚集于"门户区域"是均衡状态，相反，当国内市场区域之间的贸易成本较大时，经济活动聚集于"内陆区域"是均衡状态。如果上述两个条件都不满足时，那么存在多个均衡点的情况。②当海外市场的一体化程度较差时，或者当国家之间的贸易成本较小时，国内市场的经济活动聚集于"门户区域"。其中的原因可能是：当海外市场的区域一体化程度较差时，海外市场的价格竞争较为温和，这增加了国内市场的产品进入海外市场的可能性；同样地，当国家之间的贸易成本较小时，"门户区域"更容易接近海外市场，即使是海外市场的竞争较为激烈，国内市场的经济活动聚集于"门户区域"也更容易接近海外市场。该模型虽然考虑了地理差异的不同以及海外市场的运输成本，但是没有考虑更加现实的问题，比如区域的大小、区域之间的禀赋。

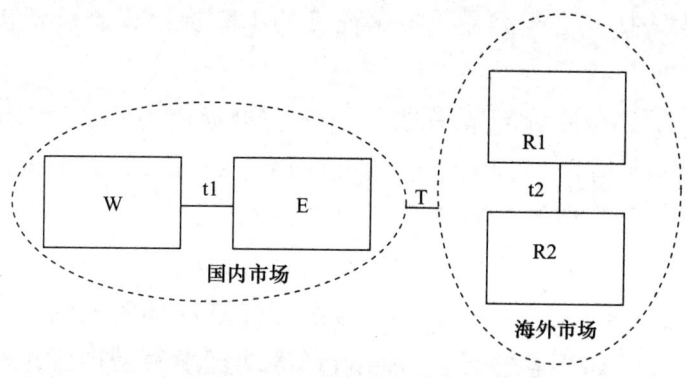

图 11-4 非对称地理结构的两国四区域模型（区域地理非对称）

注：图中 E 代表"门户区域"，W 代表"内陆区域"，t1 和 t2 分别代表国内市场的运输成本和海外市场的运输成本，T 代表贸易成本。

把区域大小首先引入到新经济地理学模型的是 Zeng 和 Zhao（2010）。其在模型中构建了一个包含区域大小不同、国家大小不同的两国四区域模型（见图 11-5）。Zeng 和 Zhao（2010）同样在 OTT 框架下得出：区域大小、国家大小、贸易成本对经济活动的空间布局将产生重要的影响，特别的，当一个较小的国家资本自由流动时，随着贸易开放程度的不断提高，其区域差距逐步缩小，但是在较大的国家得到了相反的结论。该模型虽然考虑了区域大小、国家大小的影响，但是没有考虑重要地理因素（"门户区域"）的影响。

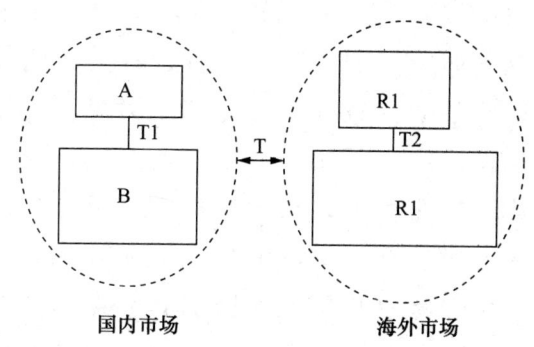

图 11-5 非对称地理结构的两国四区域模型（区域大小非对称）

Haaparanta（1998）把要素禀赋纳入到了传统的新经济地理学中，构建了一个两国四区域模型，每个区域有一种生产要素，并且每个区域只生产一种产品。在模型中,随着贸易一体化程度的不断提高,经济活动逐步聚集于具有比较优势的区域。

新经济地理学与传统的贸易理论一样,随着贸易开放程度的不断提高,经济活动聚集还是分散,聚集于"内陆区域"还是"门户区域",取决于所选取的模型。但是,传统的贸易理论只考虑到了经济活动的空间布局,而没有考察区域的福利差异,没有考虑随着贸易开放程度的不断提高,区域差异的变动趋势。新经济地理学模型不仅考察了经济活动的空间分布状况,而且还考察了区域之间的福利差异,并且新经济地理学模型把更现实的状况纳入到了模型中,比如地理位置、区域大小、禀赋差异等。

2. 演化经济地理学与产业动态演进

罗恩·马丁和彼得·森利(2014)阐述了演化经济地理学的"发展转向",过去数十年里,在演化理论中有越来越多超越新达尔文主义有关变异、选择和复制等准则的变化,并且纳入了发展的概念。这一转变导致了更为丰富的概念、机制和演化与变迁的模式,例如可塑性、稳健性、演化性、涌现、生态位构建和自组织,这一趋势为研究演化开启了新的框架。他们认为,演化经济地理学往往关注的是企业这一微观层面,关注于企业人口的空间演化如何构成了一个特定的行业。简而言之,以往的演化经济地理学关注一种"演化行业地理学"的构建,而不是区域不均衡发展的演化理论。已有大量学者研究一个特定的行业是怎样在空间中演化的,一个或多个行业在特定区域(比如聚集区或工业区)的演化以及企业技术创新的演化格局(包括知识网络)。这些研究是非常有意义的,并且取得了非常有价值的见解。目前演化经济地理学研究较少的是在特定区域不同经济过程和结构的协同作用、区域不均衡发展的系统性倾向。因此,演化经济地理学努力把微观尺度的研究运用到宏观尺度,演化理论"发展转向"促使我们从更系统和更全面的角度来理解空间经济的演化,这不仅仅要研究产业的动态演化,而且还要研究由于区域不均衡发展所引起的经济、制度和社会结构的变化。

阿恩·伊萨克森(2015)从演化经济地理学的视角,阐述了落后地区的产业发展演化情况。最新的路径依赖理论补充了区域工业发展路径依赖的传统观点,这一传统观点的特点是在应对变化的过程中存在锁定效应,也就是路径的更新和路径的创造存在锁定效应。但是,只有少数的学者研究为什么不同类型的区域会有不同的发展路径，为什么组织较为薄弱的区域的路径更新和路径创造比核心区要少得多。通过对挪威组织较为薄弱并且边缘区域产业发展的案例研究发现，较为薄弱的区域往往需要更多的投资以免被困在以往的路径发展过程中。随着时间的推移，区域产业如何发展这一问题越来越受到学者们的关注。

一些著名的经济地理学家认为，长期的区域产业发展展示了强烈的路径依赖。一个核心的观点是，"新区域增长的路径不是从头开始的，而是根植于一个区域的历史经济结构"（Neffke et al., 2011）。Maskell 和 Malmberg（2007）同样认为，"一个地理的位置……被认为是具有记忆的，来指导后续发展的路径"。区域路径依赖发展的观点符合区域产业发展和创新活动依赖于特殊的因素这一观点。例如，Martin（2010）认为"创新的确是高度地方化的现象，它取决于特定的因素和条件"，着重强调薄弱地区产业发展的路径依赖的特点。"薄弱区域"中的薄弱指的是 Todtling 和 Trippl（2005）所阐述的组织比较薄弱这一概念。这些薄弱的区域通常是外围区域，但也不总是外围区域，它可能是低水平企业集群区域或者知识生产和组织扩散禀赋较弱的区域，薄弱区域的产业发展路径不同于核心区域。核心区域有各样的集群、各样的企业研发组织、各样的高等教育机构等（Todtling 和 Trippl, 2005）。核心区域的增长是由收益递增效益和集聚经济所引发的，比如当地专业劳动力池、当地企业之间劳动力的分工、当地的配套设施、当地的知识溢出和各种形式的贸易和非贸易的相互依赖关系（Storper, 1997）。薄弱地区的产业发展基于其他一些不同的先决条件和遵循不同的发展路径。这一事实需要我们进行理论反思并通过实证调查来分析薄弱地区的产业发展。这些努力是非常重要的，薄弱地区的产业发展政策要建立在本区域的良好的知识基础上，而不是追寻核心区的理论进行发展。

科恩·佛伦肯等（2015）从演化经济地理学的角度综述了产业集聚及其对厂商的进入、退出和成长的影响，以及支撑产业集聚形成的动态演化过程。其指出，集聚对厂商的进入具有较强的影响，但是集聚是否会影响厂商的发展和生存则没有显著的证据。产业动态演进是一个较新的研究领域（Carlsson, 1987），虽然它已经在 Alfred Marshall、Joseph Schumpeter 和 Edith Penrose 的研究中已有涉及。产业的动态演进主要关注于厂商的进入、发展与退出（Carlsson, 1987、1989；Malerba, 2006、2007）。

3. 空间计量经济模型的改进

空间计量经济学作为一门学科的诞生，是以1979年Paelinck和Klaassen的《空间计量经济学》出版为标志的，迄今已经35年了。在这部著作出版之前，也有多篇空间计量经济学的论文与著作问世。例如，Bartels和Ketellapper 1979年的著作《空间数据的探索性和解释性分析》、Bennett 1979年的著作《空间时间序列》以及Hordijk发表在区域科学协会第42卷的论文《计量经济学中空间关系估计的若干问题》等，但Paelinck和Klaassen的《空间计量经济学》全面论述了空间计量经济学的研究对象、研究内容与基本模型，从而标志一门学科的诞生。Paelinck认为，空间计量经济学是计量经济学的一个全新的研究领域，"我们应该发展一个系统的计量经济学的分支，为区域和城市计量模型提供方法基础"。

空间计量经济学经过30多年的发展，已经从萌芽逐渐走向成熟，从计量经济学的边缘逐渐成为主流，在这个过程中，研究者提出了很多模型。空间计量模型可以分为横截面空间计量模型和面板空间计量模型。

（1）横截面空间计量模型。

1）广义嵌套式空间模型（GNS模型）。GNS模型既考虑了因变量的空间滞后，也考虑了自变量和误差项的空间滞后，其表达形式为：

$$Y = \delta WY + \alpha \tau_N + X\beta + WX\theta + u, \quad u = \lambda Wu\varepsilon \tag{11-1}$$

式中，W代表空间权重矩阵，WY代表因变量的空间滞后项，WX代表自变量的空间滞后项，Wu代表误差项的空间滞后项，τ_N代表元素为1的列向量。

2）广义空间自回归模型（SAC模型）。SAC模型考虑了因变量和误差项的滞后项，其表达形式为：

$$Y = \delta WY + \alpha \tau_N + X\beta + u, \quad u = \lambda Wu\varepsilon \tag{11-2}$$

3）空间杜宾模型（SDM模型）。SDM模型考虑了自变量和因变量的空间滞后项，其表达形式为：

$$Y = \delta WY + \alpha \tau_N + X\beta + WX\theta + u \tag{11-3}$$

4）空间杜宾误差模型（SDEM模型）。SDEM模型考虑了自变量和误差项的滞后项，其表达形式为：

$$Y = \alpha \tau_N + X\beta + WX\theta + u, \quad u = \lambda Wu + \varepsilon \tag{11-4}$$

5）空间滞后模型（SAR 模型）①。SAR 模型只考虑了因变量的空间滞后项，其表达形式为：

$$Y = \delta WY + \alpha \tau_N + X\beta + u \qquad (11-5)$$

6）空间误差模型（SEM 模型）。SEM 模型只考虑了误差项的滞后项，其表达形式为：

$$Y = \alpha \tau_N + X\beta + u, \quad u = \lambda Wu + \varepsilon \qquad (11-6)$$

空间计量经济学模型在 2007 年之前只存在空间滞后模型和空间误差模型，随着空间计量经济学的蓬勃发展，空间计量模型的形式也越来越多。空间计量经济学模型之间可以转换，正如 Elhorst 介绍的那样，空间计量经济学到传统计量经济学是从"一般"到"特殊"（见图 11-6）。

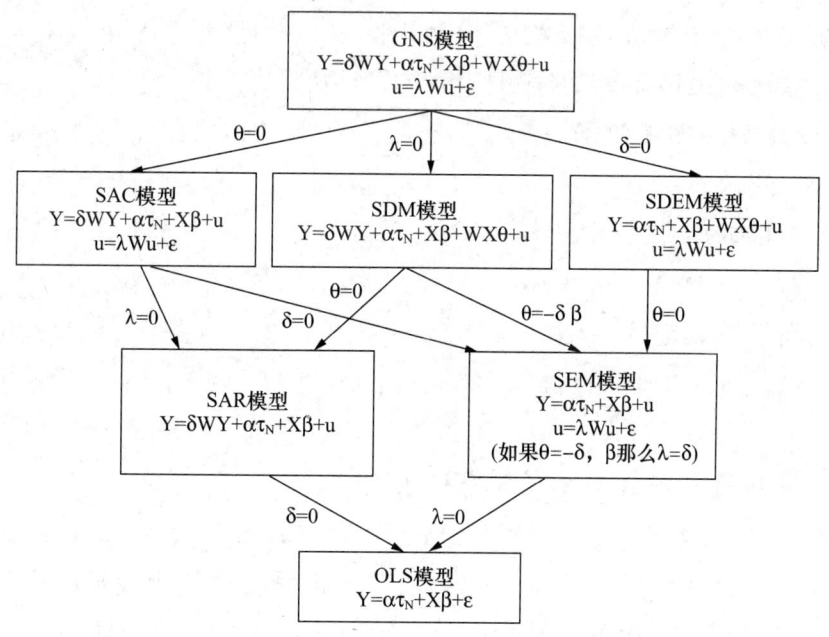

图 11-6　"一般"空间计量模型到"特殊"传统计量模型演变示意图

资料来源：Halleck Vega and Elhorst, 2013。

（2）面板空间计量模型。

1）空间混合模型。类似于普通面板模型，当研究样本不存在个体效应

---

① 空间滞后模型又被称为"空间自相关模型"（Spatial Autoregressive Model，SAR），本章采用的名称是"空间滞后模型"，但是英语缩写采用 Lesage 和 Pace（1999）、J. P. Elhorst 引用的 SAR。

的差异时，空间面板数据模型①采用简单的混合模型形式。

混合效应空间滞后模型：

$$Y_t = \delta W Y_t + X_t \beta + u_t \tag{11-7}$$

混合效应空间误差自相关模型：

$$Y_t = X_t \beta + u_t, \quad u_t = \lambda W u_t + \varepsilon_t \tag{11-8}$$

2）空间个体效应模型。如果对于不同的截面，模型的截距不同，则应在空间混合模型中加入个体效应项。

个体效应空间滞后模型：

$$Y_t = \gamma Y_{t-1} + \delta W Y_t + X_t \beta + \alpha + u_t \tag{11-9}$$

个体效应空间误差模型：

$$Y_t = X_t \beta + \alpha + u_t, \quad u_t = \lambda W u_t + \varepsilon_t \tag{11-10}$$

根据 α 为固定效应或随机效应面板固定，分别设为固定效应空间滞后或空间误差自相关模型，同样随机效应也可以分为这两个模型。

3）动态空间面板数据模型。动态空间面板数据模型，即在动态面板模型中引入空间效应。

动态面板数据空间滞后模型：

$$Y_t = \gamma Y_{t-1} + \delta W Y_t + X_t \beta + \alpha + u_t \tag{11-11}$$

动态面板数据空间误差模型：

$$Y_t = \gamma Y_{t-1} + X_t \beta + \alpha + u_t, \quad u_t = \lambda W u_t + \varepsilon_t \tag{11-12}$$

4. "零距离"时代的集聚经济形态

爱德华·L. 格莱泽在 2010 年出版了《集聚经济学》一书，其在书中阐述集聚经济是企业和居民聚集于一个城市所获得的收益或者是产业集群获得的收益。这些收益从根源上看来源于运输成本的节约：一个附近的企业和一个横跨大陆的企业真正的区别是附近的企业与其他企业联系更紧密。当然，这里的运输成本的概念更加广阔，它还包括商品、居民、知识之间交流的障碍所造成的成本。集聚经济和运输成本之间的关系似乎是随着运输成本的下降，集聚经济的重要性也不断下降。然而事实却不是这样，在城市中，尽管商品和知识在区域之间较容易流动，但是产业的集群还是表现出了重要的地

---

① 由于存在空间相关性，空间面板数据模型矩阵形式的排列方式与普通面板数据模型不同。普通面板数据模型矩阵形式按照先 N 后 T 的方式排列，空间面板数据模型按照先 T 后 N 的方式排列。

位。运输成本的下降促使中国、印度和世界其他国家的贸易往来不断发展，但是在这些国家内部，经济发展主要聚集于沿海区域。

综观全球，城镇化正蓬勃发展，联合国的报告指出，截止到2008年末，世界一半以上的人口居住于城市。的确，特大城市成为发展中国家和发达国家之间交流的一道大门。在西方发达国家，像纽约和伦敦这些大城市正逐渐从20世纪70年代的萧条中慢慢恢复。许多经济活动聚集的区域，人口、工资，尤其是房价正经历着飞快的增长。过去三十年中，产业的聚集指数只是呈现了小幅度的下降（迪迈、埃里森和格莱泽，2002）。如果运输成本很低，那么为什么集聚会依然如此强烈？本书收集了11篇关于集聚经济的文章，虽然涵盖丰富的主体，比如医院的效率、快餐企业的区位等，但是它们都有同一个目的，那就是找到为什么经济活动集聚在一起这一问题的答案。

理解集聚产生的原因是理解目前和将来经济活动空间区位选择的重要一步。本书的每一章是从不同的角度来阐述集聚经济的，并且为集聚经济学提供了最为前沿的案例。虽然本书各章研究主体不同，但是每一章的焦点是一国内部居民的集聚状况。一些学者的研究主要集中于国际贸易与集聚之间的关系，如保罗·克鲁格曼、托尼·维纳布鲁斯、戈登·汉森，还有一些学者研究为什么一些城市专业化生产一些特定的产业。在发展中国家，关于集聚经济的研究较少，本书就是利用有限的章节来阐述发展中国家的集聚经济。藤田昌久等在2015年出版了第二版的《集聚经济学：城市、产业区位与全球化》，他们在该书中试图探讨人口与财富的空间分布呈现出像峰谷一样不均匀现象的经济学原因。我们所观察到的经济活动并非局限于一小块区域或者均质的平原上。相反，经济活动在不同的区位、区域、国家的分布各不相同，因而产出等高线会随着时间和空间而变化。正如我们观察太阳系时仅关注一小部分的天体一样，就经济活动而言，我们往往聚焦于少数人类聚居点。与行星有大有小相似，由各种企业与家庭组合而成的人类聚居点也是大小不一的。尽管这些现象非常普遍，但是对于这些现象的一般性理论解释仍处于探索的阶段。众所周知，在人类历史上空间距离曾经有过强大的力量，但在当今时代，遥不可及的距离感已不复存在。伴随着贸易保护主义的衰落和19世纪中叶以来运输成本的快速持续下降，以及近年来通信成本几近于零，"就近原则"不再是必须遵循的准则。这在某种程度上表明经济活动正进入"零距离"的时代。看起来似乎区域差异会逐渐淡化，因为集聚的力量将会消失。

换句话说，技术进步和全球化相结合，使得传统的经济地理学过时，以往的峰和谷将会奇迹般地变成"平原"。然而，新经济地理学和城市经济学的实证和理论研究进展显示了不一样的现实。尽管临近自然资源的区位重要性已大幅下降，企业和家庭也有了更大的自由来选择他们想去的地方，但这并不意味着距离和区位从此在经济活动中消失了。恰恰相反，经济地理学提出了一些迄今为止被自然因素覆盖的新因素，这些因素使得以各种壁垒和巨大差异为特征的新经济景观正在形成，因此呈现在我们面前的并非一个"扁平的世界"。譬如，通信技术进步使得金融中心过时的简单看法被相反的观点所替代，我们会看到进一步的集聚。正是运输和通信成本的大幅降低为这些新因素的出现创造了条件，孕育了具有更高生产率的大城市。

5. "新"新经济地理学

近年来，从企业异质性视角解析国际贸易的最新理论研究对以往的产业贸易理论提出了质疑，即在同一产业部门内，有些企业能够在激烈的国际贸易竞争中得以生存，而有一些企业则不能。由此导致产业内市场份额与生产资源的重新配置强度要远超过因比较优势格局变化导致的产业间市场与资源的再配置水平。因为资源或要素主要是通过企业来实现有效配置的，任何假设条件都应反映企业的实际特征，才能使得理论研究更加符合实际经济运行机制。新经济地理学理论框架不能完全解释空间经济的异质性，亟须新的理论框架来进一步解析集聚经济的微观机理。

企业为了积极地参与市场竞争，必须具有驾驭复杂市场的能力。要实现这个目标，企业不仅要提高劳动生产率，还要选择最优区位，以最大限度地提高其市场份额和竞争力。但是，企业在选择最佳区位时，往往会遇到各种因素的制约，例如，一些区域内的企业，会努力抵御来自其他国家或区域同类企业的激烈竞争；跨区域企业的组织结构还要受到不同区域的人力资本状况和文化差异等因素的影响；劳动力市场摩擦及劳动力技能不匹配，不仅妨碍跨区域企业对本地化人才的有效管理，还会在区域一体化进程中制约企业的人力资本需求（Helpman，2010；Venable，2010）。这说明，只有较具竞争力的异质性企业才能在竞争日益激烈的区域经济一体化进程中得以生存与发展。

"新"新经济地理学以规模经济和垄断竞争为假设条件，但更重视居民和企业的个体异质性所导致的一般性空间行为。在垄断竞争条件下，任何企业（无论是否与其他企业有着相互作用）在选择区位时都要考虑成本和市场因素。较低的生产成本与较高的效率是企业获得规模经济效益的前提，规模经济性使得企业倾向于布局在接近消费市场的区域，同时，还要顾及其他企业的竞争因素。企业之间在成本和效率等方面存在的异质性直接决定了企业的市场竞争力状况，企业的成本、效率差异成为企业选择区位以及集聚经济异质性空间分布的重要微观因素。目前，"新"新经济地理学以企业异质性与集聚经济关系为切入点，从企业成本、效率差异视角，分析异质性企业的区位选择机制以及集聚经济的微观机理，在此基础上，Ottaviano（2011）提出了两企业两区位的"新"新经济地理模型。目前，这些开拓性研究在空间经济学和经济地理学等相关领域已经产生了较大的反响。

在理性条件下，追求利润最大化的两个企业通过博弈有可能产生两种空间布局结果：①当两个企业效率相同或极为接近时，两个企业可能会同时布局在运输成本低、市场空间大的 H 区；②当两个企业存在明显的效率差异时，具有成本优势的高效率企业 1 布局在优势区位 H，而不具备成本优势的低效率企业 2 为避免过度竞争，只能布局在相对劣势的 F 区。因此，当考虑企业内生效率差异与区域外生成本差异的相互关系时，效率较低的企业 2 为避免在优势区位 H 与高效率企业 1 之间的激烈竞争，会选择在区位 F 布局。这时，企业异质性成为促进企业空间扩散的重要动力（Baldwin、Okubo, 2006），当贸易成本和企业间的产品替代性均较大时，低效率企业 2 的竞争劣势就更加明显，从而企业的空间分布结构会依其效率差异而呈现出一定的排列规律（Venable，2011），即"高效率企业—相对优势区位、低效率企业—相对劣势区位"模式。

二、中国区域经济问题的研究

1. 三大战略 + 四大板块

中共十八大以来，中央高度重视促进区域协调发展，将区域协调发展机制基本形成作为全面建成小康社会的重要目标，并在区域发展总体战略的基础上提出了"一带一路"建设、京津冀协同发展、长江经济带发展等重大战略部署，形成了"三大战略+四大板块"的区域格局。三大支撑带把四大板块衔接起来，起到沟通东中西、平衡南北方的作用，通过这些支撑带的衔接，更加有利于促进东部地区转型升级，建设好中部地区"一个枢纽三个基地"，增强西部地区的自我发展能力，全面振兴东北等老工业基地。

陈耀（2016）指出，全面振兴东北老工业基地要创新思路、再造新优势，未来15年，东北地区要实现"一带四基地"的战略目标（"一带"即要成为全国重要的经济支撑带，"四基地"即具有国际竞争力的先进装备制造业基地、重大技术装备战略基地、国家新型原材料基地、现代农业生产基地和重要技术创新与研发基地）。围绕这一战略目标，东北地区再创新优势应当在三个方面着力，也就是通过创新驱动再造新优势，力争使东北地区成为中国制造业强国的核心区；通过改革驱动再造新优势，力争使东北地区成为市场活力强、政府效率高、发展环境优的高端要素集聚区；通过开放驱动再造新优势，力争使东北地区成为中国与东北亚合作的先导区和"一带一路"的重要交汇区。

孙久文（2016）认为京津冀协同发展写进了"十三五"规划纲要，标志着在未来五年，国家将以更大的力度促进这一区域发展战略的实施。推进京津冀协同发展，不仅能够有效地促进区域产业升级，同时也是加快国民经济转型发展的重要路径。为了实现京津冀协同发展的目标，在"十三五"期间要完成以下六个方面的重点任务：疏解北京非首都功能；缩小地区发展差距；实现生态环境保护与治理一体化；实现产业发展一体化；推进基本公共服务一体化。为此，要完善跨区域利益协调机制；推进配套制度改革；建立健全解决各类"城市病"的治理体系；完善推进京津冀产业转型与人口转移的政策措施。

刘卫东（2015）指出，"一带一路"是中国为推动经济全球化深入发展而提出的国际区域经济合作新模式。其核心目标是促进经济要素有序自由流动、资源高效配置和市场深度融合，推动开展更大范围、更高水平、更深层次的区域合作，共同打造开放、包容、均衡、普惠的区域经济合作架构。"一带一路"框架包含了与以往经济全球化完全不同的理念，即"和平合作、开放包容、互学互鉴、互利共赢"。他认为"一带一路"具有多重空间内涵和跨尺度特征，是统筹中国全面对外开放的国家战略。推进"一带一路"建设为地理学提出了几个重要议题，包括地缘政治、国别地理、对外直接外资理论、交通运输优化组织等。

樊杰等（2015）从长江经济带在全国国土空间开发格局中的地位以及长江经济带开发空间结构的特征两个层面，对长江经济带国土空间开发结构进行了解析。通过分析长江经济带在人口经济的集聚功能和长三角地区的辐射功能，以及全球化和区域一体化进程对中国国土空间结构组织的影响，论证了长江经济带的战略地位。通过资源环境承载能力、国土空间开发适宜程度、主体功能定位的数量结构、空间形态结构以及成因和相互交叉分析，并结合与国家层面相应结构的比较研究，提出了长江经济带的空间格局特征，对未来长江经济带的战略地位和空间结构演变及应对策略等新命题进行了探讨。

2. 城镇化与城市群

改革开放以来，中国经济的高速增长主要依靠珠三角和长三角等地区支撑。这些地区继老工业基地之后成为支撑中国经济高速增长的第二代主导地区。从未来的发展格局看，京津冀都市圈、山东半岛城市群、东北哈大城市群、中原城市群、武汉都市圈、长株潭城市群、成渝都市圈、关中城市群等，都有可能成为支撑未来中国经济增长的新的主导地区和增长极，由此将形成"群雄并起"的多元化区域竞争格局。

魏后凯（2014）认为，近年来，中国城镇化进程中出现了特大城市规模迅速膨胀、中小城市和小城镇相对萎缩的两极化倾向。其在文章中认为，当今中国社会正由城乡二元结构转变为由城乡之间、城镇之间、城市内部三重二元结构相互叠加的多元结构；考虑到资源环境承载能力、城镇人口吸纳能力、公共设施容量、农民迁移意愿和设市工作的恢复，未来中国特大城市、大城市、中小城市和建制镇吸纳新增城镇人口的比例由目前的 36∶8∶9∶47 转变为 30∶18∶18∶34 比较合适；提高城市规模等级的人口标准弊多利少，中国城市规模等级的划分应侧重增加层级，以巨型城市（1000 万人以上）、超大城市（400 万~1000 万人）、特大城市（100 万~400 万人）、大城市（50 万~100 万人）、中等城市（20 万~50 万人）和小城市（20 万以下）6 级为宜；实行多中心网络开发战略，积极培育壮大世界级、国家级和区域级城市群，推动形成全国三级城市群结构体系，使之成为中国推进城镇化的主体形态和吸纳新增城镇人口的主要载体；实行差别化的人口规模调控政策，严格控制 400 万人以上的特大城市人口规模，着力提高中小城市和小城镇的综合承载能力，推动形成以城市群为主体形态，大中小城市和小城镇合理分工、协调发展、等级有序的城镇化规模格局。

张占斌（2013）认为，推进新型城镇化是一项十分复杂的系统工程，面临的矛盾和问题非常突出。庞大的人口压力与城镇化同步、生态文明建设与城镇化同步，表明我国城镇化必须有自己的特色，走符合国情的道路。因此，需要采取正确的思想方法，抓住重点难题，积极有序地稳步推进：注重提高城镇化的质量和效益；尽量降低而不是抬高城镇化门槛；努力建设包容性和和谐式的城镇；积极完善城镇化规划与战略格局。我国过去30多年城镇化的快速发展与体制创新改革密不可分，存在的矛盾和问题也与体制机制的不完善直接相关。今后一段时期推进新型城镇化健康发展，必须把深化改革特别是体制改革放在十分突出的位置，加大难题的破解：统筹推进户籍制度改革；深化土地管理制度改革；完善住房保障制度改革；深化财税金融体制改革；优化行政区划设置改革。

3. 精准扶贫精准脱贫

中共十八大以来，新一届党和国家领导人对扶贫开发工作给予了空前重视。2015年10月16日，习近平总书记出席2015减贫与发展高层论坛指出，未来5年，中国将使现有标准下7000多万贫困人口全部脱贫。国家"十三五"规划纲要指出，到2020年"我国现行标准下农村贫困人口实现脱贫，贫困县全部摘帽，解决区域性整体贫困。"

邓维杰（2014）认为，目前精准扶贫的实际执行效果并不令人满意，主要原因在于精准扶贫中出现了突出的对贫困户的排斥现象，包括在精准识别环节对贫困人口规模进行人为限定而形成的规模排斥、集中连片扶贫开发对片区外贫困群体的区域排斥，以及自上而下的贫困村和贫困户识别过程中对贫困群体的恶意排斥和过失排斥等。要真正实现精准扶贫，应该尽早开展国家级和省级的贫困普查，对贫困村实施分类管理，采取自上而下和自下而上融合的贫困户识别和帮扶机制。同时，购买独立第三方社会服务来协助和监督整个过程。当然，减贫投入必须足够，不能期待依靠地方配套来实现精准扶贫目标。

李爱民和孙久文（2013）认为，扶贫开发应当综合考虑"区域脱贫"和"群众脱贫"，兼顾区域长远发展和群体基本保障。汪三贵等（2007）认为，当前在精确瞄准状态下应该被确定为贫困村的村有48%没有被精确瞄准，应该加强农村贫困信息系统建设，因地制宜地进行精准扶贫。李小云

(2013)认为,新的农村扶贫开发战略缺失瞄准穷人的治理机制,造成政策接受主体模糊,最终可能导致开发主体缺位,各种政策在如何瞄准穷人和扶贫资源如何有效传递到真正的穷人这些问题上一直未能有根本的突破,需要制定更精准的扶贫开发战略。

4. 自贸区战略

自由贸易区有两个差别很大的概念。其中一个是FTA(Free Trade Area),比如中国—东盟自由贸易区、中韩自由贸易区等,这类自由贸易区的特点是由两个或多个经济体组成,成员相互之间取消关税和贸易限制,自贸区所涵盖的范围是签署自由贸易协定的所有成员的全部关税领土。另一个概念是自由贸易园区FTZ(Free Trade Zone),按照《京都公约》的解释,自由贸易园区是指某一国境内的一部分,就进口税费而言,进入这一部分的任何货物通常被视为在关境之外,并且免于实施通常的海关监管措施。我们国家设立的自由贸易试验区是指后者,即自由贸易园区。截至目前,我国已经批准设立11个自由贸易试验区,包括上海、广东、福建、天津、辽宁、浙江、河南、湖北、重庆、四川和陕西,对外开放格局进入新的高度。孙久文等(2015)认为,自贸区的建设不仅为中国国内改革指明新的方向,而且决定中国经济以什么样的姿态在世界经济体系中获得什么样的未来地位:未来自贸区的重点应该放在制度的"减法"上,但是"加法"也不可避免。通过"减法"减掉约束资源和产品自由流动的制度枷锁,参考国外成熟经验和制度安排,让市场自由地寻找合适的交易安排制度和市场价格体系。但是自贸区的"加法"也是不可避免的,只是"加法"的目标在于寻找以控制系统性风险为目标的监管制度,而不是加强管制;自贸区不仅是未来经济改革的试验田,也是我国未来融入世界经济的一个契机。借助自贸区的建设管理,可以结合中国实际,逐步提升中国贸易产品和服务的品质,如中国应在国际劳工标准和绿色环境标准制定中发挥作用;不断提高现代服务业的发展水平,为贸易自由化奠定坚实的国内产业基础。

从区域格局来看,自贸区未来可能进一步扩容,自贸区将重点布局在"一带一路"辐射的枢纽城市。现有自贸区从地理上看仍主要集中于东部沿海区域,未来存在着向中西部延展与扩容的必然性,自贸区在未来可能迎来"3.0时代"。目前,许多省市均在积极申请设立第三批自贸区,单纯从区位对接的角度来看,被列为丝绸之路经济带核心区的新疆、作为"一带一路"

有机衔接重要门户的广西，扮演内陆型改革开放高地的直辖市重庆，均有入选的机会。自贸区的工作重点在未来也将发生转变，如果仅仅沿着贸易这一路径继续搞下去难有大的突破，也不符合自贸区构建高水平开放经济新体制的根本宗旨。为此，自贸区的工作重心正在加速向投资领域、金融领域、政府职能转变、新兴业态培育等核心议题上转变。此外，自贸区只有吸引大量企业进入，才能扩大贸易和促进当地产业发展，从而提高国际竞争力。从其他国家成功的发展经验来看，自贸区吸引企业进入的原因主要在于能在多个方面提供更好的经营环境和更多的贸易机会。

参 考 文 献

[1] Alonso Villar. Spatial Distribution of Production and International Trade: A Note [J]. Regional Science and Urban Economics, 1999, 29 (3): 371 – 380.

[2] Arne Isaksen. Industrial Development in Thin Regions: Trapped in Path Extension? [J]. Journal of Economic Geography, 2015: 585 – 600.

[3] Behrens K., Gaigne C., Ottaviano G., Thisse J. F.. Countries, Regions and Trade: On the Welfare Impacts of Economic Integration [J]. European Economic Review, 2007 (51): 1277 – 1301.

[4] Behrens K., Gaigne C., Ottaviano G., Thisse J. F.. Is Remoteness a Locational Disadvantage? [J]. Journal of Economic Geography, 2006 (6): 347 – 368.

[5] Behrens K.. International Integration and Regional Inequalities: How Important is National Infrastructure [J]. The Manchester School, 2011, 79 (5): 952 – 971.

[6] Brulhart M., Crozet M., Koenig P.. Enlargement and the EU Periphery: The Impact of Changing Market Potential [J]. World Economy, 2004, 27 (6): 853 – 875.

[7] Brulhart M. The Spatial Effects of Trade Openness: A Survey [J]. Review World Economy, 2011: 59 – 83.

[8] Crozet Matthieu, Koenig Soubeyran P.. EU Enlargement and the Internal

Geography of Countries [J]. Journal of Comparative Economics, Elsevier, 2004, 32 (2): 265-279.

[9] Fujita M., Krugman P., Venables A.. The Spatial Economy: Cities, Regions and International Trade [M]. Cambridge, MA: MIT Press, 1999.

[10] Fujita M., Mori T.. Frontiers of the New Economic Geography [J]. Papers in Regional Science, 2005, 84 (3): 377-407.

[11] Golubchikov O.. Interurban Development and Economic Disparities in a Russian Province. Eurasian Geography and Economics, 2006, 47 (4): 478-495.

[12] Henderson J. V.. Ways to Think about Urban Concentration: Neoclassical urban Systems Versus the New Economic Geography [J]. International Regional Science Review, 1996, 19 (1-2): 31-36.

[13] Krugman P., Elizondo L. R.. Trade Policy and the Third World Metropolis [J]. Journal of Development Economics, 1996 (49): 137-150.

[14] Ottaviano Gianmarco I. P.. "New" Economic Geography: Firm Heterogeneity and Agglomeration Economies [J]. Journal of Economic Geography, 2011 (11): 231-240.

[15] Paluzie E.. Trade Policy and Regional Inequalities [J]. Papers in Regional Science, 2001 (80): 67-85.

[16] Rauch J. E.. Comparative Advantage, Geographic Advantage and the Volume of Trade [J]. Economic Journal, 1991, 101 (408): 1230-1244.

[17] Ron Martina, Peter Sunley. Towards a Developmental Turn in Evolutionary Economic Geography? [J]. Regional Studies, 2014: 1-21.

[18] Treb Allen, Costas Arkolakis. Trade and the Topography of the Spatial Economy[R]. NBER Working Paper, No 19181, 2013.

[19] Zeng D. Z., Zhao L. X. Globalization, Interregional and International Inequalities [J]. Journal of Urban Economics, 2010 (67): 352-361.

[20] 陈耀. 全面振兴东北老工业基地要创新思路再造新优势[J]. 中国发展观察, 2016 (2): 12-14.

[21] 邓维杰. 精准扶贫的难点对策与路径选择[J]. 农村经济, 2014 (6): 78-81.

[22] 樊杰, 王亚飞, 陈东, 周成虎. 长江经济带国土空间开发结构解析

[J]. 地理科学进展, 2015 (11): 1336-1344.

[23] 李爱民, 孙久文. 新时期扶贫开发总体思路研究[J]. 中国物价, 2013 (12): 66-69.

[24] 李小云. 我国农村扶贫战略实施的治理问题[J]. 贵州社会科学, 2013 (7): 101-106.

[25] 刘卫东. "一带一路"战略的科学内涵与科学问题[J]. 地理科学进展, 2015 (5): 538-544.

[26] 孙久文, 彭芳梅, 姚鹏. 自贸区发展与经济特区的机遇和挑战[J]. 特区理论与实践, 2015 (4): 21-45.

[27] 孙久文. 京津冀协同发展的目标、任务与实施路径[J]. 经济社会体制比较, 2016 (3): 5-9.

[28] 魏后凯. 中国城镇化进程中两极化倾向与规模格局重构[J]. 中国工业经济, 2014 (3): 18-30.

[29] 张占斌. 新型城镇化的战略意义和改革难题[J]. 国家行政学院学报, 2013 (1): 48-54.

(执笔人:陈耀、姚鹏)

第十二章 新工业革命对产业布局影响研究综述

一、国内外城市产业园区转型升级研究进展

从各国城市发展历程可看出,产业园区是城市发展的重要增长极,也是实现对外改革开放的窗口。与产业园区的实际发展相对应,国内外学者们对产业园区的研究也呈现出多元化倾向,特别是近十年来,围绕产业园区转型升级做了较为丰富的研究,论题主要集中在以下六个方面:产业园区转型升级发展评价方法研究;产业园区转型升级战略;产业园区转型升级的影响因素;产业园区转型升级模式;产业园区与城市空间组织关系;产业园区功能转型。综合现有研究成果发现,产业园区相关研究成果逐渐丰富而且呈现出高质量化,但就学科发展而言,在转型升级模式、转型升级路径、转型升级潜力等方面尚需进一步的拓展和完善。

产业园区是指为促进经济发展,由政府划定实行优先鼓励工业建设的特殊政策地区,常见的形式主要有经济技术产业园区与高新技术产业园区两种。改革开放30多年来,经济技术产业园区作为各地发展外向型经济的重要窗口,是我国价值链中较为重要的一个环节,已发展成为推动区域经济发展的强大力量。产业园区发展至今,在取得许多成就的同时,也遇到了发展瓶颈,转型升级成为其必然选择。经济学和地理学对产业园区的研究逐渐从理论和效率评价方面转向功能的拓展方面。功能拓展必然要求产业园区进行

转型升级,产业园区转型升级成为当下研究的重点。产业园区是我国改革开放的重要窗口,是实现经济转型的前沿,而转变经济发展方式是实现科学发展的必由之路。产业园区转型升级受到各种因素的影响,尤其在国家加大改革开放力度的政策调整下,产业园区取得显著成就的同时,转型升级也面临巨大的瓶颈。探求产业园区在政策、体制、产业结构、生态环境等瓶颈制约下转型升级的路径以及路径的优化等具有重要意义。关于产业园区转型升级的研究,国内外学者一般集中于其评价方法、发展模式与战略、产业园区转型与母城区关系、影响因素及发展方式与路径等方面进行研究。

1. 产业园区转型升级发展评价方法研究

评价方法的基础工作就是指标体系的确立和定量分析方法的选择。朱立龙等建立了评价产业园区的综合指标体系,其中包含8个综合指标、78个二级指标,并利用 Pearson 相关性检验了8个综合指标之间的相关关系(朱立龙,2010);俞勇军等采用加权综合指数法建立评价模型,对全国45家经济技术产业园区的投资环境进行了评价,结果显示,全国经济产业园区已分化出几个不同的类别(俞勇军,2004)。在产业园区土地利用效率方面的评价方法多样,学者们采用了数据包络分析法(DEA)(白雪洁、姜凯等,2008)、加权平均法和层次分析法(庄红卫、李红,2011)、主成分分析法(彭浩、曾刚,2009)、GIS 空间模型和 TOPSIS 法(江立武,2011)、TEDA 模型(王晓红,2012)等。

由于产业园区的功能不断完善,已由过去单一的工业生产功能向工业生产、居住、商业等综合功能转型,所以近年来关于产业园区功能和生态环境评价的研究也日趋增多,如唐燚从增长极功能、示范区功能和扩散源功能三个方面建立了高新技术产业园区的评价指标体系,对高新技术产业园区进行了功能评价(唐燚,2008);聂仲秋运用层次分析法和主成分分析法对西安市经济技术产业园区的人居环境质量进行了评价(聂仲秋,2011);赵愈则运用共生能值效益率(SEBR)对生态园区的共生系统的效益率进行了有效分析(赵愈,2011)。

2. 产业园区转型升级发展模式与发展战略研究

产业园区发展模式与发展战略方面的研究一直是国外学者研究的重点,国外的产业园区包括出口加工区、保税区等,产业园区的功能模式、产业园区的类型、合理的支撑发展战略成为这一领域的研究重点。

经过二十多年的发展，被公认的世界上较为典型的产业园区发展模式主要包括美国硅谷、德国慕尼黑高科技工业园区以及新加坡裕廊工业园区（左学金，2008），这三类模式也为世界其他各国提供了丰富的借鉴经验，它们的成功极大地鼓舞了各国建设产业园区的信心。改革开放以来，我国曾产生了一些具有鲜明地区特点和时代特征的经济发展模式，其中典型的有"苏南模式"、"广东模式"和"温州模式"（曾刚、赵建吉，2009）。从发展模式来看，经济技术产业园区以增加区域经济总量为目标，以外资拉动为主导方式，以制造加工业为主导产业（孙卓然、李正图，2011）；曾刚以上海崇明岛为例，指出基于生态文明的发展模式是区域发展的新模式和途径（曾刚，2009）。王瑶将产业集群模式细分为中小企业群生型产业集群、专业市场型产业集群、中卫网状型产业集群，并对产业园区与它们之间的关系做了细致的分析和探讨（王瑶，2012）。AliPak 和 Farhad Majd 以波斯湾地区的自由贸易区基什岛为例，认为在波斯湾自由贸易区内应采用空间计划为导向的方法进行管理，否则就难以实现和实施自由贸易区的整合发展（Ali Pak、Farhad Majd，2011）。

产业园区向新城转型中普遍存在经济结构单一、功能单一、空间内涵与质量不高以及管理体制不顺等问题。沈宏婷提出平衡经济结构、开发和完善城市功能、提高空间内涵与质量以及创新管理体制四大策略来应对产业园区转型升级发展中的问题（沈宏婷，2007）；戴桂林等构建了"转型升级"战略模型（见图12-1），即"三动三合一催生"，并以青岛经济技术产业园区"十二五"期间发展思路为例，提出以"机制体制创新"为主线的青岛经济产业园区转型升级的行动策略与政策取向（戴桂林、张艳蕾，2011）。季宏，张小晶针对天津经济技术开发区自成立至今，先后经历了产业基础建立、飞跃式发展以及产业高端化三个阶段，与我国制造业产业升级路径呈现惊人的相似之处，以泰达的产业发展为样本，分析我国制造业产业升级发展的模式及阶段，提出在新的商事制度改革背景下，我国制造业以及开发区产业的发展方向（季宏、张小晶，2016）。

3. 产业园区转型与母城区关系研究

国外关于产业园区与城市关系的研究主要是从城市经济增长角度进行的，即产业园区的发展与所在区域的利益关系方面的研究较多。

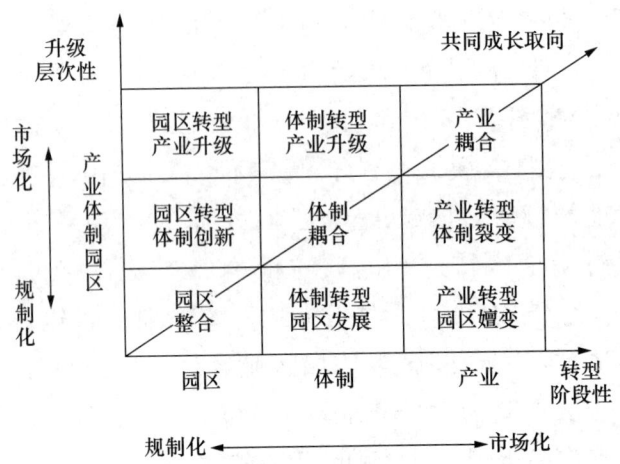

图12-1 经济园区转型升级战略模型

资料来源：戴桂林，张艳蕾. 国家级经济技术开发区战略转型升级模式探讨[J]. 东岳论丛，2011，32（9）：133-138.

我国产业园区与城市的空间关系已经经历了两个阶段，即"孤岛"和"飞地"阶段、产业园区对城市空间影响效应增强阶段，现在已经进入到产业园区与城市空间的融合阶段（郑国，2011），在产业园区成长的过程中，产业园区与母城的关系演进一般可分为起步、成长和成熟三个阶段，也称为母城依赖阶段、新城母城互动阶段、功能与空间整合阶段（冯章献等，2010）。黄禹铭认为，产业开发区是一个城市进行新型工业化和新型城市化建设的发展平台，能够聚集大量的人才、科技和资金，对城市转型升级具有不可忽视的作用，同时，在城市转型升级的过程中，能够有效地推动开发区的产业建设，并主要对开发区在城市转型升级中的作用进行研究（黄禹铭，2015）。

4. 产业园区转型升级发展影响因素研究

产业园区发展至今，学者们一致认为影响产业园区的关键因素包括体制因素、环境因素和产业因素（赖江浩，2010）。产业园区发展受各方面因素影响，国外的研究重点主要分为经济因素、社会因素以及环境因素三个方面。

阮平南等将企业引入机制和可持续发展机制看作影响产业园区可持续发展的因素，这是基于不同类型产业集群及其生成机理分析，并将产业集群生成机理分为经济因素和可持续性因素的结果（阮平南、边元松，2007）。班茂盛等指出，在国家宏观政策调控的背景下，产业园区空间扩展与土地稀缺性矛盾日益突出，解决这一问题的出路就在于提高产业园区土地集约利用的程度（班茂盛等，2007）。1990年以来，我国沿海几个地区开展的工业新城建设虽然促进了该地区经济和空间不断向外扩展，但也造成区域间发展不平衡，空间发展协调度差等一系列问题（杨东峰等，2006）。中国经济技术开发区作为区域乃至全国经济发展的增长极之一，其曾经的带动力有目共睹。随着经济进程的推移，开发区肇始的制度安排弊端暴露，成为其可持续发展的桎梏，亟待转型。一方面，创新驱动作为开发区转型升级的第一推动力发生偏移，产业结构调整凝滞，即升级版的开发区建设遭遇瓶颈；另一方面，开发区经济增长功能长期孤军深入，其结果是区域内城市服务功能短板效应凸显，空间布局失衡，且管治系统"内卷化"。后者又可为前者提供制度解释。韩亚欣、吴非和李华民在课题组调研的基础上，挖掘开发区可持续发展之制约因素，理顺问题逻辑，为开发区实现转型升级推研问题解决逻辑（韩亚欣、吴非、李华民，2015）。

5. 产业园区转型升级发展方式与路径研究

近年来，产业园区土地空间和环境容量逐渐缩减，政策优势不断淡化，再加上金融危机对我国经济的冲击（任海军、王振宙，2010），产业园区转型升级发展迫在眉睫。扈秋宁指出，产学研合作是经济技术产业园区转型升级发展的关键（扈秋宁，2012）。与此同时，吕钟从高端新兴战略产业发展空间的拓展、自主创新科技研发核心能力的培育、科技人才的培养与集聚、城市建设品质的塑造、发展现代服务业以及融入区域一体化发展六个方面探讨了经济技术产业园区转型升级发展方式的对策（吕钟，2012）。张艳把政策的变迁作为我国产业园区转型升级发展方式的最优选择，并认为政策变迁可分为政策继续、政策调整以及政策终结，各类产业园区可根据具体的区情，合理选择政策，实现资源的合理配置（张艳，2009）。汪淳等基于南京经济技术产业园区东区转型升级发展特征，认为产业功能升级与生活功能升级的耦合、企业创新体系与核心竞争力的构建以及本地文化特色的挖掘是产业园区转型升级发展的合理路径（汪淳，2009），并对其做了详尽的分析（见图12-2、图12-3）。

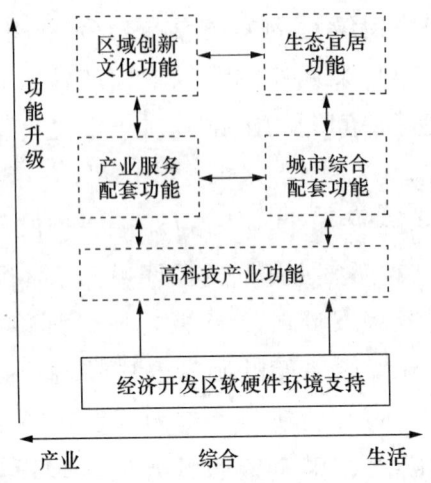

图 12-2　城市综合配套与产业功能升级关系

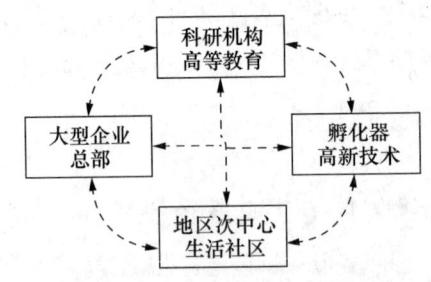

图 12-3　创新体系功能关系

资料来源：汪淳等．开发区转型：从产业集聚空间到综合增长空间 [C]．中国城市规划年会论文集，2009（9）：1536-1544．

在产业园区功能转变趋势研究方面，大多学者认为产业园区向功能区演变，要经历功能开发、功能生成和功能成熟这三个主要阶段（胡彬、郑秀君，2011）。在产业园区实证研究方面，李存芳等基于系统工程的思想，对江苏 123 个省级以上经济产业园区的实地调查与归纳分析，指出其转型升级的有效路径包括产业由低端环节向高端环节转型升级、产业集群向创新集群转型升级、产业园区向新型城区转型升级（李存芳等，2011）。李佐军认为，在目前的经济变局下，产业园区应该向高端化、特色化、集群化、品牌化转型升级（李佐军，2015）；由于内外部环境的变化，我国经济进入了新常态发展阶段，开发区如何转型升级从而继续引领中国经济的发展显得非常重要。生产形式从福特主义向后福特主义演变的理论对开发区转型升级有较大的相关性，我国开发区转型升级应采取功能转型升级、空间发展转型升级、规划转型升级和管理转型升级四种路径（郑宝华，2016）。

6. 新形势下产业园区转型升级趋势研究

随着信息技术的发展，互联网深入人们的工作生活，互联网的作用越来越凸显，它改变了工作与生活方式，打破了人与人之间的隔阂，消除了信息不对称。对于产业园区来说，互联网可以带动园区人才、信息、资金的链接，依托园区链接城市、链接创新、链接服务、链接生活，改造传统产业园区，将互联网资源整合到产业园区里，对园区企业进行服务，颠覆传统的招商模式，创新产业园区服务内容，为产业园区提供了更多的渠道、更全面的信息、更开放的思路，让产业园区自身产生裂变。同时互联网可以将传统产业园区打造成新式产业园区，创造更加便利、更加高效、更加舒适的智慧园区，解决产业园区面临的恶性竞争和同质化严重难题，将资源招商型向品牌经营型转变，将企业集中型向产业集聚型转变，从而实现传统园区向智慧园区成功转变。"互联网＋"产业园区是产业园区2.0版的支撑，是产业园区3.0版和4.0版的基础，也是未来产业园区的发展方向（葛鹏，2016）。

（1）园区初级改造。实现"互联网＋"产业园区，打造智慧园区，是产业园区进行改头换面和转型升级的关键步骤。但是就目前我国产业园区的发展情况和信息化水平来看，我国的产业园区无法一下子进行彻头彻尾的改造，全面转型为智慧园区，需要经过一段时间的过渡。实行"两步走战略"：先成功实现互联网的引入，部分地区先试先行智慧园区建设，后面再全面升级到智慧园区。在前期信息化水平不足的情况下，通过实现"互联网＋"产业园招商、"互联网＋"融资、"互联网＋"综合服务平台和"互联网＋"产业集聚的方式来完成对传统园区的初步改造。构建链条、整合资源，依靠互联网建设的资源平台进行信息的收集，并根据产品技术和市场需要进行数据化分析，帮助企业更清楚地了解市场和技术走向，帮助园区企业专利技术成果转化应用以及设备购置及租赁，节约交易成本（葛鹏，2016）。

通过互联网使企业与资金供给方进行匹配，与各个投资公司以及股权交易中心在平台上建立对接，用挂牌融资的方式来为企业吸引优质资金。同时，互联网既搭建了平台又能提供全方位服务，依靠技术迫使政府实现从管理到服务的角色转变。互联网优势在于融合，产业园区也不再是单一的个体，而应当是聚合的整体,帮助产业园区之间实现协同,避免恶性竞争和同质化,同时又能够发挥集聚效应,让更多的相关产业进入园区,实现产业的集聚效应。

(2) 智慧园区建设。在实现了互联网的顺利引入之后,就要对传统产业园区进行深入改造,建设智慧园区。智慧园区实际上是更进一步的"互联网+"产业园区,是互联网和产业园区的完美结合。智慧园区是涉及多种技术、应用于多个领域、服务于多个对象的多维立体的复杂系统,总体以园区所掌握的人才资源、技术资源、资金资源为基础条件,以面向"公共管理、基础配套、经济发展、生态保护、安全保障、社会服务"等领域的六位一体园区为总体布局,以云计算、物联网和泛在网络为技术支撑而建立起来的具备自我组织、自我运行、自我优化能力的智能发展空间。智慧园区的发展路径,主要分为要素驱动阶段、技术驱动阶段、创新驱动阶段三个阶段。当前,我国大多数智慧园区都处于要素驱动向技术驱动转型的阶段,还处于智慧园区发展的初期。

智慧园区的建设,需要更高层次的信息技术要求,对智慧园区的信息技术建设的实现需要对感知层、网络层、应用层及数据层四个方面信息技术的实现。需要通过建立基本的通信网络、互联网络和物联网络等方面支持。因此建设智慧园区需要一定的基础,就我国目前的发展情况来看,智慧园区建设还相对滞后,信息化程度不高,很难短时间内在全国铺开,在实现互联网的引入之后,还需要做进一步铺垫和补充。

伴随着国内智慧城市建设步伐的加快,虽然有部分地区产业园区开始投身于智慧园区建设,如苏州工业园区和上海漕河泾工业园区等,但是仍然存在一系列问题:园区信息化建设和管理水平参差不齐;条块分割、缺乏统筹规划;园区信息化管理体系尚不成熟;信息化意识不强等。因此,今后我国在智慧园区建设方面应该进行有针对性的组织协调,建立政府引导、市场运作的推进机制;逐步加大政府政策支持力度;推动标准规范的制定和实施,促进园区信息化水平的提升;加大宣传、培训力度,不断提升园区信息化认识,为之后全面推行的智慧园区建设奠定基础(葛鹏,2016)。

(3) 新常态下我国产业园区升级的思考与建议。李柏峰认为,国家经济技术开发区历经30多年的发展,已逐渐成为我国区域经济发展中的重要载体,充分发挥了重要的窗口、示范和辐射带动作用。当前,我国经济增速放缓,从高速增长转向中高速增长;增长动力转换,从要素投资驱动转向创新驱动。国家开发区传统的发展理念、产业战略和管理模式已逐渐不适应新时期的要求,面临着创新发展、转型升级的急迫需求和重大挑战。李柏峰通过总结知名工业开发区与科技园区的转型升级和创新发展的经验,针对性地提出了国家开发区创新发展和转型升级的有效路径（李柏峰,2016）。雷军认为,随着我国经济全面进入新常态,对开发区转型升级提出了更加迫切的要求。以西安渭北工业区为例分析了其主要做法及取得的主要成就。为进一步加快开发区转型升级,从推进体制机制创新、树立市场主导原则、提升招商引资水平、加强土地集约节约利用、拓展融资渠道、增强创新驱动能力六个方面提出了对策建议（雷军,2015）。

二、众创空间的研究进展

1. 众创空间的基本内涵

"众创空间"是 2014 年开始出现的,很快引起中央有关领导的关注,时至今日仍是热度不减的政策热词。近年来,随着国家把众创空间作为实施国家创新驱动发展战略的重要平台,我国众创空间的数量出现井喷式增长,众多类型、不同层次、多种形式的众创空间成为各地培育新经济的主战场。科技部作为全国众创空间的业务指导单位,于 2015 年 9 月 8 日出台了《发展众创空间工作指引》,该文件将众创空间界定为"顺应新一轮科技革命和产业变革新趋势、有效满足网络时代大众创新创业需求的新型创业服务平台"。毛大庆（2016）认为,众创空间是利用自身丰富的社会资源,为创业者提供包括工作空间、网络空间、交流空间和资源共享空间在内的各类创业场所,为创业者提供低成本、便利化、全要素的创业服务平台。低成本是众创空间追求的最基本目标。正是这种追求导向,众创空间都是以各种形式的联合办公环境存在,为创客和初创企业集聚提供了实用的载体。无论是专家、企业界人士还是政府官员都将众创空间视为针对早期创业的重要服务载体,但在现实中,众创空间往往又被地方政府当作科技孵化器来支持。跟过去的产业园区不同,众创空间是多维度的空间聚合体,包括工作空间、网络空间、社交空间、资源共享空间等,是由各类功能不同的空间共同构成的创业创新生态。同时,众创空间又承担着中介服务的功能,如创业培训、创业辅导、创业融资、创业法务、企业工商注册、知识产权交易等。由于国内"众创空间"出现得比较晚,因而相关的研究仍处于起步阶段,难以满足社会实践的需要。

2. 创业创新的微观集聚机制

众创空间之所以能够出现并在全球范围内加速扩散,其背后机制值得深入探究。但无论是从创新地理学还是从集聚经济学的视角出发,我们都可以找到众创空间存在的理论依据。一方面,经验研究表明,创业创新活动比较活跃的地方往往又是高素质人才分布比较密集的地区(AnnaLee Saxenian,1996),如硅谷、128公路等,因为这些地方的知识溢出效应较强,足以抵消集聚带来的额外成本。另一方面,也有学者研究发现,产业集聚的地方有较大的可能性出现创新创业行为(Martin Andersson、Johan P. Larsson,2016),例如,许多企业诞生在专业集群中,因为集群有利于降低企业可能遇到的生存风险。早在100多年前,马歇尔曾就产业专门化与集聚现象做过比较精辟的论述,他认为,产业投入—产出间的关系、知识的溢出效应和劳动力池的存在是产业集聚的源泉(Marshall,1890)。20世纪90年代以来,新经济地理学的出现推动了这个领域的研究,经济学家们都试图打开产业集聚的"黑箱"(Krugman,1998)。虽然理论尚未十足完美,但这些理论可以为众创空间的崛起提供较强的理论解释。Edward L. Glaeser 和 Joshua D. Gottlieb(2009)把马歇尔的三个假说简化地概括为产品运输成本集约、劳动力移动成本节约和知识流动成本节约,他们认为,三种成本节约使城市成为经济活动高度集聚的空间。从这个视角去看,众创空间可以为创业者提供共享的基础设施、知识分享的机会以及与投资者形成更有成效的互动。Gilles Duranton 和 Diego Puga(2004)将经济活动微观集聚机制归纳为分享、匹配和学习三个机制,如果将这些机制用于解释众创空间集聚现象,我们就可以这样理解,双创人才高度集中有利于缩短知识信息的分享成本,提高创业创新基础设施服务利用效率;同时又由于匹配机制的作用,众创空间可以通过个性化定位、差别化规则和订制化服务与不同创业团队实现对接或组合,从而形成良性互动的关系;学习效应的存在使得众创空间更容易对不同人群产生吸引力,促进多样化知识的流动和转化。跟过去那种第一个吃螃蟹的创业家带来的示范带头效应、知识溢出效应和社会网络效应相比,众创空间是创业家高度集中的地方,它更像一个创业孵化器,不会存在明显的创业梯度示范效应。此外,如果从互联网的视角来看,众创空间具有平台经济的典型特征,它把各种创新创业相关的要素和功能聚合到一个虚实结合、功能多样、互动分享的平台上,以此吸引众多创业者集聚,使他们从中收获成功的机会。如果跟分散式创业相比,依托众创空间而形成的高度集中式创业,其成功概率较高。

3. 我国众创空间发展现状

我国众创空间发展历时较短,但数量较大,出现了专业服务型、培训辅导型、媒体延伸型、投资促进型、综合生态型、联合办公型等类型的众创空间(毛大庆,2016),同时以特色小镇、高新区等较大空间为依托的众创空间呈现全国范围的扩散状态。据不完全统计,我国各地众创空间的数量已经超过上千家,其中有超过百家的众创空间被列为"国家级科技企业孵化器",相当数量的众创空间得到各级政府的财政资助和政策支持。北京、上海、深圳、成都、重庆、武汉、杭州、厦门等城市是我国众创空间分布比较集中的地方,其中,北京、上海等城市还成立了众创空间联盟。北京中关村创业大街是我国众创空间的样板,创新工场、优客工场、3W 咖啡、车库咖啡、黑马会等众创空间已探索形成各具特色的商业模式。

各级政府的利好政策是推动众创空间全面扩张的主要原因。在国家层面,2015 年 3 月,国务院办公厅出台了《国务院办公厅关于发展众创空间推进大众创新创业的指导意见》,时隔近一年,又出台了《国务院办公厅关于加快众创空间发展服务实体经济转型升级的指导意见》;与之相配套,2015 年 9 月,科技部出台了《发展众创空间工作指引》,为进一步开展众创空间认定工作做准备;2016 年 7 月,科技部又出台了《专业化众创空间建设工作指引》,从 2016 年 7~8 月先后公布了三批共 1218 家众创空间。在地方层面,为了尽快形成品牌效应,各地都纷纷编制了众创空间发展规划和出台相应的支持政策(范海霞,2015),如《"创业中国"中关村引领工程(2015~2020 年)》、《"创业浦江"行动计划(2015~2020 年)》、《东湖国家自主创新示范区关于建设创业光谷的若干意见》、《创业青岛千帆启航工程实施方案》、《厦门市人民政府关于发展众创空间推进大众创新创业的实施意见》等。在地方政策的强力推动下,毛大庆(2016)、汤小芳(2015)等经过调查研究发现,跟欧美发达国家的众创空间相比,我国众创空间仍处于低水平的数量扩张阶段,相当大比重的众创空间缺少自生能力,高度依赖各级政府的财政补贴和优惠政策,不能有效地发挥创业创新载体的作用,有些众创空间逐渐沦为企业变相圈地或套取政府补贴的工具。

三、新工业革命对产业空间布局的影响研究

当前以新一代信息技术、新材料、生命科学为代表的新一轮科技革命和产业变革正在兴起。对新工业革命的提法最早出现在 2012 年 4 月英国 Economist 杂志刊出的以"第三次产业革命"为题的特别报道,三次工业革命分别是:开始于 18 世纪晚期英国纺织工业的第一次产业革命中,机械化使纺织工厂替代了家庭作坊,随后机器生产取代手工制作蔓延至整个世界;第二次产业革命始于 20 世纪早期的美国,福特的流水线生产方式开启了大规模生产(福特制)时代;目前方兴未艾的则是第三次产业革命,以制造业的数字化为主要标志。此后出现大量关于新工业革命的研究,尽管对新工业革命的称呼和分类不同(如第三次工业革命、第四次工业革命、新一轮产业革命等),但多是从生产方式变革的角度对工业革命进行划分。

无论是工业革命也好、技术革命也好,也无论是第三次工业革命也好、第四次工业革命也好,其背后的推动力都是一组在国民经济各个行业有望被广泛应用并产生深刻影响的新的"通用目的技术",主要包括云计算、大数据、物联网、3D 打印、虚拟现实(增强现实/混合现实)、机器人、人工智能、基因工程、新材料等,这些新技术有的已经比较成熟并进入快速推广阶段(如云计算、大数据),有的仍然在实验开发或市场摸索阶段。这些新技术不仅会改变未来的产业内容、生产方式、商业模式和产业业态,而且也会对产业的空间布局产生深远的影响。

1. 通信技术与"地理终结"

通信技术与交通技术一样,是一种能够克服时空障碍的"空间压缩"技术,两者的发展使原材料和产品具有了前所未有的流动性,市场空间得到极大的扩展(迪肯,2007)。Harvey(1989)指出,空间压缩技术可以缩小时空距离,实现"以时间消灭空间"。空间压缩技术促进了商品和服务的生产者和消费者之间的空间分离,同时也促进了生产过程(商品链)的不同

环节在国内或国际尺度上的分离（尼尔·寇等，2012）。空间压缩技术所影响的不仅是制造业，服务业的空间分离也成为可能，金融服务、通信、运输、医疗健康和公共事业已大量采取离岸服务（尼尔·寇等，2012）。刘卫东（2002）是国内较早研究互联网对产业布局影响的学者。他认为，尽管互联网的应用的确使部分"软"产业的区位不再受制于地理条件，但也使传统的"硬"产业区位更加复杂。对市场的快速反应和快捷配送是互联网时代企业空间组织的主要影响因素，前者使制造业（特别是整装厂和零部件厂）的集聚有可能成为一种趋势，而后者则要求接近消费地的生产分散化。生产的空间网络和物流的空间网络之间也是相互作用和相互影响的，一定条件下，一方可以决定另一方空间结构的发展。

尽管互联网等信息技术可以克服地理的局限，使生产活动形成去中心化和空间分散化的趋势，但是"地理终结"并没有成为现实，例如，全球金融业的整体地理格局几乎没有变化（尼尔·寇等，2012），创新几乎总是分布在城市，城市的发展也依然迅速（罗斯，2016）。罗斯（2016）认为，这是因为城市具有更为优越的基础设施（数据基础设施和大数据应用日益重要），会带来经济的外部溢出效应，允许思想、劳动力和资本快速、高效地流动，从而市场更加专业化，人尽其才、物尽其用。迪肯（2007）也指出，高精尖通信技术的进步使知识以前所未有的速度扩散到前所未有的范围，但是知识积累仍然有很大的地理差异，任何知识都是在特定地方产生，经常也是在当地得到运用和发展。他从知识性质的角度对知识创新和传播过程中的"地方性"给出了解释。知识分为可以通过文件、蓝图、软件、硬件等正式方式表达的符号化的显性知识与难以通过正规方式明确表达和传递的隐性知识，交通和通信技术的发展使得符号化的知识传递到越来越远的地方，但是隐性知识要求直接的经验和互动，在很大程度上依赖于（但不完全取决于）空间临近性，因此它的传播比显性知识难得多。汪明峰和李健（2009）的研究也发现，新的信息和通信技术使得信息商品可以用很低的组织和边际成本销往全球市场，产生新的区位形式。尽管信息技术在一定程度上可以消除地理空间距离，但集中和扩散的力量同时存在，全球产业仍然朝着集聚发展。信息技术推动产业集群呈现虚拟化的趋势，一种是原有产业集群被信息化基础设施（如电子物流平台、虚拟保税区等）连接起来，另一种则是克服了区域产业集群的地域限制，将全球相关业务和组织的核心能力集成起来，即用关系上的临近性替代了地理上的临近性。

2. 新工业革命与产业布局的变化

由于学术界对新工业革命的研究视角不同，因此不同的学者分别从分布式能源、生产活动的分散化、云制造以及全球化制造等方面研究了新工业革命对产业布局的影响。

里夫金（2012）在《第三次工业革命：新经济模式如何改变世界》一书中，从通信技术与能源结合的角度划分了三次工业革命：第一次工业革命——印刷术+以煤炭为动力的蒸汽机；第二次工业革命——电信技术+燃油内燃机/电气化；第三次工业革命——互联网信息技术+可再生能源。他指出，可再生能源的转变、分散式生产、储存（以氢的形式）、通过能源互联网实现分配和零排放的交通方式构成了新经济模式的五个支柱。与传统能源生产的高度集中化相比，分布式可再生能源系统下，每一栋建筑都可以成为就地生产可再生能源的微型发电厂，自用富余的电力可以就地储存或被传输上电网。这实际上就是新一代信息技术对产业布局的改变。

在《零成本社会》一书中，里夫金指出："物联网把这个集成世界网络中的所有人和物连接起来。物联网平台的传感器和软件将人力、设备、自然资源、生产线、物流网络、消费习惯、回收流以及经济和社会生活中的各个方面连接起来，不断为各个节点（商业、家庭、交通工具）提供实时的大数据。反过来，大数据也将接受先进的分析，转化为预测性算法并编入自动化系统，进而提高热力效率，大幅提高生产率，并将整个经济体内生产和分销商品或服务的边际成本降至趋近于零。"尽管他关注的重点是由于技术和基础设施嬗变造就的物联网革命所形成的零边际成本社会，但是他所描述的未来趋势也反映出新工业革命对产业布局的影响。每个人都成为产消者（既生产又消费自己的产品），他们生产绿色电力、参与开源软件的开发和维基百科的编辑、分享教学视频（慕课），甚至通过3D打印机自己加工制造实物产品。这些新的生产现象一方面体现为在生产管理上的去中心化，另一方面也反映生产活动在空间上的分散化趋势。

全球顶级的3D打印专家利普森和库曼（2013）认为，以规模经济为基础的大规模生产仍然是一个以专业活动为中心的、集中的流程，生产主要集中在工厂，产品设计主要集中在专业公司。但是依靠计算机和3D打印机，由众多分散消费者参与的社会化生产成为可能，无须厂房，在办公室或家中就能够将产品的数字模型文件转变为实物产品，而且无数拥有3D打印机的个人或小型企业通过分工协作构成的"云制造"网络将能够生产更加复杂的产品。云制造是一种替代大规模生产的方案，是由小规模、分布式节点组成的超大规模网络的分布式系统。张凤超和韩海雯（2013）认为，智慧"云"作为制造业产业链的决策主体之一，其决策权力不仅渗透到产品研发、产品计划、产品制造、产品测试等业务环节，还触及了产业链构建和动态调整的制度层面。云制造模式能够通过组织柔性、决策柔性、计划柔性、生产柔性、产品柔性，可以实现区域目标市场的快速渗透，即便远离中心城市和工业区的企业也有机会凭借机能整合能力成为工业生产链条的核心企业，小批量的开源生产有助于动员和整合较为偏远的资源要素，即便地处偏远的劳动者也能够凭借专业知识、劳动条件和生产能力契入柔性的工业生产链条。这意味着城市逆膨胀化发展成为可能，分散式"众核型"城市发展空间模式有助于实现区域均衡与城市健康的良性互动发展。

科伦（2015）在《全球化制造革命》一书中从不同的视角看待第四次工业革命。他认为，在消费品制造中可以分为四种主要的制造模式，即手工生产、大量生产、大规模定制、由全球化驱动的个性化生产和区域化生产。①手工生产模式：精确地生产符合客户要求的产品，通常就是按照需求一次生产一件独一无二的产品。其特征包括：产品品种多，因为每一种产品都是根据订单生产的；每一种产品的产量极低；拉动式商业模式，即销售—设计—制造；高技能的劳动力；通用机床完成所有的加工操作。②大量生产模式：以极大批量生产同一种产品。这种模式的原理是：产品品种有限但产量巨大的生产方式降低了生产成本，从而使产品价格下降，产品价格的降低增加了客户的需求和销售。其特征包括：生产的产品种类非常有限；每种产品的产量很大；推动式商业模式，即设计—制造—销售；专用机械和装配流水线；相对低技能的劳动力。③大规模定制模式：目标是以较低的成本来生产多品种产品。它不是像手工生产时期那样生产独一无二的产品，而是开发一套实用的产品变形选项添加到大量生产的产品系统中。柔性制造系统是大规模定制的基础，包括能够快速从一种产品类型的生产转换到另一种产品类型生产的计算机数控机床、计算机控制处理设备以及焊接和装配机器人。④全球化制造模式是下一代制造模式，呈现个性化生产趋势和区域化生产趋势两个趋势。个性化生产商业模式以接近大量生产的成本，从给定模块中选取组件，及时地按订单生产定制产品，通过完全符合消费者对产品的需求来增加销量。个性化生产要求交货时间短，因此适合国内生产（可以使生产从低工资国家转移到产品销售国)。区域性生产是产品按照面向全球市场的理念进行设计,并且面向许多特定地区进行区域定制设计。全球化制造模式的技术是信息技术和互联网、可重构生产系统、高度的模块化,而这些基本都是新一轮工业革命所涉及的通用目的技术,因此个性化生产和面向区域的定制也可以看作新工业革命对产业布局产生的影响。

3. 互联网对国内产业布局的影响

曹璐(2016)研究了电商平台对村镇发展的影响。与农村、农业相关的电商服务平台总体上可以分为两类:一类关注于如何帮助农村将各类工农产品卖出去,另一类关注如何帮助企业将各类生活用品卖到农村。他认为,在宏观层面,互联网平台可能会使东中西部乡村地区的差异进一步扩大;在中观层面,短期内不会使传统乡村空间格局发生颠覆性改变;在中微观层面,县域乡村空间体系趋于扁平化。

陈国亮和唐根年(2016)提出,互联网技术的发展克服了物理时空约束,使第二产业和第三产业互动发展呈现出与工业经济时代迥异的模式。他们将第二产业和第三产业空间非一体化演化过程分为空间分异、空间自选择和空间网络化发展三个阶段,演化动力则对应地理租金、连接租金和网络租金。他们利用1994~2014年长江三角洲地级市和县级市数据的实证研究发现,在互联网的驱动下,第二产业和第三产业因争夺重叠资源而出现"挤出效应",空间结构从工业经济时代的"中心—外围"向互联网时代的空间匀质性转变。互联网总体上能促进第二产业和第三产业空间非一体化发展,但存在行业异质性,部分生产性服务业与制造业更适合空间一体化发展,而第二产业和第三产业空间非一体化的空间边界从工业经济时代的80~200公里向边界模糊转变,目前长江三角洲地区正处于空间自选择向空间网络化发展的过渡阶段。

四、智能制造的发展与企业组织模式的重构

1. 智能制造的内涵与特点

(1)智能制造的内涵。智能制造并不是一个新概念。在1988年于美国

出版的 P. K. Wright 和 D. A. Bourne 的 *Manufacturing Intelligence* 一书中，智能制造是利用集成知识工程、制造软件系统及机器人视觉等技术，在没有人工干预条件下智能机器人独自完成小批量生产的过程。自美国提出智能制造的概念后，很多国家开始关注和重视智能制造的研究。1989 年，制造业处于全球竞争优势鼎盛时期的日本提出了"智能制造系统"计划，1990 年日本原通产省（MITI）发起组织了一个国际合作研究项目——智能制造系统（IMS）的研究，由日本及欧美等主要工业化国家共同参加，共投资 10 亿美元，其中，日本占 60%。① 该计划从 1992～1994 年进行可行性研究，建立了六项由工业界主导的"可行性国际合作测试案例"，包括流程工业洁净制造、全球化制造同步工程、21 世纪全球化制造、全方位制造系统、快速产品开发、知识系统化等智能系统，重点研究开发了全球化制造、下一代制造系统、全能制造系统等技术。

我国对智能制造的研究几乎与发达国家同步，1993 年，国家自然科学基金重大项目就研究了"智能制造系统关键技术"。到 1999 年，又开展了"支持产品创新先进制造技术若干基础性研究"。按照当时的技术水平和对智能制造的认识，我国学者提出了智能制造的定义。宋天虎（1999）认为，智能制造未来应该包含对工作环境的自动识别和判断，对现实工况做出快速反应，制造与人和社会的相互交流。杨叔子和吴波（2003）认为，智能制造系统通过智能化和集成化的手段来增强制造系统的柔性和自组织能力，提高快速响应市场需求变化的能力。熊有伦等（2008）认为，智能制造的本质是应用人工智能理论和技术解决制造中的问题，智能制造的支撑理论是制造知识和技能的表示、获取、推理，而如何挖掘、保存、传递、利用制造过程中长期积累下来的大量经验、技能和知识是现代企业亟须解决的问题。上述概念主要强调工厂内部系统智能化缺乏互联网思想。

近年来，随着新一代信息技术的突飞猛进，智能制造的概念向互联网延伸，其内涵不断深化和拓展。工信部在《2015 年智能制造试点示范专项行动实施方案》中对智能化给出了更为全面的描述，即"智能制造是基于新一代信息技术，贯穿设计、生产、管理、服务等制造活动各个环节，具有信息深度自感知、智慧优化自决策、精准控制自执行等功能的先进制造过程、系统与模式的总称。具有以智能工厂为载体，以关键制造环节智能化为核

---

① 雷源忠. 21 世纪的制造技术——智能制造系统 [J]. 中国机械工程，1992（2）.

心,以端到端数据流为基础,以网络互联为支撑等特征,可有效缩短产品研制周期、降低运营成本、提高生产效率、提升产品质量、降低资源能源消耗"。这也是目前国内关于智能制造比较统一、明确的一个定义(吕铁、韩娜,2015;默言,2015)。该定义明确了智能制造的概念包含"过程、系统、模式"三个层次,以"信息深度自感知、智慧优化自决策、精准控制自执行"为功能特征,通过网络互联打通端到端数据流,从关键制造环节和工厂两个层面实现智能化。

(2)智能制造的特点。德勤的研究报告中将智能制造的特点做了比较全面的总结,分为生产纵向整合及网络化、价值链横向整合、全生命周期数字化、技术应用指数式增长四个方面;同时指出,它们也是制造企业能借助技术取得革命性突破的契机所在。

1)智能生产系统纵向整合及网络化。网络化的生产系统利用信息物理系统(Cyber-Physical Production Systems,CPS)实现工厂对订单的需求、库存水平变化以及突发故障的迅速反应。CPS 帮助智慧工厂进行自我管理,并实现生产的定制化和个性化。这要求数据的充分整合,并要求智能传感技术和自动化系统的协助。

2)全球价值链的横向整合。与生产系统网络化相似,全球或本地的价值链网络通过 CPS 相连接,囊括物流、仓储、生产、市场营销及销售,甚至下游服务。任何产品的历史数据和轨迹都有据可查,形成了一个透明的、可以实时优化的价值链网络——从采购到生产再到销售,或从供应商到企业再到客户。客户定制不仅可以在生产阶段实现,还可以在开发、订单、计划、组装和配送环节实现。

3)全生命周期数字化。数字化制造贯穿整个价值链和产品生命周期。实现产品从开发设计到生产的无缝融合,使产品开发和生产系统产生新的协同效应。在这一过程中,企业可以获取产品生命周期每个阶段的数据,用于制定更具柔性的生产流程。

4)技术应用的指数式增长。智能制造要求系统具有高度认知能力和高度自控能力。人工智能、机器人技术、传感技术将进一步提高系统的自动化能力,并加速大规模定制化。人工智能不仅可以使工厂和仓库的无人传送更灵活有效,节约供应链管理成本,增加数据分析和生产的可靠性,还可以帮助企业发现设计及建造的新方案,亦可加强人—机进行服务的协同作用。

2. 智能制造下的企业价值链空间布局的重构

智能制造通过装备智能化、设计数字化、生产自动化、管理现代化、营销服务网络化来提升产品质量，创造新的附加价值。借助传感器、物联网、大数据、云计算的运用，智能制造实现了设备与设备、设备与工厂、各工厂之间无缝对接，企业可以根据客户多样化、个性化的需求进行柔性生产，并实时监控分散在各地的生产基地，降低了个性化定制产品的成本，缩短了产品的上市时间。同时，生产制造过程中的不确定因素也变得更加"透明化"，企业从反应型制造转变为预测型制造。智能制造不仅改变了传统的生产模式和商业模式，而且使传统价值链不可避免地出现破碎与重构。

客户从产品企业价值链的终点变为起点，成为设计、研发、生产的源头。社交网上出现了由个体组成的"虚拟工厂"，个人能够通过在线交流进行产品的研发、设计、筛选和完善。

企业组织结构趋于扁平化、柔性化。信息技术的高速发展，网络平台的构建，传统的高度集权的、自上而下的"金字塔"式层级结构，诸如直线制、职能制、事业部制、矩阵制等组织结构，正在被以客户需求为导向、开放组织边界、具有扁平化、"去中心化"、合作、共享、互动特征的、更加富有弹性的企业组织结构所取代。

工厂制造转向社会制造，产能呈现出分散化趋势。信息技术的飞速发展将大量物质流数字化为信息流，除必要的生产资料和产品外，生产组织中的各个环节可被无限细分，企业主导生产和创新的模式面临转型，生产方式呈现出碎片化和社会化制造趋势（李善同、黄群慧，2016）。

制造企业可以在线生产所需要的各种制造服务，实现生产要素的优化配置。智能制造生产商不仅提供产品或"产品+附加服务"，而且提供"一揽子"的"产品服务包"，角色由产品提供者转变为服务提供者。

传统的大型企业集团掌控的供应链主导型将向产业生态型演变，平台技术以及平台型企业将在产业生态中展现出更多的作用。因此，企业竞争战略的重点将不再是做大规模，而将是智能化的供应链管理，在不断变化的动态环境中获得和保持动态的供需协调能力（王喜文，2015）。

3. 智能制造的典型模式与案例

智能制造是制造业数字化、网络化、智能化，即把制造技术、智能科学技术、新一代信息技术、专业应用技术融合应用于制造领域全生命周期里，包含很多模式，比较典型的有离散型智能制造、流程型智能制造、网络协同制造、大规模个性化定制、远程运维服务。

对离散型制造业（包括机械、航空、航天、汽车、船舶、轻工、服装、医疗器械、电子信息等）而言，产品往往由多个零部件经过一系列不连续的工序装配而成，其过程包含很多变化和不确定因素，在一定程度上增加了离散型制造生产组织的难度和配套复杂性。企业常常按照主要的工艺流程安排生产设备的位置，以使物料的传输距离最小。面向订单的离散型制造企业具有多品种、小批量的特点，其工艺路线和设备的使用较灵活，因此，离散型制造企业更加重视生产的柔性，其智能工厂建设的重点是智能制造生产线。

流程型制造业（包括石油开采、石化化工、钢铁、有色金属、稀土材料、建材、纺织、民爆、食品、医药、造纸等）的特点是管道式物料输送，生产连续性强，流程比较规范，工艺柔性比较小，产品比较单一，原料比较稳定。对于流程型制造业而言，由于原材料在整个物质转化过程中进行的是物理化学过程，难以实现数字化，而工序的连续性使得上一道工序对下一道工序的影响具有传导作用，即如果第一道工序的原料不可用，就会影响第二道工序。因此，流程型制造业智能工厂建设的重点在于实现生产工艺的智能优化和生产全流程的智能优化，即智能感知生产条件变化，自主决策系统控制指令，自动控制设备，在出现异常工况时，即时预测和进行自愈控制，排除异常，实现安全优化运行；在此基础上，智能感知物流、能源流和信息流的状况，自主学习和主动响应，实现自动决策。

典型案例：

三一重工的18号厂房是总装车间，有混凝土机械、路面机械、港口机械等多条装配线，通过在生产车间建立"部件工作中心岛"，即单元化生产，将每一类部件从生产到下线所有工艺集中在一个区域内，犹如在一个独立的"岛屿"内完成全部生产。这种组织方式，打破了传统流程化生产线呈直线布置的弊端，在保证结构件制造工艺不改变、生产人员不增加的情况下，实现了减少占地面积、提高生产效率、降低运行成本的目的。目前，三一重工已建成车间智能监控网络和刀具管理系统、公共制造资源定位与物料跟踪管理系统、计划、物流、质量管控系统、生产控制中心（PCC）中央控制系统等智能系统,还与其他单位共同研发了智能上下料机械手、基于DNC系统的车间设备智能监控网络、智能化立体仓库与AGV运输软硬件系统、基于RFID设备及无线传感网络的物料和资源跟踪定位系统、高级计划排程系统(APS)、制造执行系统(MES)、物流执行系统(LES)、在线质量检测系统(SPC)、生产控制中心管理决策系统等关键核心智能装置,实现了对制造资源跟踪,生产过程监控,计划、物流、质量集成化管控下的均衡化混流生产(杨春立,2016)。

网络协同制造打破时间、空间的约束,通过互联网络,使整个供应链上的企业和合作伙伴共享客户、设计、生产经营信息。从传统的串行工作方式,转变成并行工作方式,从而最大限度地缩短新品上市的时间,缩短生产周期,快速响应客户需求,提高设计、生产的柔性。通过面向工艺的设计、面向生产的设计、面向成本的设计、供应商参与设计,大大提高了产品设计水平和可制造性以及成本的可控性。有利于降低生产经营成本,提高质量,提高客户满意度。

大规模个性化定制是根据客户的个性化需求,以大批量生产的低成本、高质量和效率提供定制产品和服务的生产方式。在家电、服装、家居等距离用户最近的消费品制造领域,侧重通过互联网平台开展大规模个性定制模式创新。一是推进个性化定制生产,引入柔性化生产线,搭建互联网平台,促进企业与用户深度交互、广泛征集需求,基于需求数据模型开展精益生产;二是推进设计虚拟化,依托互联网逆向整合设计环节,打通设计、生产、服务数据链,采用虚拟仿真技术优化生产工艺;三是推进制造网络协同化,变革传统垂直组织模式,以扁平化、虚拟化新型制造平台为纽带集聚产业链上下游资源,发展远程定制、异地设计、当地生产的网络协同制造新模式。

典型案例:

在服装行业,红领集团率先实现大规模定制化,其自主研发的个性化定制平台——C2M,通过"客户交互系统"和"自主研发系统",使红领超越了简单的定制或半定制,真正实现了全定制,客户可以完全自主设计,从而形成了"一人一款"的专属定制。

在家居行业,尚品宅配根据顾客的身材和喜好进行从款式设计到构造尺寸的全方位个性定制。其具有的高度智能化的生产加工控制系统，能满足消费者个性化定制所产生的特殊尺寸与构造板材的切削加工需求。

在家电行业，京东与 TCL 合作，开启首款定制空调预约活动，引领家电 C2B 定制步入新阶段，这意味着消费者不再只是单纯的消费方，同时也是设计方；电商和制造企业也不再只是单纯的供销关系，而是可以让电商作为制造企业的需求反馈平台。

在汽车行业，奥迪在华率先进军个性化定制市场，目前个性化订单比例已经占到 20% 以上；徐工"私人定制"自卸车再获批量订单，凭借着良好的操作性和稳定性、高性价比等优势，成为了徐工汽车公司在非洲地区的主打热销产品。

远程运维服务模式通过建立标准化信息采集与控制系统、自动诊断系统、基于专家系统的故障预测模型和故障索引知识库，实现装备（产品）远程无人操控、工作环境预警、运行状态监测、故障诊断与自修复；通过建立产品生命周期分析平台、核心配件生命周期分析平台、用户使用习惯信息模型，智能装备（产品）提供健康状况监测、虚拟设备维护方案制定与执行、最优使用方案推送、创新应用开放等服务。

典型案例：

广州数控通过利用工业以太网将单元级的传感器、工业机器人、数控机床以及各类机械设备与车间级的柔性生产线总控制台相连，利用以太网将总控制台与企业管理级的各类服务器相连，再通过互联网将企业管理系统与产业链上下游企业相连，打通了产品全生命周期各环节的数据通道，实现了生产过程的远程数据采集分析和故障监测诊断。

参 考 文 献

[1] Ali Pak, Farhad Majd. Integrated Coastal Management Plan in Free Trade Zones, a Case Study [J]. Ocean & Coastal Management, 2011 (54):

129 – 136.

[2] Anna Lee Saxenian. Regional Advantage: Culture and Competition in Silicon Valley and Route 128 [M]. Harvard University Press, 1996.

[3] Edward L. Glaeser, Joshua D. Gottlieb. The Wealth of Cities: Agglomeration Economies and Spatial Equilibrium in the United States [J]. Journal of Economic Literature, 2009, 47 (4): 983 – 1028.

[4] Harvey D.. The Condition of Postmodernity [M]. Oxford: Blackwell, 1989.

[5] Marshall A.. Principles of Economics [M]. London: Macmillan, 1890.

[6] Martin Andersson, Johan P. Larsson. Local Entrepreneurship Clusters in Cities [J]. Journal of Economic Geography, 2016 (16): 39 – 66.

[7] Paul Krugman. Space: The Final Frontier [J]. The Journal of Economic Perspectives, 1998, 12 (2): 161 – 174.

[8] Wright P. K., Bourne D. A.. Manufacturing Intelligence [M]. Addison Wesley, 1988.

[9] 白雪洁等. 我国主要国家开发区的运行效率及提升路径选择[J]. 中国工业经济, 2008 (8): 26 – 35.

[10] 班茂盛等. 国内外开发区土地集约利用的途径及其启示[J]. 世界地理研究, 2007, 16 (3): 45 – 50.

[11] 彼得·迪肯. 全球性转变——重塑21世纪的全球经济地图[M]. 北京: 商务印书馆, 2007.

[12] 曹璐. 从淘宝村到"互联网+", 是否将改变中国乡村空间格局? [J]. 小城镇建设, 2016 (6): 74 – 77, 86.

[13] 曾刚, 赵建吉. 上海浦东模式研究[J]. 经济地理, 2009, 29 (3): 357 – 362.

[14] 曾刚. 基于生态文明的区域发展新模式与新路径[J]. 云南师范大学学报（哲学社会科学版）, 2009, 41 (5): 33 – 43.

[15] 戴桂林, 张艳蕾. 国家级经济技术开发区战略转型升级模式探讨[J]. 东岳论丛, 2011, 32 (9): 133 – 138.

[16] 德勤会计师事务所. 迎接智能制造企业数字化转型新契机[EB/OL]. http://www.idnovo.com.cn/news/show.php? itemid = 19071, 2015 – 05 – 08.

[17] 范海霞. 各地众创空间发展政策比较及启示 [J]. 杭州科技, 2015 (3):

55-57.

[18] 冯章献. 中心城市极化背景下开发区功能转型与结构优化[J]. 城市发展研究, 2010, 17 (1): 5-8.

[19] 葛鹏. "互联网+"引领我国传统产业园区转型升级[N]. 中国经济时报, 2016-05-31.

[20] 韩亚欣, 吴非, 李华民. 中国经济技术开发区转型升级之约束与突破——基于调研结果与现有理论之分析[J]. 经济社会体制比较, 2015 (5): 150-163.

[21] 胡彬, 郑秀君. 开发区功能演化与职能职责重构[J]. 改革, 2011 (8): 62-68.

[22] 胡迪·利普森, 梅尔·芭库曼. 3D打印: 从想象到现实[M]. 北京: 中信出版社, 2013.

[23] 扈秋宁. 产学研合作是经济技术开发区转型发展的关键[J]. 中国科技产业, 2012 (10): 44-46.

[24] 黄禹铭. 开发区在城市转型升级中的作用研究[J]. 中国商论, 2015 (4): 108-110.

[25] 季宏, 张小晶. 制造业产业升级发展模式研究——基于天津经济技术开发区的样本分析[J]. 中国物价, 2016 (6): 76-78.

[26] 江立武. 开发区土地集约利用动态评价及潜力预测研究[D]. 南京农业大学博士学位论文, 2011.

[27] 杰里米·里夫金. 零成本社会: 一个物联网、合作共赢的新经济时代[M]. 北京: 中信出版社, 2014.

[28] 杰里米·里夫金. 第三次工业革命: 新经济模式如何改造世界[M]. 北京: 中信出版社, 2012.

[29] 赖江浩, 杨志. 开发区转型的空间组织研究[C]. 中国城市规划年会论文集, 2010 (10): 1-8.

[30] 雷兵, 刘蒙蒙. 创业家与产业集聚: 一个文献综述[J]. 科技和产业, 2016 (1): 10-16.

[31] 雷军. 新常态下的开发区转型升级思考[J]. 中共伊犁州委党校学报, 2015 (3): 33-36.

[32] 李柏峰. 新常态下促进国家开发区转型升级的对策建议[J]. 北京经济管理职业学院学报, 2016 (6): 10-13.

[33] 李存芳等．江苏经济开发区向创新型经济转型升级的动因与路径[J]．经济问题探索，2011（10）：118－122．

[34] 李善同，黄群慧．"十三五"时期我国经济社会发展若干重大问题的政策研究［M］．北京：科学出版社，2016．

[35] 李佐军．产业园区转型升级的方向[J]．新产经，2015（7）：49－51．

[36] 刘卫东．论我国互联网的发展及其潜在空间影响[J]．地理研究，2002（5）：347－356．

[37] 吕铁，韩娜．智能制造：全球趋势与中国战略[J]．学术前沿，2015（6）．

[38] 吕钟．经济开发区转型升级发展方式研究[J]．商业时代，2012（33）：140－141．

[39] 毛大庆．中国众创空间行业发展蓝皮书（2016）：中国众创空间的现状与未来［M］．杭州：浙江人民出版社，2016．

[40] 默言．智能制造助力工业转型升级[J]．世界电信，2015（10）．

[41] 尼尔·寇，菲利普·凯利，杨伟聪．当代经济地理学导论［M］．北京：商务印书馆，2012．

[42] 武振国．西安经济技术开发区人居环境质量评价及优化策略研究[D]．西安建筑科技大学硕士学位论文，2011．

[43] 彭浩，曾刚．上海市开发区土地集约利用评价[J]．经济地理，2009，29（7）：1177－1181．

[44] 任海军,王振宙．经济技术开发区转型问题研究[J]．现代商业，2010（24）：190－191．

[45] 阮平南，边元松．经济开发区可持续发展影响因素分析[J]．财经问题研究，2007（9）：37－40．

[46] 沈宏婷．开发区向新城转型的策略研究——以扬州经济开发区为例[J]．城市问题，2007（12）：68－73．

[47] 宋天虎．先进制造技术的发展与未来[J]．机器人技术与应用，1999，2（15）．

[48] 孙卓然，李正图．开发区开发模式研究[J]．上海经济研究，2011（5）：25－31．

[49] 汤小芳．厦门市众创空间发展调查分析［J］．厦门特区党校学报，2015（6）：25－28．

[50] 唐燚．高新技术开发区功能评价与优化研究[D]．武汉理工大学博士学

位论文, 2008.

[51] 汪淳等. 开发区转型: 从产业集聚空间到综合增长空间[C]. 中国城市规划年会论文集, 2009 (9): 1536–1544.

[52] 汪明峰, 李健. 互联网产业集群与全球生产网络——新的信息和通信技术对产业空间组织的影响[J]. 人文地理, 2009 (2): 17–22.

[53] 王喜文. 智能制造: 新一轮工业革命的主攻方向[J]. 学术前沿, 2015 (10).

[54] 王晓红. 天津经济技术开发区土地利用效益评价研究[D]. 天津师范大学硕士学位论文, 2012.

[55] 王瑶. 开发区与产业集群整合发展的模式及其实现路径[D]. 湖南师范大学硕士学位论文, 2012.

[56] 亚力克罗斯. 新一轮产业革命: 科技革命如何改变商业世界[M]. 北京: 中信出版集团, 2016.

[57] 杨春立. 智能工厂发展趋势分析[J]. 中国工业评论, 2016 (1).

[58] 杨东峰等. 从沿海开发区到外向型工业新城[J]. 城市发展研究, 2006, 13 (6): 80–86.

[59] 杨叔子, 吴波. 先进制造技术及其发展趋势[J]. 机械工程学报, 2003, 39 (10).

[60] 俞勇军, 陆玉麒. 经济技术开发区投资环境评价及改善策略研究[J]. 经济地理, 2004, 24 (3): 395–399.

[61] 约拉姆科伦. 全球化制造革命[M]. 北京: 机械工业出版社, 2015.

[62] 张凤超, 韩海雯. 工业革命云计算与城市发展空间模式创新[J]. 华南师范大学学报 (社会科学版), 2013 (3): 5–10.

[63] 张艳. 我国国家级开发区的实践及转型——政策视角的研究[D]. 同济大学博士学位论文, 2009.

[64] 赵愈. 循环经济模式的生态工业园区建设与评价研究[D]. 重庆大学博士学位论文, 2011.

[65] 郑宝华. 新常态视角下我国开发区转型升级动力机制及路径研究[J]. 江苏理工学院学报, 2016 (6): 33–37.

[66] 郑国. 中国开发区发展与城市空间重构: 意义与历程[J]. 现代城市研究, 2011 (5): 20–24.

[67] 朱立龙等. 国家级经济技术开发区综合评价模型实证研究[J]. 公共管理学报, 2010, 7 (2): 115–122.

[68] 庄红卫，李红. 湖南省不同区域开发区工业用地利用效率评价研究[J]. 经济地理，2011，31（12）：2100-2104.

[69] 左学金. 国内外开发区模式比较及经验：典型案例研究[J]. 社会科学，2008（9）：4-13.

（执笔人：刘佳骏、叶振宇、李晓华、方晓霞）

后 记

《中国社会科学院工业经济研究所学科前沿报告（2016）》是中国社会科学院工业经济研究所加强学科建设和研究室建设的重要举措，是工业经济研究所实施院创新工程的重要组成部分，是一项集体合作完成的成果。

本报告分为三部分，共计十二章。第一章由吕铁、李玮执笔；第二章由王秀丽、张航燕执笔；第三章由郭朝先、刘戒骄执笔；第四章由渠慎宁、李鹏飞执笔；第五章由王蕾执笔；第六章由王钦、刘湘丽、张小宁、肖红军、赵剑波、秦铮执笔；第七章由余菁、王欣、邵婧婷执笔；第八章由刘勇、江飞涛、史耀庭执笔；第九章由黄阳华、江鸿、贺俊执笔；第十章由时杰、张金昌、李春瑜、杜莹芬、胡文龙执笔；第十一章由陈耀、姚鹏执笔；第十二章由刘佳骏、叶振宇、李晓华、方晓霞执笔。

在本报告写作过程中，编写人员参阅了大量文献。在稿件组织、文字整理和编辑出版过程中，工业经济研究所科研处张其仔、王楠、蒙娃、姚鹏同志做了深入、细致的组织协调工作，经济管理出版社的编辑也为此付出了努力。在此，谨向各文献的作者和诸位工作人员表示感谢。

编者

2016 年 11 月 8 日